Deu-A-IX- 1-59

Jürgen Friedrichs · Hartmut Häußermann · Walter Siebel (Hrsg.)

Süd-Nord-Gefälle in der Bundesrepublik?

D1719410

Geographisches Institut
der Universität Kiel
ausgesonderte Dublette

Den - A - IX - 1 - 59

Jürgen Friedrichs · Hartmut Häußermann
Walter Siebel (Hrsg.)

Süd – Nord – Gefälle
in der Bundesrepublik?

Sozialwissenschaftliche Analysen

Inv.-Nr. A 32583

Westdeutscher Verlag

Geographisches Institut
der Universität Kiel
Neue Universität

CIP-Kurztitelaufnahme der Deutschen Bibliothek

Süd-Nord-Gefälle in der Bundesrepublik?:
Sozialwiss. Analysen / Jürgen Friedrichs ...
(Hrsg.). — Opladen: Westdeutscher Verlag,
1986.
   ISBN 3-531-11841-2

NE: Friedrichs, Jürgen [Hrsg.]

Alle Rechte vorbehalten
© 1986 Westdeutscher Verlag GmbH, Opladen

Das Werk einschließlich aller seiner Teile ist urheberrechtlich geschützt.
Jede Verwertung außerhalb der engen Grenzen des Urheberrechts-
gesetzes ist ohne Zustimmung des Verlags unzulässig und strafbar. Das
gilt insbesondere für Vervielfältigungen, Übersetzungen, Mikrover-
filmungen und die Einspeicherung und Verarbeitung in elektronischen
Systemen.

Umschlaggestaltung: Horst Dieter Bürkle, Darmstadt
Druck und buchbinderische Verarbeitung: Lengericher Handelsdruckerei, Lengerich
Printed in Germany

ISBN 3-531-11841-2

Inhaltsverzeichnis

Fallstudien

Vorwort

Die ökonomische Transformation der hochentwickelten Industriegesellschaften von der Güterproduktion zu Dienstleistungen und Informationsverarbeitung hat traditionelle Industrien wie Bergbau, Stahl, Schiffbau und
Textilherstellung stark schrumpfen lassen, und mit ihnen die Regionen
und Städte, in denen sie ihre Standorte haben, betroffen. Damit kehrte
sich in der Bundesrepublik die bisherige Verteilung des Wachstums um: vom
Norden und Westen in den Süden. Seit Ende der 70er, verstärkt seit den
80er Jahren, wurde für diese Entwicklung das Schlagwort vom "Süd-Nord-
Gefälle" geprägt. (In den USA hatte zuvor die analoge "Sunbelt-Frostbelt"-Debatte begonnen.) Ungeachtet seines empirischen Gehaltes wurde das
Schlagwort rasch zu einer politischen Waffe: bei dem Wettbewerb um Ansiedlung, Forderungen nach einer veränderten Standortpolitik und einer
Revision des Länderfinanzausgleichs.

In den Beiträgen dieses Bandes wird das tatsächliche Ausmaß des unter-
stellten Süd-Nord-Gefälles empirisch untersucht. Die Analysen richten
sich auf die Ursachen sowie die ökonomischen, sozialen und politischen
Folgen. Dabei wird die Frage nach dem Süd-Nord-Gefälle zu einer grund-
sätzlicheren ausgeweitet, nämlich nach dem Verlauf von Wachstum, Stagnation oder Schrumpfen von Städten - mithin nach Mustern der Stadtentwicklung überhaupt. In Fallbeispielen von Hamburg, Duisburg und München
werden diese Analysen vertieft.

Alle Artikel sind Originalbeiträge. Es sind stark überarbeitete Fassungen
von Vorträgen, die auf einer Arbeitstagung der Sektion "Stadt- und Regionalsoziologie" vom 10.-12.4.1986 in Bad Zwischenahn gehalten wurden.

Unser Dank gilt dem Westdeutschen Verlag für die rasche Entscheidung, den
Band zu veröffentlichen, Ulrike Brakhane für das Korrekturlesen und
Volker Englich, der die Endfassung des Manuskriptes in der For-
schungsstelle Vergleichende Stadtforschung, Hamburg, erstellte.

Die Herausgeber

Jürgen Friedrichs, Hartmut Häußermann und Walter Siebel
Zum Problem des Süd-Nord-Gefälles in der Bundesrepublik

Das Süd-Nord-Gefälle ist in den letzten Jahren in der Presse, der Wirtschaft und der Politik zu einem Topos geworden, mit dem regional unterschiedliche Folgen des ökonomischen Strukturwandels gekennzeichnet werden. Gleichzeitig dient dieses Schlagwort dazu, mehr oder weniger erfolgreiche Strukturpolitik einzelner Bundesländer zu markieren. Seriöse Beschreibungen und Analysen zu diesen Themen gibt es bisher nur in einigen Fachzeitschriften; der politisch-polemische Gebrauch des Schlagworts vom Süd-Nord-Gefälle ist dadurch bisher wenig beeinflußt worden.

Das Schlagwort selbst – zunächst als "Nord-Süd-Gefälle" – wurde bereits 1977 in einem Artikel mit dem bezeichnenden Titel "Wird der Norden zum Armenhaus?" (Otto, 1977) geprägt. Im vorliegenden Band werden die Probleme aus sozialwissenschaftlicher Sicht dargestellt und analysiert.

Dabei geht es zunächst um die Frage, ob und inwiefern überhaupt von einem Süd-Nord-Gefälle gesprochen werden kann. Einen weiteren Schwerpunkt bildet die Diskussion darüber, wie die zweifellos vorhandenen neuen Formen räumlicher Ungleichheit erklärt und interpretiert werden können, sowie welche sozialen Konsequenzen bereits heute beschrieben bzw. für die Zukunft abgeschätzt werden können. Daraus ergeben sich dann Fragen nach den politischen Reaktionen im Rahmen von Stadtentwicklungs- und Regionalpolitik. Diese vier Ebenen der Diskussion – Beschreibung und Erklärung, Folgerungen und hiervon speziell die politischen Konsequenzen – durchziehen mit unterschiedlichen Schwerpunkten alle Beiträge.

1. BESCHREIBUNG: BESTEHT EIN "SÜD-NORD-GEFÄLLE"?

In der Diskussion um das Süd-Nord-Gefälle in den letzten Jahren wurde deutlich, daß ein solches Gefälle mit unterschiedlichen Indikatoren beschrieben und gemessen werden kann: Arbeitslosigkeit, Sozialhilfeempfän-

ger, Bruttoinlandsprodukt, Beschäftigtenstruktur. Es sind Indikatoren für
Wirtschaftswachstum und Arbeitsmarktsituation. Die Wahl der Indikatoren
beeinflußt das jeweilige Ergebnis, daher sind Beschreibungen möglich, die
ein mehr oder weniger krasses Süd-Nord-Gefälle erscheinen lassen, und
solche, in denen es weitgehend verschwindet.

Die Beiträge im vorliegenden Band gehen alle davon aus, daß es eine neue
Form räumlich ungleicher Entwicklung gibt, daß jedoch die in der öffentlichen Diskussion vorherrschenden Bilder zu einfach und deshalb irrefüh-
rend sind. Einige Beiträge bemühen sich darum, genauer zu beschreiben, wo
Probleme lokalisiert sind und worin sie bestehen.

Die Beantwortung der Frage, ob ein Süd-Nord-Gefälle besteht, hängt natürlich auch in hohem Maße davon ab, welche räumlichen Einheiten der Beschreibung zugrundegelegt werden. Das unterstellte Gefälle kann sich auf
Bundesländer, auf Regionen oder auf Großstädte beziehen. Mit entsprechender Abgrenzung können gewünschte Ergebnisse produziert werden, weil die
Gewichtung einzelner Indikatoren verändert wird. Rechnet man z.B. mit den
Durchschnittswerten von Bundesländern, dann gehen von vornherein regional
sehr unterschiedliche Strukturen mit verschiedenem Gewicht in den Vergleich ein: Wenn z.B. alle Großstädte problematische Entwicklungsstadien
durchlaufen, tauchen die Werte von Bremen und Hamburg in Form von Länder-
daten auf, während diejenigen von Köln, Mannheim oder Augsburg durch
möglicherweise günstigere Werte anderer Regionen innerhalb desselben
Bundeslandes nivelliert werden. Andererseits hat die Beschränkung auf
Großstädte den Nachteil, die Entwicklungen in deren Umland zu vernach-
lässigen.

Dieser kurze methodische Hinweis soll hier genügen. Er zeigt, daß es
jeweils notwendig ist, die benutzten räumlichen Einheiten zu begründen;
erst dann kann der Zusammenhang zwischen Struktur und Wirkung analysiert
und interpretiert werden.

Strukturelle und dynamische Effekte müssen schließlich getrennt betrachtet werden. Im Ruhrgebiet oder im Saarland sind offensichtlich Effekte
einer historischen Wirtschaftsstruktur zu beobachten, deren Folgeprobleme

eng mit der internationalen Konkurrenz und einer Verlagerung von Arbeitsplätzen vor allem in Länder der Dritten Welt zusammenhängen. Neben diesem
strukturellen Effekt besteht ein dynamischer, unter dem die längerfristigen Effekte der zu einem Zeitpunkt gegebenen Struktur zu verstehen sind.
Dazu gehören beispielsweise die mittelfristigen Wirkungen auf dem Arbeitsmarkt sowie die wirtschafts- und sozialpolitischen Maßnahmen der
Länder und Kommunen. Wie heute auf Krisenerscheinungen reagiert wird,
kann Effekte erzeugen, die die Folgeprobleme der gegebenen Struktur
abmildern oder verschärfen.

2. ERKLÄRUNGEN: NIVEAUUNTERSCHIEDE ODER "NEUE ENTWICKLUNGSTYPEN"

Die Frage, ob es sich bei dem gegenwärtig zu beobachtenden stärkeren
Wachstum einiger süddeutscher Zentren um eine Neuauflage des bekannten
Musters räumlicher Ungleichheit handelt, oder ob den neuen Erscheinungsformen ein Strukturbruch zugrundeliegt, bildet den Kern der theoretischen
Kontroverse um die Analyse der Ursachen und um die sozialen und politischen Perspektiven für die Zukunft. Handelt es sich dabei lediglich um
Niveauunterschiede innerhalb eines gemeinsamen Wachstumsrahmens, oder
bilden sich neue Entwicklungstypen heraus, die von Schrumpfungsphänomenen
geprägt sind?

Der die Raumordnungsdiskussion bisher beherrschende Unterschied zwischen
den ländlichen Gebieten und den Agglomerationen beruhte vor allem auf der
Einordnung regionaler Entwicklungsniveaus nach dem Industrialisierungs-
grad. Dies war der zentrale Indikator für die Prosperität oder Rückstän-
digkeit eines Gebietes; er diente zugleich als Indikator dafür, ob in
einem Gebiet "Wohlstand" oder "Notstand" herrschte. Einkommen, Bildungs-
und Erwerbsmöglichkeiten, ja die gesamte Lebensqualität einer Region
wurden als davon abhängig betrachtet. Erst seit Mitte der 70er Jahre gibt
es den Begriff der "funktionalen Spezialisierung" der Regionen, der
sowohl einen Sachverhalt beschreibt als auch als eine Bemäntelung des
Scheiterns seiner ausgleichenden Raumordnungspolitik angesehen werden
kann. Dabei kann es sich sowohl um eine interne Differenzierung in einem
ökonomisch stagnierenden System mit Konkurrenz um knappe Ressourcen han-

deln als auch politisch um eine Abkehr von den traditionellen Zielen der
ausgleichenden Raumordnungspolitik.

Entsprechend dieser Sichtweise war die Entwicklung der Agglomerationen,
basierend vor allem auf Industrie, allen anderen Gebieten überlegen. Die
Frage lautet: Bildet sich aufgrund der neueren Entwicklungen (wechselwei-
se als De-, Neo-, Reindustrialisierung und Tertiärisierung bezeichnet)
lediglich eine neue funktionale Spezialisierung heraus, oder sind die
Umstrukturierungen von grundlegender Bedeutung?

Damit ist die Frage verbunden, welche Theorien zur Erklärung der räumlichen Verschiebungen angemessen sind. Reicht es aus, nur jene Determinan-
ten zu berücksichtigen, die in der traditionellen "Standortlehre" erfaßt
werden, oder führen neue Entwicklungen in industriellen Produktionssystemen zu einer ganz anderen Raumstruktur, die sich nicht nach dem Verkehrs-
system, nach Rohstoffen oder der Größe des Arbeitsmarktes ordnet? Die
Analyse und Bestimmung der spezifischen Ursachen für das süddeutsche
Wachstum entscheidet auch darüber, ob sie innerhalb einer relativ geschlossenen Theorie "kapitalistischer Entwicklung", im Rahmen der "Theorie der Dienstleistungsgesellschaft" oder in einer eher politischen Theorie der industriellen Entwicklung erklärt werden können. Während ökonomische Theorien hinreichende Erklärungen für die Verlagerung von Produk-
tionsstätten, für das Ersetzen menschlicher Arbeit durch Maschinen und
für das Wachstum von Dienstleistungstätigkeiten sowohl innerhalb als auch
außerhalb der Produktion liefern, sind die Meinungen dazu, warum dieser
Wandel in einigen Regionen offensichtlih besser bewältigt werden kann als
in anderen, geteilt. Damit hängt auch die Frage zusammen, ob sich die
Großstädte in der Bundesrepublik, die sich gegenwärtig sehr stark im
Hinblick auf Arbeitslosigkeit, Flächennachfrage, Wohnungsmarkt und Finanzkraft unterscheiden, lediglich in unterschiedlichen Phasen der Entwicklung hin zu einem allen gemeinsamen Ziel (etwa die "postindustrielle
Stadt") befinden, oder ob sich so konträre Perspektiven abzeichnen, daß
von einer einheitlichen Stadtentwicklung nicht mehr gesprochen werden
kann. In den Beiträgen dieses Bandes werden dazu unterschiedliche Ansich-
ten vertreten.

Schließlich sind die sozialen Folgen der sich abzeichnenden disparitären Entwicklung der Regionen – wie sie in allen Beiträgen dargestellt werden – zu erklären. Hiermit ist die wissenschaftliche Analyse dessen gemeint, was die oben beschriebenen Prozesse für die einzelne Großstadt und die Lebensbedingungen einzelner sozialer Gruppen bedeuten. Hier stellen sich folgende Fragen: Wird sich die soziale Ungleichheit in schrumpfenden oder wachsenden Städten erhöhen? Wird die Armut der Städte, d.h. ihre schrumpfende Steuerbasis, derart bedeutsam, daß sie ihre Investitionen in den Erhalt und die Verbesserung der Infrastruktur senken müssen? Werden sogar infrastrukturelle Einrichtungen wie Schulen und Kindergärten geschlossen werden müssen, – wie es die Modelle aus den USA nahelegen (Friedrichs, 1985b:20f)? Welche Bedeutung haben neue Lebensstile für die räumliche Verteilung der Bevölkerung und die selektive Nutzung vorhandener Räume (vgl. den Beitrag von Ipsen)? Diesen Konsequenzen wenden wir uns im nächsten Abschnitt zu.

3. KONSEQUENZEN EINER RÄUMLICH UNGLEICHEN ENTWICKLUNG

Von den neuen Tendenzen der räumlichen Entwicklung sind die Großstädte am stärksten betroffen. Auf diese regionale Ebene konzentrieren sich die Beiträge dieses Bandes. Die Folgen unterschiedlicher Stadtentwicklung können am Beispiel der Frage illustriert werden, ob die zukünftige Beschäftigungsentwicklung zu einer sozialen Polarisierung der Bevölkerung führen wird – und, besonders bedeutsam: Ob diese Polarisierung in unterschiedlichen Stadttypen verschieden stark sein wird und in verschiedenen Umgebungen auch unterschiedlich gravierende Konsequenzen hat. Wenig wissen wir im Moment darüber, welche zukünftige Entwicklung es bei der "Segregation" geben wird. Verschärft sich die Segregation in wachsenden oder eher in schrumpfenden Städten? Prozesse auf dem Wohnungsmarkt, auf dem Arbeitsmarkt und im System der sozialen Sicherung wirken dabei zusammen und können je nach Entwicklungsperspektive einer Stadt zu unterschiedlichen Folgen führen.

Ein wichtiges Thema, das damit zusammenhängt, ist die Frage, ob sich die Lebenssituation gleicher sozialer Gruppen in verschiedenen Entwicklungs-

typen von Städten unterschiedlich darstellt. Die These, daß - Polarisierung, Entspannung des Wohnungsmarktes und eine weitere Verschärfung der
materiellen Lage der Ausgegrenzten unterstellt - vor allem die Mittelschichten in den schrumpfenden Städten die "Gewinner" der Entwicklung
sind, scheint plausibel. Umstritten ist, ob die Lage der "Unterschicht"
(niedrige Einkommensgruppen, Arbeitslose, dauerhaft Ausgegrenzte) sich je
nach Entwicklungstyp der Stadt unterschiedlich darstellt. Neben der Einkommenssituation, dem Wohnungs- und Arbeitsmarkt sind dabei auch die
Arbeitsmarkt-, Wohnungsmarkt- und Sozialpolitik der jeweiligen Stadt in
die Analyse einzubeziehen.

Dies ist von besonderer Bedeutung, wenn man nicht nur die Situation von
"Unterschichten" betrachtet, sondern vor allem deren Perspektive: Ein
"zeitweiliger" Rückzug in einen "traditionellen Sektor", der aus Kleingewerbe, landwirtschaftlichen Auffangnetzen besteht, ist nach der umfassenden Modernisierung der Reproduktionsstrukturen in den letzten 30 Jahren
nur noch ganz wenigen möglich. Die sozialstaatlichen Sicherungssysteme,
die eine der Voraussetzungen für eine umfassende Urbanisierung waren,
können nun zu einer Falle werden, wenn sie verringert oder abgebaut
werden, da die informellen Auffangsysteme weitgehend zerstört sind. Andererseits können sie auch die Folge haben, Ankereffekte für soziale Mino-
ritäten und Randgruppen in der Stadt darzustellen. Ist nun das Wohnen in
einer prosperierenden Stadt eine "bessere" Umgebung für das "Überleben"
marginalisierter Gruppen als das Wohnen in einer schrumpfenden Stadt?

Damit sind auch die finanziellen Möglichkeiten der Kommunen angesprochen,
die mit Arbeitsplatz- und Bevölkerungsverlusten erodieren. Zu fragen ist
also, ob die Systeme der kommunalen Finanzen das, was sie leisten sollen,
angesichts der Herausbildung unterschiedlicher Entwicklungen der Städte
noch leisten können, oder ob sie durch eine Gemeindefinanzreform revi-
diert werden müssen.

Die empirischen Analysen in diesem Band zeigen, daß nur unter wenigen
Bedingungen von einem Süd-Nord-Gefälle gesprochen werden kann. Daher
besteht die Gefahr, daß das Schlagwort vom Süd-Nord-Gefälle als ein
propagandistisches Schlagwort verwendet wird. Damit sind zum einen die

Selbst- beziehungsweise Fremdbilder wachsender und schrumpfender Städte gemeint, die als "soziale Tatsachen" durchaus reale Konsequenzen für die Entwicklung in einer Stadt haben können. Zum Beispiel kann ein negatives Image einer Stadt oder Region sie als Lebensraum für besonders mobile Schichten weniger attraktiv machen und damit selbstverstärkend, das heißt als self-fulfilling prophecy, wirken und deren zukünftige Chancen verschlechtern. Ebenso kann auf der Gegenseite ein positiv-dynamisches Image über manche realen Entwicklungsprobleme und Zustände hinwegtäuschen und so zu einem tatsächlich wirksamen Wachstumsfaktor werden.

Mit den unterschiedlichen Entwicklungen von Großstädten können auch neue Subkulturen und Lebensstile entstehen, zum Beispiel eine neue "Armutskultur" in schrumpfenden Regionen bei verstärkter Segregation oder ein neuer Lebensstil neuer sozialer Schichtungen, zum Beispiel bei Angehörigen der Professionen mit entsprechenden Arbeitsbedingungen und neuen Haushaltstypen, die einen quantitativ erheblichen Anteil stellen dürften. Dies führt weiter zu der Frage der "sozialen Transformation von Räumen": einer auch in der Bundesrepublik zunehmenden gentrification innenstadtnaher Gebiet einerseits und der möglichen Konzentration armer Bevölkerungsgruppen in Randgebieten der Stadt andererseits. Damit ist auch die Frage verbunden, ob es Anzeichen oder Aussichten für die Entwicklung einer anderen Urbanität in den Städten gibt.

4. KONSEQUENZEN FÜR DIE STADTPOLITIK

In den Rathäusern der Großstädte in der Bundesrepublik herrscht heute weitgehend Einigkeit darüber, daß die Folgen des ökonomischen Strukturwandels und die Tendenzen des Süd-Nord-Gefälles nur durch die Förderung des "High-Tech-Bereichs" aufzufangen seien. Bereitstellung von Gewerbeflächen, Subventionen für Betriebsneugründungen und Qualifikationsmaßnahmen sind dafür die wichtigsten Instrumente. Doch auch die Steigerung der "Attraktivität" der Städte für diejenigen Berufsgruppen, die mit Hard- und Software im Bereich der Mikroelektronik zu tun haben, ist eine überall zu beobachtende Anstrengung. Dazu gehören Modernisierung und Umweltverbesserung im Wohnbereich ebenso wie Intensivierung von Kulturpolitik.

Museen, Oper und Theater, so scheint es, sind zu besonders wichtigen
Instrumenten der Wirtschaftspolitik der Städte geworden.

Die Frage drängt sich auf, ob dies eine aussichtsreiche Strategie für
alle Städte ist, und - insbesondere - ob eine solche Politik die abseh-
bare soziale Polarisierung der Stadtbevölkerung nicht noch befördert,
weil sie die Investitionen auf die vermeintlichen Bedürfnisse einer ganz
bestimmten Schicht von Bewohnern konzentriert. Andererseits ist natürlich
zu fragen, ob es für von Schrumpfungstendenzen betroffene Städte überhaupt Alternativen gibt.

Welche politischen Konsequenzen gezogen werden, hängt vom Ergebnis der
Analyse der ungleichen Entwicklungstendenzen ab. Werden diese als zeit-
lich versetzte Stadien eines im großen und ganzen doch uniformen Trans-
formationsprozesses gesehen, drängen sich Strategien auf, die den Wandel
forcieren. Die Notwendigkeit, über ein neues Leitbild der Stadt nachzu-
denken, ergibt sich, wenn man in der gegenwärtigen Situation nicht lediglich Krisen sieht, die sich auf einem neuen Niveau der Entwicklung stabilisieren, sondern Anzeichen für einen grundlegenden Wandel der Funktion
von Städten - vor allem derer, die bisher vorwiegend Produktionsstandorte
waren. Der Hinweis darauf, daß solche Fragen auch und vor allem durch die
künftige Position der bundesdeutschen Wirtschaft auf dem Weltmarkt entschieden werden, macht die Beantwortung nicht einfacher und stellt insbesondere die Stadtpolitiker vor eine schwierige Situation, die in den
schrumpfenden Städten heute Entscheidungen treffen müssen.

Aber selbst dann, wenn die Wachstumspolitik der Großstädte erfolgreich
sein sollte, bleibt in vielen Städten für die nächsten 20 bis 30 Jahre
eine so hohe Arbeitslosigkeit bestehen, daß von einer qualitativ neuen
Situation ausgegangen werden muß. Die Schrumpfungsprozesse als wichtige
und neue Tendenz der Stadtentwicklung wahrzunehmen und eine entsprechende
Politik dafür zu formulieren, ist daher nicht als Alternative zu verstehen, sondern als realistische Ergänzung der eingefahrenen Gleise der
Stadtentwicklungspolitik.

Die Beiträge dieses Bandes gehen in unterschiedlicher Weise auf diese

Probleme ein. Die Vorstellungen über angemessene politische Reaktionen sind noch wenig entwickelt – die Hauptaufgabe der Sozialwissenschaftler ist zunächst, Probleme genauer zu analysieren und die Aufmerksamkeit auf sie zu lenken. Wenn sie jenseits des Austauschs von Schlagworten die Grundlagen für politische Diskussionen verbessern könnten, wäre eine Absicht dieser Publikation erreicht.

Beschreibungen

Manfred Sinz und Wendelin Strubelt

Zur Diskussion über das wirtschaftliche Süd-Nord-Gefälle unter Berücksichtigung entwicklungsgeschichtlicher Aspekte

1. VORBEMERKUNG

Die Beschäftigung mit dem Süd-Nord-Gefälle in der Bundesrepublik Deutschland, wissenschaftlich - publizistisch und politisch - scheint Novitäts-Charakter zu haben. Jede solcher Diskussionen steht jedoch in abgewandelter Form in der Tradition raumökonomischer bzw. raumstruktureller Betrachtungsweisen, einschließlich der möglichen Bewältigung oder Gestaltung auftretender Probleme durch korrigierende oder gestalterische Eingriffe des Staates in seinen unterschiedlichen Ausprägungsformen. Darin wurde und wird der Zusammenhang zwischen lokalen und regionalen Gegebenheiten und den durch sie bestimmten Produktionsweisen und damit verbundenen gesellschaftlichen Verhältnissen thematisiert. Es ist ein sehr altes Thema, bei dem jetzt jedoch nicht mehr das lokale Vorhandensein bestimmter Rohstoffe oder die Möglichkeiten verkehrlicher Infrastruktur im Mittelpunkt stehen. Im Gegenteil, deren ubiquitäre Verfügbarkeit hat andere Faktoren dominant werden lassen, zum Teil diese erst als wichtig und prägend herausgebildet. Weil die klassischen Entwicklungsmöglichkeiten der Industrialisierung für manche Gebiete früher nicht gegeben waren, haben sich daraus Besonderheiten der regionalen Produktionsstrukturen und Absatzmärkte herauskristallisiert, die jetzt den modernen Anforderungen besser gerecht werden. Aufstieg und Niedergang von Industrieregionen haben erst eine ca. 200-jährige Geschichte; aber strukturelle Umbrüche zeitigten stets auch räumliche Konsequenzen.

Wirft man nun einen näheren Blick auf die öffentliche Diskussion über das Süd-Nord-Gefälle, das unter Schlagzeilen wie "Norden wird zum Entwicklungsland", "Bayern wächst am schnellsten", "Neue Fabriken schießen in Bayern wie Pilze - der Freistaat hat das höchste Wachstum", oder "Wettlauf der Regionen" diskutiert wird, dann drängt sich der Eindruck auf, daß dieser Strukturwandel der Wirtschaft, der insbesondere in den südlichen Bundesländern zu einem neuen und neuartigen Wirtschaftswachstum führt, durch eine spezifische Struktur- und Ordnungspolitik des Freistaates Bayern oder durch die Rührigkeit der baden-württembergischen Landesregierung herbeigeführt wurde. Will man sich zu diesem Thema jedoch unter Berücksichtigung raumstruktureller Fakten, d.h. in einer wissenschaftlichen Betrachtungsweise, nähern, dann genügt es nicht, auf der eher politisch-journalistischen und plakativen Ebene zu verbleiben, sondern man muß sich diesem neuen Phänomen, das sich vielfach auch empirisch belegen läßt, in einer historisch-analytischen Betrachtungsweise nähern, und zudem in einer wissenschaftlich-spekulativen, um zu versuchen, die gegenwärtigen Trends in ihren zukünftigen Möglichkeiten abzuschätzen und abzuwägen.

Hinsichtlich der historischen Analyse der Ursachen des gegenwärtigen Süd-Nord-Gefälles können wir in unserem Beitrag nichts eigenständig Neues beitragen, aber wir wollen schon an dieser Stelle darauf hinweisen, daß gerade die spezifische Wirtschaftsstruktur Baden-Württembergs und jetzt auch die Bayerns nicht nur das Resultat einer gezielten Wirtschaftspolitik gewesen ist, sondern auch das Resultat historischer "Zufälligkeiten", wie sie das Ende des Zweiten Weltkrieges und die Teilung Deutschlands mit sich brachte. Andererseits ist diese Struktur durch bestimmte technische Entwicklungen und ihre wirtschaftliche Vermarktung auf dem Weltmarkt beeinflußt worden, bei denen Bayern dem Augenschein nach nicht die Vorreiter-Rolle gespielt hat, sondern sie vermutlich nur am geschicktesten genutzt hat. Auf die zunehmende Wichtigkeit von landschaftlichen und Freizeitfaktoren für die unternehmerische Standortwahl braucht in diesem Zusammenhang nicht gesondert hingewiesen zu werden, aber auch hier zeigt sich, daß dies kein Verdienst einer speziellen Politik, sondern eher das Resultat geänderter Wertvorstellungen und Präferenzen ist. Darüberhinaus belegen gegenwärtige Trends auch, daß die besonders günstige Wirtschaftsentwicklung im Süden Deutschlands sich auf die Metropolen um München und Stuttgart konzentriert, während andere Bereiche in diesen Regionen, wie z.B. die Oberpfalz oder auch teilweise Baden, von diesen Entwicklungsprozessen nicht profitieren, weshalb in diesen Ländern, d.h. in Bayern und in Baden-Württemberg, bereits die ungleichgewichtige Entwicklung von Teilräumen diskutiert wird.

Deshalb kann eine Betrachtungsweise, die von gegebenen staatlichen Grenzen ausgeht und nicht die internen Differenzierungen berücksichtigt, genauso fehlgehen wie plakative Behauptungen über das Süd-Nord-Gefälle und die magische Mainlinie. Allerdings werden die zum Teil statistisch nur sehr geringfügigen Verschiebungen gerne im politischen und journalistischen Meinungsbildungsprozeß genutzt, um bestimmte öffentliche Pluspunkte für sich zu verbuchen, was einer detaillierten Betrachtungsweise nicht standhält. Gerade in der Analyse dieser Entwicklungen im Hinblick auf ihre historischen Bedingungen und zukünftigen Perspektiven ist ein wissenschaftliches Desiderat zu sehen, das aber wegen seiner Komplexität erhebliche Probleme bereitet.

Wir versuchen, in unserem Beitrag anhand des in der Bundesforschungsanstalt für Landeskunde und Raumordnung gesammelten statistischen Materials aus der Laufenden Raumbeobachtung zu skizzieren, welche gegenwärtigen Trends der Disparitätenentwicklung zu beobachten sind und welche tieferen Ursachen, insbesondere für die sich verstärkenden Arbeitsmarktdisparitäten, vermutet werden müssen. Wir beschränken uns in diesem Fall auf Darstellungen von Trends und wollen damit auch die Diskussion über die sozialen Auswirkungen dieser Trends anregen.

Hinter den gegenwärtigen Trends können sich nämlich Strukturveränderungen verbergen, die langfristig auf die gesellschaftlichen Strukturen der Bundesrepublik Deutschland insgesamt und der einzelnen Regionen einen starken Einfluß haben werden. Dies wird vermutlich die Lebensbedingungen weiter Kreise der Bevölkerung beeinflussen. Das betrifft insbesondere das Qualifikationsprofil, wie es in neuartigen industriellen Strukturen verlangt wird und das eher eine Polarisierung erwarten läßt als eine auf breiter Qualifikation aller Arbeitenden beruhende Arbeitsplatzstruktur. Insofern können sich hinter dem sogenannten Süd-Nord-Gefälle und den es bedingenden Faktoren Entwicklungen verbergen, die viel weitreichendere Auswirkungen auf die Bundesrepublik Deutschland als Ganzes im Konzert mit anderen industrialisierten Staaten haben, als das gegenwärtige Bild in seiner oberflächlichen Diskussion ahnen läßt. Die Frage ist, ob die Entwicklungen, die sich beim Süd-Nord-Gefälle beobachten lassen, Phänome-

ne sind, die zukünftig für die weitere Entwicklung dominant sein werden
und dann sogar generell und weniger regional gelten werden.

2. REGIONALE DIFFERENZIERUNG UND ERSCHEINUNGSFORMEN DES SÜD-NORD-GEFÄLLES

Im Mittelpunkt regionalwissenschaftlicher Analysen des Süd-Nord-Gefälles
steht die Frage, welche Umstände dazu geführt haben, daß süddeutsche
Regionen seit Mitte der 70er Jahre das im Bundesvergleich höchste Wirtschaftswachstum verzeichnen und gleichzeitig von den Folgen der negativen
Arbeitsmarktentwicklung am wenigsten betroffen sind. Erklärungsversuche
setzten traditionell an der Branchen- und Betriebsgrößenstruktur, an
Lohnkosten, Erwerbsverhalten, Infrastrukturausstattung oder Freizeitwert
der Regionen an. Wachsende Beachtung finden die Faktoren "Qualifikation"
und "Innovation".

Statistische Analysen und vergleichend-argumentative Fallstudien (Breuer,
1986; Brune & Köppel, 1980; Kampmann & Köppel, 1984; Wettmann, 1984; NIW,
1984) kommen ganz überwiegend zu dem Ergebnis, daß tatsächlich in vielen
Bereichen eine Auseinanderentwicklung zwischen dem Süden der Bundesrepublik Deutschland – i.d.R. verstanden als die Bundesländer Bayern und
Baden-Württemberg – und dem Norden – manchmal beschränkt auf die Küsten-
länder, häufig jedoch unter Einschluß von Nordrhein-Westfalen und Hessen
– stattfindet. Dabei wird häufig übersehen, daß die sozioökonomischen
Differenzierungen innerhalb der einzelnen Bundesländer oft ebenso groß
sind wie die meist ausschließlich betrachtete Differenzierung zwischen
den Bundesländern. Vergleicht man kleinere räumliche Einheiten wie etwa
Kreise oder Raumordnungsregionen miteinander, so läßt sich feststellen,
daß das wirtschaftliche Süd-Nord-Gefälle nur eine von mehreren Dimensionen eines großräumig differenzierenden Disparitätenmusters in der Bundesrepublik Deutschland ist. Ebenso starke sozioökonomische Gefälleerschei-
nungen lassen sich nach wie vor zwischen Industrieregionen und ländlich
geprägten Regionen sowie innerhalb dieser "klassischen" Raumkategorien
zwischen dienstleistungsorientierten und altindustrialisierten Ballungsräumen auf der einen Seite und fremdenverkehrsorientierten, frühindu-

strialisierten oder landwirtschaftsorientierten ländlichen Regionen auf
der anderen Seite nachweisen.

Grundlage einer im Anhang zu diesem Beitrag wiedergegebenen statistischen
Regionalanalyse mit Hilfe ausgewählter Indikatoren aus dem System der
Laufenden Raumbeobachtung (Gatzweiler, 1984) ist deshalb eine "Regionsty-
pologie zur Analyse der regionalen Wirtschaftsstruktur und Entwicklung"
(s. Karte 1), die sowohl die klassischen Stadt-Land-Gegensätze abbildet
als auch den verschiedenen Entwicklungstypen innerhalb dieser Großkatego-
rien Rechnung trägt. Dabei wird deutlich, daß das wirtschaftliche Süd-
Nord-Gefälle zwischen vergleichbaren Industrieregionen teilweise nur
schwach ausgeprägt ist, während die mit Ausnahme des Saarlandes nur dem
Norden zuzurechnenden altindustrialisierten Montanreviere wesentlich
stärkere Abweichungen vom Entwicklungsstand aller übrigen Industrieregionen zeigen. Eine Gruppe für sich sind die dienstleistungsorientierten
Ballungsräume, deren vorhandene Entwicklungsunterschiede auf ganz anderem
Niveau angesiedelt sind als diejenigen zwischen den übrigen Industrieregionen. Ebenfalls ein deutlicher Niveauunterschied besteht zwischen den
Industrieregionen insgesamt, zu denen auch die Dienstleistungszentren zu
zählen sind, und den ländlich geprägten Regionen, die ihrerseits drei
verschiedene Entwicklungstypen aufweisen. Wir unterscheiden landwirtschaftsorientierte Regionen, die im Norden wie im Süden sehr ähnlich
strukturiert sind, von ländlich geprägten, aber frühindustrialisierten
Regionen Nord-Ost-Bayerns, die in wirtschaftlicher Hinsicht noch am ehesten mit den Montanrevieren zu vergleichen sind; ein dritter, sehr spezieller Entwicklungstyp ist das ländliche Alpenvorland Bayerns, das den
Prototyp des attraktiven Landschaftsraums darstellt.

Es würde allerdings den Rahmen dieses Beitrags sprengen, die ganze Breite
raumwirtschaftlicher Entwicklungsdifferenzierungen im Vergleich zwischen
allen genannten Raumtypen zu diskutieren. Vielmehr wollen wir versuchen,
generelle Situations- und Tendenzunterschiede zwischen nördlichen und
südlichen Teilräumen jeweils mit denjenigen Regionstypen in Verbindung zu
bringen, von denen der dominante Einfluß auf vorhandene wirtschaftliche
Polarisierungstendenzen auszugehen scheint. Dies sind nach unserem
Verständnis die norddeutschen Industrieregionen und unter ihnen vor allem

Karte 1: <u>Regionstypen zur Analyse der regionalen Wirtschaftsstruktur und</u>
<u>Entwicklung</u>

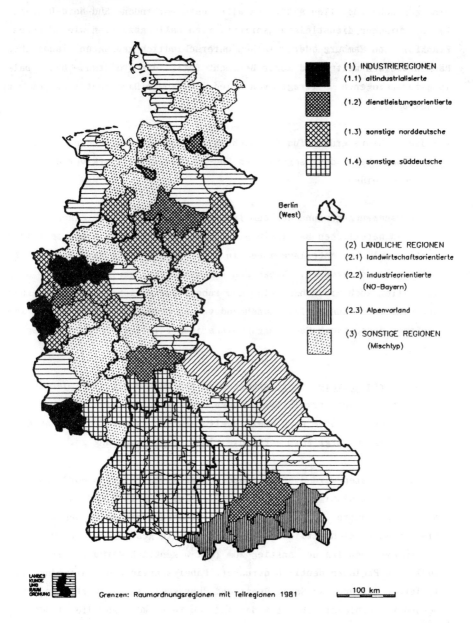

(1) INDUSTRIEREGIONEN
(1.1) altindustrialisierte

(1.2) dienstleistungsorientierte

(1.3) sonstige norddeutsche

(1.4) sonstige süddeutsche

Berlin
(West)

(2) LÄNDLICHE REGIONEN
(2.1) landwirtschaftsorientierte

(2.2) industrieorientierte
(NO-Bayern)

(2.3) Alpenvorland

(3) SONSTIGE REGIONEN
(Mischtyp)

LANDES
KUNDE
UND
RAUM
ORDNUNG

Grenzen: Raumordnungsregionen mit Teilregionen 1981

100 km

die altindustrialisierten Montan- und Werftstandorte, denen im Süden in
erster Linie die Industrieregionen Baden-Württembergs und Süd-West-Bay-
erns gegenüberzustellen sind. Parallel dazu vorhandene Süd-Nord-Dispari-
täten zwischen dienstleistungsorientierten Ballungszentren wie München,
Frankfurt und Hamburg oder zwischen unterschiedlich geprägten ländlichen
Räumen bleiben weitgehend außer Betracht (vgl. die großstadt- bzw. bal-
lungsraumbezogenen Beiträge von Friedrichs sowie Dangschat & Krüger in
diesem Band).

Vor diesem Hintergrund sind die wichtigsten Entwicklungstendenzen auf der
Erscheinungsebene des sogenannten Süd-Nord-Gefälles stark verkürzt wie
folgt zu umreißen:

- Durch Wanderungsgewinne aus dem In- und Ausland und durch einen relativ
  geringen natürlichen Bevölkerungsrückgang hat der Süden schon seit 1950
  kontinuierliche Anteilsgewinne in der großräumigen Bevölkerungsver-
  teilung zu verzeichnen. Neben den Außenwanderungsgewinnen spielt hier
  vor allem auch die wohnumfeld- und ruhesitzorientierte Binnenwanderung
  der Deutschen eine Rolle. Zunehmend verzeichnen süddeutsche Industrieregionen jedoch auch Wanderungsgewinne junger inländischer Erwerbspersonen.

- In der Wirtschaftsleistung, gemessen am Bruttoinlandsprodukt je Einwohner, hat der industrialisierte Süden den Norden dem Niveau nach einge-
  holt und dem Wachstum nach überflügelt. Ähnliches trifft, wenn auch in
  etwas abgeschwächter Form - für die Einkommensentwicklung zu.

- Am deutlichsten wird die Auseinanderentwicklung zwischen Nord und Süd
  bei der Arbeitslosigkeit (s. Karte 2). Zwischen 1979 und 1984 ist die
  Arbeitslosenquote in den meisten süddeutschen Regionen um weniger als
  die bundesdurchschnittlichen 5,3 Prozentpunkte gestiegen. In den nördlichen Regionen lag der Anstieg zum Teil wesentlich darüber, in vielen
  südlichen Regionen deutlich darunter. Dabei schneiden die altindustrialisierten Regionen an Saar, Rhein und Ruhr sowie an den Werftstandorten
  besonders schlecht ab. Auf der anderen Seite konnten die ländlich-
  frühindustrialisierten Regionen Nord-Ost-Bayerns ihre traditionell

Karte 2: <u>Arbeitslosenquote im September 1985</u>

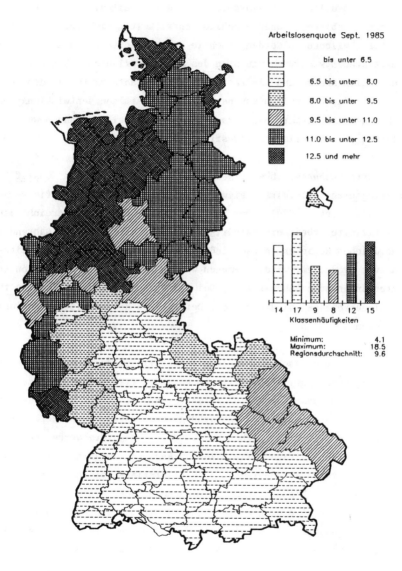

Arbeitslosenquote Sept. 1985

bis unter 6.5

6.5 bis unter 8.0

8.0 bis unter 9.5

9.5 bis unter 11.0

11.0 bis unter 12.5

12.5 und mehr

14 17 9 8 12 15
Klassenhäufigkeiten

Minimum: 4.1
Maximum: 18.5
Regionsdurchschnitt: 9.6

LANDES
KUNDE
UND
RAUM
ORDNUNG

Quelle: Laufende Raumbeobachtung der BfLR
Grenzen: Raumordnungsregionen 1981

100 km

schlechte Arbeitsmarktsituation noch nicht nachhaltig verbessern.

- Auch in der Beschäftigungsentwicklung ist schon seit Anfang der 70er Jahre ein deutliches Süd-Nord-Gefälle festzustellen. Nicht nur die ländlichen Gebiete in Süddeutschland entwickelten sich besser als vergleichbare Regionen im Norden, auch in den Verdichtungsgebieten ist die Beschäftigtenentwicklung zugunsten des Südens verlaufen. Die norddeutschen Ballungsräume und die rheinischen Großstädte hatten in den letzten Jahren eine wesentlich ungünstigere Beschäftigungsentwicklung als etwa München, Stuttgart oder Frankfurt und die meisten baden-württembergischen oder bayerischen Industrieregionen.

- Neuere Untersuchungen bestätigen auch ein Gefälle bei den Qualifikationsstrukturen, allerdings teilweise andersartig als landläufig vermutet (vgl. Jung, 1984). Der Süden setzt im Fertigungsbereich mehr unqualifizierte Arbeit ein (niedrigere Facharbeiterquoten), während in den nördlichen Regionen (einschließlich "Mitte") deutlich facharbeiterintensiver produziert wird. Dagegen werden im Süden wesentlich konzentrierter Ingenieure beschäftigt. Bei dieser Schlüsselqualifikation für Innovationsprozesse sind deutliche Defizite in den nördlichen Regionen auszumachen.

- Schließlich scheint auch ein regionales Gefälle im Bereich der Innovationsbereitschaft bzw. -fähigkeit zu bestehen (vgl. Meyer-Krahmer et al., 1984). In süddeutschen Industrieregionen liegt der Anteil der mit Personalkostenzuschüssen für Forschung und Entwicklung geförderten Unternehmen an allen Betrieben im Investitionsgütergewerbe deutlich höher als in den altindustrialisierten Regionen an Saar, Rhein und Ruhr. Die übrigen norddeutschen Industrieregionen bleiben bei dieser Kennziffer für die "Innovationsdichte" jedoch nicht hinter den süddeutschen zurück. Für eine gewisse Konzentration hochtechnologisierter Betriebe in süddeutschen Industrieregionen gibt es erste Hinweise, die jedoch quantitativ noch schwer faßbar sind (Grabow & Henckel 1986).

Die beiden letztgenannten Stichpunkte könnten schon eher als mögliche Ursachenkomplexe und nicht nur als bloße Erscheinungsformen des wirtschaftlichen Süd-Nord-Gefälles angesehen werden. Eine klare Trennung ist hier jedoch nicht möglich, da alle genannten Komponenten des Süd-Nord-Gefälles in enger gegenseitiger Wechselwirkung stehen und damit gleichzeitig Folge- wie Ursachencharakter haben können. Das heißt, daß sich mangelnde Innovationen auch als Folge und nicht nur als Ursache wirtschaftlicher Stagnation interpretieren lassen, ebenso wie Arbeitslosigkeit durch Konsumrückgang Ursache und nicht nur Folge von Arbeitsplatzdefiziten ist. Das öffentliche und politische Interesse, aber auch die wissenschaftlichen Erklärungsversuche, richten sich allerdings in erster Linie auf die Frage, was die Ursachen der gravierenden Süd-Nord-Gegensätze in der Arbeitsmarktsituation sind, die sich seit Beginn der 80er Jahre immer mehr verschärfen. Dies soll auch im Vordergrund unserer folgenden Überlegungen stehen.

3. ZU DEN MÖGLICHEN URSACHEN

Die tieferen Ursachen für die Auseinanderentwicklung des Wirtschafts- und Arbeitsplatzwachstums zwischen Nord- und Süddeutschland werden meist in einem mehr oder weniger komplexen Zusammenwirken von Sektor-, Größen- und Kostenstrukturen auf der Seite der Unternehmen sowie Erwerbsbeteiligung, Bildungsverhalten und Lohnstrukturen auf der Seite der Arbeitnehmer gesucht. Hinzukommen infrastrukturelle Bedingungen, staatliche Aktivitäten bzw. Rahmensetzungen und nicht zuletzt geographische Gegebenheiten bzw. landschaftliche Attraktivität. Relativ selten werden historische Dimensionen der Wirtschafts- und Gesellschaftsentwicklung in die Erklärungsversuche einbezogen.

Die meisten "harten" bzw. "aktuellen" Ursachenfaktoren für Süd-Nord-Entwicklungsunterschiede erweisen sich bei differenzierter Betrachtung entweder als trivial - wie die regionale Konzentration der Montan- und Werftstandorte -, deren Produktion seit langem in einer weltmarktbedingten Absatzkrise steckt, oder als schwer faßbar und kaum in einen theoretischen Erklärungsansatz einbeziehbar.

Die am häufigsten herangezogene Branchenstruktur gibt außerhalb des Mon-

tan- und Werftbereichs keine quantitativ nachvollziehbaren Erklärungsansätze für regionale Entwicklungsunterschiede des Arbeitsplatzangebots. Es
ergibt sich im Gegenteil der zunächst paradox erscheinende Befund, daß
bundesweit in der Vergangenheit geschrumpfte Branchen wie Großteile des
verarbeitenden Gewerbes im Süden weit über- und im Norden deutlich unter-
repräsentiert sind. Umgekehrt stellt der bundesweit gewachsene Dienstleistungssektor im Süden wesentlich geringere Beschäftigtenanteile als in
der "Mitte" und im Norden. Eine Betrachtung der Verteilung sogenannter
traditioneller "Wachstums-" und "Schrumpfungsbranchen" auf die Regionen
zeigt, daß hier kein Zusammenhang mit den in jüngerer Zeit realisierten
Wachstumsraten der Beschäftigung und Wertschöpfung auszumachen ist. Beispielsweise hatten die Montanreviere unter allen Industrieregionen im
Jahr 1983 den höchsten Besatz mit Branchen, die zwischen 1974 und 1982
bundesweit einen Beschäftigungszuwachs von mehr als 6% realisieren konnten, während in süddeutschen Industrieregionen zum gleichen Zeitpunkt
Branchen besonders stark vertreten waren, die seit 1974 bundesweit um
mehr als 10% geschrumpft waren (vgl. Tab. 3.4). Dies liegt hauptsächlich
daran, daß die einzelnen Betriebe einer Branche in den Regionen eine von
der bundesweiten Entwicklung abweichende Wachstumsrate aufzuweisen hatten, die in Süddeutschland positiv und in den Montanrevieren negativ
ausgefallen ist. Offensichtlich waren die Entwicklungsunterschiede innerhalb ein und derselben Branche - beispielsweise beim Maschinenbau oder in
der Textilindustrie - wesentlich größer und nord-süd-spezifischer als die
Wachstumsdisparitäten zwischen den Wirtschaftszweigen.

Offenbar haben technischer und organisatorischer Strukturwandel dazu
geführt, daß die statistisch erfaßte Sektor- bzw. Branchenstruktur kein
hinreichender Indikator mehr dafür ist, welche Art von Betrieben mit
welchen Produktionsmitteln und -kosten welche Produkte mit welchen Ab-
satzchancen in einer Region herstellt; woher die Vorleistungen bezogen
und wo schließlich die Produkte weiterverarbeitet, investiert oder konsu-
miert werden. Auch bei sehr detaillierter Untersuchung der regionalen
Branchen- und Funktionalstrukturen erweist sich, daß innerhalb derselben
Branche regional sehr unterschiedliche Entwicklungen der Beschäftigung
und der Wertschöpfung zu beobachten sind, je nach den speziellen regionalen Standortbedingungen, je nach dem Stand der Produkt- und

Prozeßinnovation, je nach der Organisations- und Kontrollstruktur der Unternehmen bzw. Betriebe und je nachdem, wie dispositive und produzierende Tätigkeiten auf verschiedene Betriebsstandorte verteilt sind (s. Bade & Eickelpasch, 1985).

Wenig quantitative Belege gibt es bisher für die verbreitete Auffassung, die Konzentration hochtechnologieorientierter Unternehmen im süddeutschen Raum habe dessen günstige Wirtschafts- und Beschäftigtenentwicklung entscheidend beeinflußt. Dabei wird zum einen übersehen, daß Hochtechnologie nicht auf den engeren Elektronik- und EDV-Bereich beschränkt ist und deswegen nicht nur das sogenannte "Isar-Valley" zukunftsträchtige, innovative Unternehmen aufweist, sondern die meisten westdeutschen Ballungszentren. Zum anderen wird generell die gegenwärtige Bedeutung dieser Branchen für die regionale Beschäftigungs- und Wirtschaftsentwicklung erheblich überschätzt. Es wird angenommen, daß zur Zeit weniger als 3% der Arbeitnehmer in der Bundesrepublik Deutschland in sogenannten "High-Tech"-Branchen tätig sind (USA: 5-7%) und daß auch das zukünftige Arbeitsplatzwachstum wegen des erheblichen Rationalisierungspotentials und der rasanten Produktivitätsfortschritte in diesem Bereich eher bescheiden ausfallen wird.

Andere Erklärungsansätze heben auf den unterschiedlichen Exportanteil der Regionalwirtschaften ab und sehen im hohen Auslandsumsatz vieler baden-württembergischer und bayerischer Industrieregionen den Schlüssel zum Erfolg. Auch dabei wird übersehen, daß die traditionellen Industriestandorte an Rhein und Ruhr ebenso hohe oder noch höhere Anteile ihres Umsatzes im Auslandsgeschäft erwirtschaften wie die süddeutschen. Allerdings sind hier bedeutende Strukturunterschiede zu vermuten. Vieles spricht für die Vermutung, daß die süddeutschen Exportgüter in der Mehrheit hochwertige Qualitätsprodukte sind, die auf Wechselkursschwankungen nicht sehr empfindlich reagieren, während an den "alten" Industriestandorten standardisierte Produkte dominieren, die scharf kalkuliert werden müssen, um auf den Weltmärkten konkurrenzfähig zu sein und deshalb wesentlich konjunktur- und wechselkursanfälliger sind (vgl. Kampmann & Köppel, 1984:571f).

Unterschiede zwischen Nord- und Süddeutschland in den Lohnkosten mögen in
der Vergangenheit bei Investitionsentscheidungen eine gewisse Rolle gespielt haben. Immerhin standen die Arbeitnehmer in den Montanrevieren
lange Zeit an der Spitze der Lohnskala, was die Ansiedlung revierfremder
Gewerbezweige erschwert haben dürfte. Inzwischen haben die süddeutschen
Industrieregionen jedoch das Lohn- und Gehaltsniveau der Montanreviere
aufgeholt und weisen deutlich höhere Zuwachsraten bei den Einkommen aus
unselbständiger Arbeit auf als vergleichbare norddeutsche Regionen. Dies
hat natürlich auf die Dauer auch Auswirkungen auf die regionalen Nachfra-
gepotentiale und damit auf die Arbeitsplätze in der Konsumgüterindustrie
und im haushaltsorientierten Dienstleistungsbereich.

Keine Erklärung für das starke Süd-Nord-Gefälle auf den Arbeitsmärkten
läßt sich aus den regionalen Unterschieden in der Erwerbsbeteiligung
ableiten. Theoretisch müßten Arbeitsplätze vor allem in denjenigen Regionen besonders knapp sein, in denen die Nachfrage nach Arbeit wegen hoher
Erwerbsbeteiligung der Bevölkerung besonders stark ist. Die regionalen
Erwerbsquoten, die wesentlich durch Unterschiede in der Erwerbsbeteiligung der Frauen bestimmt werden, sind jedoch vor allem in denjenigen
süddeutschen Regionen besonders hoch, die auch die günstigste Wirt-
schafts- und Beschäftigungsentwicklung und die niedrigste Arbeitslosigkeit aufzuweisen haben. Soweit die Bereitschaft der Bevölkerung und
darunter insbesondere der Frauen, einer Erwerbstätigkeit nachzugehen,
durch Erhöhung und Diversifikation des Arbeitskräfteangebots, aber auch
durch die damit zusammenhängende Erhöhung der Familieneinkommen, eine
Wirkung auf die regionale Wirtschafts- und Arbeitsmarktentwicklung entfaltet, war sie bisher augenscheinlich positiv. Umgekehrt haben die
traditionell sehr niedrigen Frauenerwerbsquoten im Ruhrgebiet und im
Saarland dort keine nachhaltige Entlastungswirkung für den Arbeitsmarkt
bedeutet.

Vergleicht man Umfang und Struktur der Ausländerbeschäftigung zwischen
nord- und süddeutschen Industrieregionen, so ergibt sich auf den ersten
Blick kein klarer Zusammenhang mit der Wirtschafts- und Beschäftigtenentwicklung. Auffällig sind zwei Extrempositionen: Hohe Ausländeranteile an
den Beschäftigten finden sich vorzugsweise dort, wo entweder eine beson-

ders günstige oder eine besonders ungünstige Arbeitsmarktsituation herrscht. Dies deutet darauf hin, daß die ausländischen Arbeitskräfte im Süden anders eingesetzt werden als in den norddeutschen Industriestandorten (vgl. Schütte & Sinz, 1985). Im Süden dürften diese Arbeitskräfte überwiegend noch in den komplementären Funktionen tätig sein, zu deren Ausfüllung sie ursprünglich angeworben wurden; d.h. als flexible und kostengünstige Arbeitskräftereserven in einer relativ dynamischen Wirtschaft zu Beginn neuer Produktzyklen, deren konjunkturelle Schwankungen im Arbeitskräftebedarf sie als eine Art Puffer ausgleichen helfen. In den sich ungünstig entwickelnden Industrieregionen dürfte dagegen ein hoher Anteil der Ausländer substitutiv tätig sein, d.h. Funktionen ausfüllen, für die zu den gebotenen Löhnen und unter den gegebenen Arbeitsbedingungen auch bei angespannter Arbeitsmarktlage kaum deutsche Arbeitskräfte zu finden sind. Ausländereinsatz in der Produktion bedeutet dabei oft den Verzicht auf kapitalbeanspruchende Rationalisierungsmaßnahmen am Ende alter Produktzyklen, solange Arbeitskräfte verfügbar sind, die für Niedriglöhne und unter teilweise menschenunwürdigen Bedingungen teuerere Maschinen ersetzen.

Die verbreitete Auffassung, Süddeutschland sei wesentlich stärker von der mittelständischen Wirtschaft geprägt als alle übrigen Regionen der Bundesrepublik Deutschland, trifft in dieser Vereinfachung nicht zu. Zwar dominieren in den Montanrevieren und an den Werftstandorten die Großbetriebe der Schwerindustrie; die Unterschiede in den durchschnittlichen Betriebsgrößen zwischen den übrigen norddeutschen Industrieregionen und den Industrieregionen Süddeutschlands sind jedoch kaum signifikant. Wenn es also generelle betriebsgrößenabhängige Entwicklungsvor- bzw. -nachteile gibt, wie es einige Analytiker unterstellen (vgl. Eckart, v. Einem & Stahl, 1985), so müßten sie im Norden und Süden zumindest in den weniger verdichteten Regionen gleichermaßen wirksam sein. Allerdings ist zu vermuten, daß weniger die durchschnittlichen regionalen Betriebsgrößen als deren räumlich-spezifische Verteilung Entwicklungsunterschiede begründen können. In dieser Hinsicht unterscheiden sich süddeutsche, insbesondere württembergische, Industrieregionen signifikant vom Norden. Aus historischen Gründen, auf die noch einzugehen sein wird, sind die Klein- und Mittelbetriebe des Südens häufig nicht auf größere zentrale Orte konzentriert, wie dies im Norden überwiegend der Fall ist, sondern relativ weit über das Land verstreut. Dies bedeutet zum einen, daß sie bestimmte Agglomerationsvorteile nicht nutzen können und deswegen lange Zeit nur am Rande der allgemeinen, agglomerationsorientierten Entwicklung standen; es bedeutet aber auch, daß bei nachlassender, allgemeiner Bedeutung bestimmter Agglomerationsvorteile durch Nivellierung der Erreichbarkeitsverhältnisse spezifische Vorteile ländlicher Standorte (Stammbelegschaften, niedrigere Lohnkosten, preisgünstige Ausdehnungsmöglichkeiten) ausgeschöpft werden können.

Im Bereich der Infrastrukturausstattung lassen sich keine auffälligen Disparitäten feststellen, die das wirtschaftliche Süd-Nord-Gefälle erklären könnten. Geradezu im Widerspruch zur gängigen Auffassung über den Zusammenhang von Infrastrukturausstattung und Wirtschaftswachstum steht die Tatsache, daß z.B. der Raum Stuttgart sowohl im Fernstraßennetz als auch im Schienennetz verglichen mit anderen Ballungsräumen lange Zeit sehr schlecht erschlossen war und teilweise noch ist. Allerdings sind gewisse generelle Standort- und Erreichbarkeitsvorteile des Südens durch das Zusammenwachsen Europas in der EG nicht von der Hand zu weisen.

Die häufiger vorgetragene Vermutung, daß die Forschungs- und Technologieförderung durch ihre regionale Selektivität zu einer Vertiefung des Süd-Nord-Gefälles beitragen könnte, erscheint kaum abweisbar, wenn man die regionale Mittelverteilung der Förderprogramme und die Standorte der Innovationsberatungsstellen betrachtet (s. Karten 3 und 4). Neben der traditionellen Konzentration der Förderung auf die Verdichtungsräume, die aus den agglomerationsorientierten Standortpräferenzen der Zuwendungsempfänger zu erklären ist, fällt auf, daß vor allem in Baden-Württemberg und Teilen Bayerns eine gewisse Häufung von Fördermitteleinsatz und Beratungsangebot festzustellen ist. Diese regionale Konzentration hat sich im Verlauf der letzten vier bis fünf Jahre eher verstärkt als abgeschwächt. Eine detaillierte Untersuchung der regionalen Unterschiede in den Forschungs- und Entwicklungsaktivitäten zwischen Niedersachsen und den übrigen Bundesländern gelangt zu ähnlichen Ergebnissen, weist aber auch auf die sehr problematische Datenlage hin (vgl. Bonkowski & Legler, 1984). Es wäre aber vermutlich verfehlt, diese Entwicklung als Folge

Karte 3: <u>Projektförderung und Vertragsforschung 1981 bis 1984</u>

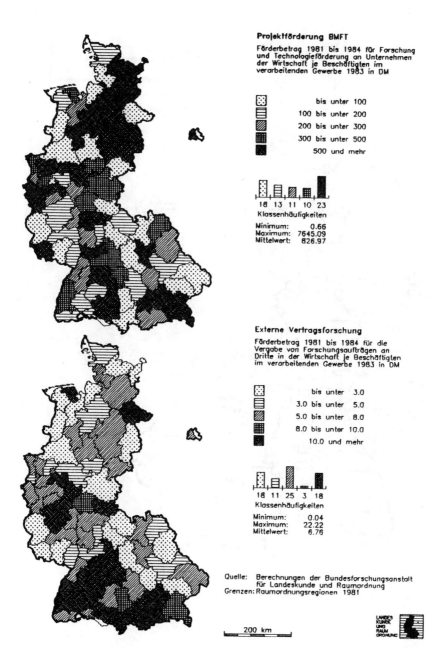

Projektförderung BMFT

Förderbetrag 1981 bis 1984 für Forschung
und Technologieförderung an Unternehmen
der Wirtschaft je Beschäftigten im
verarbeitenden Gewerbe 1983 in DM

bis unter 100
100 bis unter 200
200 bis unter 300
300 bis unter 500
500 und mehr

18 13 11 10 23
Klassenhäufigkeiten

Minimum: 0.66
Maximum: 7645.09
Mittelwert: 826.97

Externe Vertragsforschung

Förderbetrag 1981 bis 1984 für die
Vergabe von Forschungsaufträgen an
Dritte in der Wirtschaft je Beschäftigten
im verarbeitenden Gewerbe 1983 in DM

bis unter   3.0
3.0 bis unter   5.0
5.0 bis unter   8.0
8.0 bis unter 10.0
10.0 und mehr

18 11 25   3 18
Klassenhäufigkeiten

Minimum: 0.04
Maximum: 22.22
Mittelwert: 6.76

Quelle: Berechnungen der Bundesforschungsanstalt
         für Landeskunde und Raumordnung
Grenzen: Raumordnungsregionen 1981

200 km

LANDES
KUNDE
UND
RAUM
ORDNUNG

28

Karte 4: <u>Standorte der Innovations- und Technologieberatungsstellen</u>

Innovations- und
Technologieberatungsstellen 1984

♦ der Industrie- und Handelskammern (IHK)

■ der Handwerkskammern

● des Rationalisierungskuratoriums
der deutschen Wirtschaft

▲ an Hochschulen und Fachhochschulen

z.T. in Kooperation mit anderen Institutionen

Quelle: Bundesforschungsanstalt für
Landeskunde und Raumordnung

0   50   100 km

regional gesteuerter, bewußter Konzentrationspolitik der Unternehmen oder der staatlichen Forschungsförderung zu sehen. Es handelt sich vielmehr um einen sich teilweise selbst verstärkenden Prozeß, dessen Wurzeln weniger in aktuellen wirtschaftspolitischen Rahmenbedingungen, Strukturverschiebungen oder Maßnahmeprorammen zu suchen sind als in der Entwicklungsgeschichte des Industrialisierungsprozesses.

Eine solche Betrachtungsweise wurde in der neueren regionalwissenschaftlichen Diskussion des Süd-Nord-Gefälles, die in umgekehrter Blickrichtung eine lange sozialwissenschaftliche und industriegeographische Tradition besitzt – damals war der Süden benachteiligt und strukturschwach –, zugunsten eher ideologisch motivierter Erklärungsversuche sehr vernachlässigt. Die Vernachlässigung der entwicklungsgeschichtlichen Dimension in den meisten neueren Diskussionbeiträgen zum Süd-Nord-Gefälle mit Ausnahme der Arbeit von Kunz (1984) kann nicht durch einen Mangel an Quellen begründet werden (s. z.B. Borchardt, 1966; Fischer, 1968; Kloten, 1962; Salin, 1929). Eine neuere Forschungsarbeit faßt die entwicklungsgeschichtliche Perspektive der Auseinanderentwicklung von Regionen in Nord- und Süddeutschland wie folgt zusammen (Kunz, 1984):

"Die Industrialisierung hat in Deutschland und im Gebiet der heutigen Bundesrepublik nicht gleichzeitig eingesetzt. Sie nimmt ihren Anfang in Sachsen und Rheinland-Westfalen. Die Gute-Hoffnungs-Hütte in Sterkrade wird 1782 gegründet, 1808 entstehen die Firmen Stinnes und Haniel. In dem Maß, in dem Transportkosten, Gebirge und Rohstoffbindung als ökonomische und technische Hindernisse an Bedeutung verlieren, erobert die Industrie neue Räume.

Noch in den 1820er Jahren scheitern die ersten Versuche einer Gewerbeförderung in Württemberg. Krupp (Erfinder des nahtlosen Stahlreifens 1853) war schon berühmt, bevor in Württemberg die Industrialisierung ernstlich einsetzte. Baden hatte im ganzen 19. Jahrhundert einen Entwicklungsvorsprung vor dem topographisch unzugänglichen Württemberg. Im badischen Flachland lagen bereits 225 km Eisenbahnstrecken, ehe in Württemberg das Eisenbahnzeitalter begann.

Nürnberg war im 19. Jahrhundert die führende Industriestadt in Bayern (erste Eisenbahn in Deutschland 1835). München blieb dagegen während des gesamten 19. Jahrhunderts in erster Linie eine von ihrem Territorium alimentierte Residenzstadt, zunächst unter Ludwig I. Stadt feudalen Städtebaus und dann unter Maximilian II. Stadt der Wissenschaften und der Kunst. Damit gingen Württemberg und Südbayern als industrielle Nachzügler ins 20. Jahrhundert, weshalb sie von vornherein Standorte jüngerer Unternehmen waren.

Heute sind die beiden anderen Landesteile, nämlich Baden und Nordbayern, innerhalb der beiden Bundesländer Gebiete mit geringerem Wachstum und höherer Arbeitslosigkeit (im September 1983: Nordbayern 8,2%, Südbayern 6,1%, Agglomeration Mannheim/Heidelberg 7,1%, Stuttgart 5,2%). In den beiden später industrialisierten Regionen entwickelten sich aufgrund dessen relativ junge Industrien:
- die Automobilindustrie vor allem, die bereits 1890 einsetzte, aber erst nach 1950 voll zur Entfaltung kam,
- der spezialisierte Maschinenbau, der das immer mehr industrialisierte Handwerk mit Maschinen ausstattete (Baumaschinen, Textilmaschinen),
- die elektrotechnische Industrie, die eine Vielzahl von Konsumgeräten produzierte,
- die Zulieferindustrien für diese Branchen
- und als jüngster Zweig die Elektronik-Industrie.

Die dadurch bedingte Wanderung der wirtschaftlichen Schwerpunkte ist jedoch 'nicht als Wechsel des Standorts, sondern als Wandel der Gewichtigkeit des Standorts' (Salin, 1929, zit. nach Kunz, 1984) zu interpretieren."

Was also zunächst mehr zufällig und bedingt durch eine Fülle von Faktoren entsteht, findet später unterschiedliche, sich wandelnde Entwicklungsbedingungen, die in der Regel selbstverstärkende Rückkopplungsprozesse auslösen. Wenn z.B. durch Standort- und Agglomerationsvorteile die Belastung einer Region steigt und wenn sich im Laufe der Zeit eine gewisse

Monostruktur herausbildet, verschlechtern sich die Chancen der weiteren Entwicklung einer Region durch Industrie- und Gewerbeansiedlungen aus zwei Gründen: Zum einen haben die alten Industrien ihre Wachstumsphase hinter sich; sie stagnieren oder schrumpfen. Zum anderen blockieren sie gleichzeitig das Entstehen neuer Industrien:

- am Arbeitsmarkt durch hohe Ausschöpfung und Spezialisierung (besonders stark in der Wiederaufbauphase der Montanindustrie nach dem Zweiten Weltkrieg),
- im kommunalen Bereich durch wachsende Verflechtung bzw. Verfilzung zwischen beherrschenden Großunternehmen, Verwaltungen und politischen Parteien, die auf Dauer innovationshemmend wirken können,
- im Umweltbereich durch Herausbildung von Gemengelagen und Emissionsbelastungen, die gerade für Industrien am Ende von Produktzyklen typisch sind,
- durch die Auslastung der Infrastruktur und die Ausschöpfung geeigneter Baulandreserven für Industrie und Gewerbe,
- nicht zuletzt aber auch durch das Image der altindustrialisierten, belasteten Industrieregion, die von denen, die es sich leisten können, verlassen wird.

Diese Bedingungen gelten nicht nur für das Entstehen junger Industrien, sondern auch für Erweiterungsinvestitionen und die wenigen großen Verlagerungen auf nationaler und internationaler Ebene. Eine Gleichzeitigkeit zwischen Betriebsschließungen in einer alternden Industrieregion und einem Gründungsboom in einer anderen, durch die ein fließender Übergang im Strukturwandel entstehen könnte, war bisher in der Bundesrepublik Deutschland nicht zu beobachten.

So gesehen ist "interregional ungleichmäßiges Wachstum eine unvermeidliche Begleiterscheinung und Bedingung des Wachstums" (Hirschmann, 1967, zit. nach Kunz, 1984). Daraus folgt aber auch, daß der zyklenhafte industrielle Entwicklungsprozeß langfristig auch vor den heute begünstigten Regionen nicht haltmachen wird.

"Baden-Württemberg steht insgesamt wohl bald an der Schwelle zur alten Wirtschaftsregion; es verfügt jedoch über eine Branchenstruktur, die eine krisenhafte Entwicklung größeren Umfangs als unwahrscheinlich erscheinen läßt. Für Südbayern ist ein Ende der positiven Entwicklung noch nicht absehbar. Soweit der Freizeitwert als Standortfaktor tatsächlich weiter an Bedeutung gewinnt, kann der südbayerische Raum diesen Vorteil auf lange Zeit behalten" (Kunz, 1984).

Sogenannte außerökonomische Faktoren wie der Freizeitwert oder die landschaftliche Attraktivität zählen in der regionalwirtschaftlichen Ursachenanalyse gewöhnlich zu den "weichen" Informationen (wie Image, Kolorit, Milieu u.ä.), die sich nur ungenügend operationalisieren und quantifizieren lassen. Ob diese Einschätzung zutrifft oder ob nicht auch die klassischen "harten" regionalökonomischen Informationen wie Wertschöpfung, Einkommen oder Arbeitsmarktbilanz erheblichen Definitions- und Operationalisierungsproblemen unterliegen, soll hier nicht näher untersucht werden. Insgesamt scheint aber den "weichen" Informationen in der regionalwissenschaftlichen Diskussion des Süd-Nord-Gefälles bisher zu wenig Aufmerksamkeit gewidmet zu werden.

Zwar werden in der öffentlichen Diskussion der Nord-Süd-Kontraste landeskundliche und insbesondere "stammesgeschichtliche" Erklärungsmomente für bestimmte regionalspezifische Verhaltensweisen und Präferenzen häufig am Rande erwähnt. Dies geschieht jedoch meistens eher anekdotenhaft und ohne ernsthaften analytischen Anspruch. Bekannte Stichworte sind: Schwäbischer Häuslebauerfleiß und Tüftlermentalität, bayerisch-barocke Lebensart, sture Niedersachsen, bodenständige Westfalen, weltoffene Hanseaten, usw.. Andererseits ist beispielsweise der Hinweis auf die langfristigen ökonomischen Konsequenzen gesellschaftlicher Verhaltensweisen, die einmal maßgeblich von protestantischem Arbeitsethos beeinflußt wurden – wie in großen Teilen Württembergs unterstellt werden kann – durchaus ernst zu nehmen und eine eingehendere Untersuchung im regionalkökonomischen Kontext wert.

Die starken Wechselwirkungen zwischen bestimmten regionalspezifischen Verhaltensformen und der Art der Entwicklung von der landwirtschaftlichen zur industriellen Produktionsweise sind seit langem bekannt. Am deutlich-

sten nachvollziehbar sind die Zusammenhänge zwischen natürlichen Voraussetzungen der Agrarproduktion (Topographie, Klima, Bonität), Betriebsgrößenstruktur, landwirtschaftlichem Erbrecht, Formen des vorindustriel-
len und industriellen Nebenerwerbs und industriell-gewerblicher Unterneh-
mens-, Betriebs- sowie Siedlungsstrukturen. Mit dieser Wechselwirkungs-
kette läßt sich beispielsweise die besondere Form und räumliche Organisation der württembergischen ländlichen Gewerbestruktur mit vielen spezialisierten Produktionsbetrieben an kleinen Standorten erklären, die als
Folge der unternehmerischen Ausschöpfung des landwirtschaftlichen Neben-
erwerbspotentials zu Beginn und während des Ausbaus der Industrialisierung gesehen werden kann. Die Arbeitsplätze verlagerten sich damals zu
den potentiellen Arbeitnehmern in den ländlichen Regionen. Natürlich
spielten dabei auch außerbetriebliche Faktoren wie etwa die schon im
vergangenen Jahrhundert intensiv betriebene staatliche und private Gewer-
beförderungspolitik eine wichtige Rolle (s. Siebertz, 1952).

Die Wechselwirkungen zwischen der teilräumlichen Entwicklung der Produktionsbedingungen und regionalspezifischen Verhaltensweisen erweisen sich
offenbar auch losgelöst von ihren ursprünglichen Bestimmungsfaktoren als
langfristig wirksam und bestimmend für regionalwirtschaftliche Entwick-
lungsbesonderheiten wie etwa das Süd-Nord-Gefälle. Die oben erwähnten
Besonderheiten des Übergangs von der landwirtschaftlichen zur industriellen Produktionsweise in großen Teilen Südwestdeutschlands haben vermutlich durch die Wohnortnähe der Arbeitsplätze in einer nebenerwerbsorien-
tierten ländlichen Arbeitsmarktsituation die Erwerbsbereitschaft der
Frauen nachhaltig positiv beeinflußt. Dagegen war das früher vorherrschende Arbeitsplatzangebot in den Montanrevieren wegen der extremen
körperlichen Anforderungen im Bergbau und in der Metallerzeugung ein
objektiver Hinderungsgrund für Frauenerwerbstätigkeit. Dieser wurde verstärkt durch subjektive Verhaltensweisen, die sich als Folge der besonderen wirtschaftlichen Situation und des besonderen Selbstverständnisses
von Bergarbeitern herausbildeten: Bergleute, die lange Zeit an der Spitze
der Lohnskala aller Abhängigen standen, empfanden es auch noch nach dem
Zweiten Weltkrieg als unvereinbar mit ihrem Rollenverständnis als Fami-
lienernährer, wenn die Ehefrau es "nötig hatte", in die Fabrik oder ins
Geschäft zu gehen. Folglich blieb das Angebot an weiblichen Arbeitskräf-

ten in den Montanrevieren an Ruhr und Saar lange Zeit knapp. Entsprechende Arbeitsplätze auch im tertiären Bereich entstanden nur zögernd, und noch heute haben diese Regionen die mit Abstand niedrigsten Frauenerwerbsquoten in der Bundesrepublik Deutschland bei gleichzeitig extrem hoher Arbeitslosigkeit.

Dies wiederum könnte einen erheblichen Einfluß auf die verfügbaren Familieneinkommen haben, was sich sowohl auf die Situation arbeitsloser Familienmitglieder auswirken dürfte, als auch auf die in den betroffenen Regionen realisierbare Konsumnachfrage. Letzteres ist in der regionalwirtschaftlichen Diskussion, die in der jüngeren Vergangenheit sehr stark angebotstheoretisch argumentierte, beinahe vollständig vernachlässigt worden. Dabei spricht vieles dafür, daß die im Süden durch die sehr hohe Frauenerwerbsquote erheblich verbesserten Familieneinkommen zu einer wesentlichen Steigerung der konsumtiven Nachfrage führen, die ihrerseits ein Erklärungsbeitrag für das starke Beschäftigungswachstum dieser Regionen gerade in den Bereichen Handel und Dienstleistungen sein könnte.

Dieser empirisch noch nicht vollständig untermauerte Gedankengang soll zeigen, daß ein entwicklungsgeschichtlicher Ansatz, der regionalspezifische Verhaltenskomponenten in ihrer Wechselwirkung mit der regionalen Wirtschaftsentwicklung interpretiert, zumindest zu plausiblen Erklärungshypothesen führt. Die empirische Überprüfung solcher Zusammenhänge ist wegen der problematischen Datenlage (lange Zeitreihen, "weiche" Informationen) sehr schwierig, erscheint aber lohnend, um die vorhandenen oft ökonomisch-monokausal argumentierenden Ansätze bei der Ursachenanalyse regionalwirtschaftlicher Disparitätenentwicklungen sinnvoll zu ergänzen; dies vor allem, um die Möglichkeiten und Wirkungen politisch-planerischer Eingriffe auch außerhalb der unmittelbar ökonomischen Wirkungsebene besser einschätzen zu können.

4. REGIONALWISSENSCHAFTLICHER FORSCHUNGSBEDARF

Aus den genannten Quellen geht hervor, daß grundsätzlich kein Mangel an regionalwissenschaftlichen Forschungsaktivitäten zu einzelnen Aspekten des Süd-Nord-Gefälles herrscht. Es fehlt aus raumordnungspolitischer Sicht eher eine zusammenfassende Darstellung der bisherigen Forschungsergebnisse und eine darauf aufbauende Einschätzung gesellschaftlicher Handlungsnotwendigkeiten bzw. -möglichkeiten. Die offizielle Raumordnungs- und Regionalpolitik hält sich bei Kommentaren und Interpretationen zum wirtschaftlichen Süd-Nord-Gefälle spürbar zurück (vgl. dazu Deutscher Bundestag, 1984).

Unter wissenschaftlichen Gesichtspunkten weist die bisherige Forschung zur wirtschaftlichen Auseinanderentwicklung der Regionen des Bundesgebietes einige Mängel und Problempunkte auf, die nur auf längere Sicht behoben werden können:

- Das verwendete regionalstatistische Datenmaterial ist zum Teil sehr veraltet oder wegen Schätz- und Erfassungsproblemen bei Stichprobenmaterial zweifelhaft. Insbesondere die Erfassung innovativer Aktivitäten im regionalen Kontext bereitete bisher erhebliche Schwierigkeiten. Forschungsprojekte, die Unterschiede im regionalen Innovationsverhalten insbesondere beim Einsatz moderner Hochtechnologie datenmäßig besser erfassen und erklären können als bisherige Ansätze, erscheinen sinnvoll. Aktuelle Großzählungsergebnisse werden vermutlich noch lange auf sich warten lassen.

- Die Regionsraster, die bisherigen Süd-Nord-Vergleichen und auch diesem Beitrag zugrundegelegt wurden (i.d.R. Bundesländer), sind vielfach zu undifferenziert und verschleiern manche Befunde mehr, als daß sie zu ihrer Erklärung beitragen. Dies gilt besonders für eine nicht weiter regional differenzierte Betrachtung Bayerns, das in Wirklichkeit aus sehr unterschiedlich strukturierten ländlichen Regionen (periphere Agrarregionen; ländlich geprägte, jedoch frühindustrialisierte Grenzräume Ostbayerns; fremdenverkehrsorientiertes Alpenvorland) und dienstleistungs- sowie industrieorientierten Verdichtungsregionen besteht. Ähnlich unzulässig ist die analytische Gleichsetzung aller Industrieregionen nördlich der Mainlinie. Dabei muß nicht nur zwischen den Montanrevieren und den übrigen Industrieregionen, sondern auch zwischen dienstleistungs- bzw. produktionsorientierten sonstigen Standorten so-

wie ausgesprochen ländlichen Regionen Nord- und Westdeutschlands unterschieden werden. Vorhandene regionalwissenschaftliche Ansätze zu einer
differenzierten Raumtypologie sollten fortgeführt und bei Regionalanalysen anderer Disziplinen aufgegriffen werden.

- Nicht zuletzt sollte der wirtschafts- und technologiegeschichtlichen
  Betrachtungsweise der Regionalentwicklung wieder mehr Gewicht einge-
  räumt werden. Viele kurzatmige Erklärungsversuche des Süd-Nord-Gefälles
  ignorieren weitgehend die Ergebnisse industrie-, sozial- und agrargeo-
  graphischer Forschungsarbeiten der vergangenen 50 Jahre, ohne ihrerseits wesentliche neue Befunde hervorzubringen. Zu tragfähigen Erklä-
  rungsansätzen und damit auch erst zu begründbaren Handlungskonzepten
  kann nur eine längerfristig angelegte Regionalforschung führen, die auf
  theoretisch abgesicherten Wirkungsanalysen sozialer und wirtschaftlicher Struktur- und Verhaltenskomponenten aufbaut.

Gerade im Zusammenhang einer Diskussion des Süd-Nord-Gefälles in einem
soziologisch orientierten Themenkreis stellt sich das Problem, daß viele
Analysen sich auf dem deskriptiven Niveau raumstruktureller Darstellungen
bewegen, selten analytisch werden, geschweige denn zu den sozio-
strukturellen und damit auch sozialen Folgen vordringen. Zwar ist es
unstreitig schwer, eine sich jetzt erst deutlich herausstellende Tendenz
räumlicher Differenzierung, die selbst wiederum äußerst differenziert
verläuft, sofort auf ihre sozialen Folgen zu überprüfen und sie vor
diesem Hintergrund zu analysieren. Gleichwohl lassen sich zumindest Pro-
blemkonstellationen erkennen, auf die es, wohl nicht nur analytisch, zu
achten gilt:

- Viele Anstrengungen zur Modernisierung der Produktions- und Wirtschaftsstrukturen, die vor allem auf Hochtechnologieeinsatz zielen,
  werden voraussichtlich zu einer stärkeren Polarisierung der beruflichen
  Anforderungen führen, und zwar zu einer Polarisierung im Sinne der
  starken Nachfrage an beiden Enden der Skala, während z.B. der qualifizierte Facharbeiter eher in den Hintergrund tritt. Eine Prognose, die
  das Verschwinden dieser sozialen Gruppe und damit eines gewichtigen
  Elements der gegenwärtigen Sozialstruktur im Auge hat, ist vermutlich

zu früh, jedoch bedeutet es keine Überanstrengung soziologischer Phantasie, sich die Folgen hinsichtlich des Lebensstandards, aber auch zum Beispiel des sozialen Verhaltens in Wahlen, vorzustellen. Polarisierungstendenzen, also z.b. der Weg von der nivellierten Mittelstandsgesellschaft, wie es überspitzt für die Gesellschaft der Nachkriegszeit in der Bundesrepublik Deutschland gilt, hin zu der sogenannten Vier-Fünftel-Gesellschaft, sind aller Voraussicht nach noch verfrüht, aber schon die erkennbaren Tendenzen lassen vermuten, daß solche Polarisierungen auch mit sozialen Spannungen verbunden sein können.

- Das Wanderungsgefälle zugunsten oder zu Lasten des Südens - je nach Sichtweise - und die beginnende Konzentration des gesellschaftlichen Reichtums in diesen Teilen der Bundesrepublik Deutschland sind selbstverständlich auch mit einem Wandel regional vorhandener traditioneller Lebensformen oder Identitäten verbunden. Dies läßt sich insbesondere in den Voralpengebieten beobachten, die von den süddeutschen Ballungsräumen schnell erreichbar sind. Ein eindrucksvolles Beispiel bietet der Bodenseeraum, in dem die Dynamik des sozio-strukturellen Wandels nur noch von den Verschlechterungen der ökologischen Situation und der Zunahme der Umweltbelastung übertroffen wird.

- Bundesweit gesehen kann die Verlagerung von regionalen und wirtschaftlichen Schwerpunkten und damit von Einflußpotenzen zu einem Wandel der politischen Einflußstrukturen und politischen Kulturen führen. Dahinter steht natürlich auch die Frage, ob prägende Elemente regionaler Sozialisationscharakteristiken, z.B. der Faktor Religion, angesichts solcher Konstellationen zu anderen, auch politischen Gewichtungen führen können.

All dies sind Fragestellungen, die bereits andiskutiert wurden - als weltweite oder national zugespitzte Tendenzen. Die Darstellungen ihrer feinkörnigen Auswirkungen, also ihrer regionalen Differenzierung, sind sowohl ein wissenschaftliches wie auch ein politisches Desiderat. Die Wichtigkeit dieser Fragestellung ist aber nicht zuletzt aus der Tatsache abzuleiten, daß viele regionale Entwicklungsstrategien zunehmend die Rolle des endogenen Potentials in den Vordergrund stellen. Dessen

Beeinflussung durch exogene Faktoren, eben z.B. durch die Faktoren, die
das Süd-Nord-Gefälle herbeiführen, ist noch nicht dargestellt und
untersucht worden.

Tabelle 1.1: <u>Bevölkerungsstruktur und Wanderungen</u>

Regionstyp	Sp. 1	Sp. 2	Sp. 3	Sp. 4	Sp. 5	Sp. 6	Sp. 7
(1) Industrieregionen	38533952	379	16.07	16.50	52.71	14.71	9.32
(2) ländliche Regionen	8518357	108	18.32	17.47	49.14	15.07	3.19
(3) sonstige Regionen	12624222	188	17.07	17.46	50.91	14.55	4.50
(4) Berlin	1869584	3895	14.27	14.18	50.97	20.59	12.55
Industrieregionen							
(11) altindustrialisierte	6822043	783	15.95	16.55	53.11	14.39	7.71
(12) dienstleistungsorientierte	9483554	590	14.41	15.56	54.57	15.40	11.28
(13) sonstige norddeutsche	8865154	361	16.40	16.72	51.69	15.20	8.23
(14) sonstige süddeutsche	13363199	255	17.10	16.99	51.85	14.06	9.48
Ländliche Regionen							
(21) landwirtschaftsorientierte	5145981	103	18.81	17.94	48.63	14.61	2.74
(22) industrieorientierte (NO-BY)	1936786	117	17.96	16.91	49.91	15.21	2.57
(23) Alpenvorland	1435590	115	17.08	16.52	49.90	16.50	5.65
(5) Bundesgebiet	61546112	248	16.54	16.76	51.79	14.90	7.58

Bevölkerungsstruktur 1982

Sp. 1 Bevölkerung insgesamt
Sp. 2 Bevölkerungsdichte (EW/QKM)
Sp. 3 Anteil der unter 15jährigen
Sp. 4 Anteil der 15 bis unter 25jährigen
Sp. 5 Anteil der 25 bis unter 65jährigen
Sp. 6 Anteil der über 65jährigen
Sp. 7 Ausländerquote

Tabelle 1.2: <u>Bevölkerungsstruktur und Wanderungen</u>

Regionstyp	Sp. 1	Sp. 2	Sp. 3	Sp. 4	Sp. 5
(1) Industrieregionen	6357196	4143728	221346	26666786	8.30
(2) ländliche Regionen	1488130	920574	567556	5673875	10.00
(3) sonstige Regionen	2204692	1301460	903232	8632235	10.46
(4) Berlin	265045	178150	86895	1217950	7.13
Industrieregionen					
(11) altindustrialisierte	1129209	791872	337337	4752346	7.10
(12) dienstleistungsorientierte	1475561	1010316	465245	6651194	6.99
(13) sonstige norddeutsche	1481863	965453	516410	6064050	8.52
(14) sonstige süddeutsche	2270563	1376087	894476	9199196	9.72
Ländliche Regionen					
(21) landwirtschaftsorientierte	923333	545546	377787	3425991	11.03
(22) industrieorientierte (NO-BY)	327594	218858	108736	1294336	8.40
(23) Alpenvorland	237203	156170	81033	953548	8.50
(5) Bundesgebiet	10315063	6543912	3771151	42190848	8.94

In das Erwerbsleben eintretende und ausscheidende Altersgruppen

Sp. 1 Eintretende Altersgruppe (15-25jährige 1982)
Sp. 2 Ausscheidende Altersgruppe (55-65jährige 1982)
Sp. 3 Überhang der eintretenden Altersgruppe
Sp. 4 Erwerbsfähige Altersgruppe (15-65jährige 1982)
Sp. 5 Überhang in % der Erwerbsfähigen

Tabelle 1.3: Bevölkerungsstruktur und Wanderungen

Regionstyp	Sp. 1	Sp. 2	Sp. 3	Sp. 4	Sp. 5	Sp. 6
(1) Industrieregionen	-6.1	7.4	-6.0	-4.7	-0.1	-6.1
(2) ländliche Regionen	4.5	6.3	3.8	14.6	-3.4	15.2
(3) sonstige Regionen	23.5	7.5	17.4	48.3	5.8	15.5
(4) Berlin	-45.5	41.0	-58.1	-62.6	-18.3	-29.5
Industrieregionen						
(11) altindustrialisierte	-45.8	32.8	-30.1	-43.2	-23.3	-20.4
(12) dienstleistungsorientierte	1.4	6.9	-8.8	-0.5	15.6	-13.3
(13) sonstige norddeutsche	0.0	-1.0	-5.9	-6.9	0.6	-1.3
(14) sonstige süddeutsche	5.5	0.0	8.7	14.1	0.2	4.0
Ländliche Regionen						
(21) landwirtschaftsorientierte	3.5	4.7	4.1	12.3	-4.1	14.0
(22) industrieorientierte (NO-BY)	-15.0	3.5	-20.3	-31.8	-10.9	6.5
(23) Alpenvorland	35.8	16.1	37.3	89.1	9.7	30.9
(5) Bundesgebiet	0.0	8.3	-1.6	6.8	0.0	0.0

Wanderungen (aggregierte Salden je 1000 der Ausgangsbevölkerung)

Sp. 1 Binnenwanderungssaldo 1975 - 1982
Sp. 2 Aussenwanderungssaldo 1975 - 1982
Sp. 3 Natürlicher Saldo 1975 - 1982
Sp. 4 Bevölkerungsbilanz 1975 - 1982
Sp. 5 Binnenwanderungssaldo der Erwerbspersonen 1975 - 1982
Sp. 6 Binnenwanderungssaldo der über 64 jährigen 1975 - 1982

Tabelle 2.1: Erwerbssituation und Arbeitsmarkt

Regionstyp	Sp. 1	Sp. 2	Sp. 3	Sp. 4	Sp. 5	Sp. 6	Sp. 7	Sp. 8
(1) Industrieregionen	515.0	1406244	9.4	33.8	32.3	10.6	2.7	1.7
(2) ländliche Regionen	434.5	334819	12.1	27.1	39.8	12.3	2.7	6.2
(3) sonstige Regionen	412.7	455342	10.6	28.4	39.7	12.1	2.7	2.8
(4) Berlin	579.4	83320	10.4	34.7	30.1	9.7	2.7	2.2
Industrieregionen								
(11) altindustrialisierte	447.6	313596	13.1	18.8	45.9	15.3	4.4	1.5
(12) dienstleistungsorientierte	575.8	351347	8.9	41.5	26.6	8.9	2.4	1.7
(13) sonstige norddeutsche	489.5	369653	11.2	21.2	36.1	13.1	3.4	1.9
(14) sonstige süddeutsche	522.6	371648	7.1	51.6	27.2	8.7	1.6	1.8
Ländliche Regionen								
(21) landwirtschaftsorientierte	413.0	212439	13.1	22.9	43.6	13.3	3.1	6.2
(22) industrieorientierte (NO-BY)	478.4	83144	12.3	20.5	37.8	12.5	2.9	6.8
(23) Alpenvorland	452.1	39236	8.2	64.3	27.2	8.7	1.3	5.1
(5) Bundesgebiet	485.1	2279724	10.0	31.8	34.5	11.1	2.7	2.5

Erwerbssituation

Sp. 1 Abhängig Beschäftigte je 1000 Erwerbsfähige 1982
Sp. 2 Arbeitslose Jahresdurchschnitt 1983
Sp. 3 Arbeitslosenquote Jahresdurchschnitt 1983
Sp. 4 Offene Stellen je 1000 Arbeitslose Jahresdurchschnitt 1983

Sp. 5 Anteil Arbeitsloser bis unter 30 Jahren an den Arbeitnehmern bis unter 30 Jahren
Sp. 6 Anteil arbeitsloser Frauen an den weiblichen Arbeitnehmern insgesamt
Sp. 7 Dauerarbeitslosigkeit 1983
Sp. 8 Saisonale Arbeitslosigkeit 1983

Bei Sp. 5 und Sp. 6 wurde als Nenner der Quote die Zahl der sozialversicherungspflichtig Beschäftigten plus den Arbeitslosen in der jeweiligen Gruppe verwendet.

Tabelle 2.2: Erwerbssituation und Arbeitsmarkt

Regionstyp	Sp. 1	Sp. 2	Sp. 3	Sp. 4	Sp. 5	Sp. 6	Sp. 7	Sp. 8
(1) Industrieregionen	934725	-357279	883915	408089	36.3	-13.9	34.4	15.9
(2) ländliche Regionen	260696	3762	177364	79570	48.2	0.7	32.8	14.7
(3) sonstige Regionen	450593	-39298	286038	203853	55.1	-4.8	35.0	24.9
(4) Berlin	32255	-23933	49867	6321	27.2	-20.2	42.1	5.3
Industrieregionen								
(11) altindustrialisierte	116766	-108097	183925	40938	25.2	-23.3	39.7	8.8
(12) dienstleistungsorientierte	213485	-97505	227638	83352	33.2	-15.1	35.4	12.9
(13) sonstige norddeutsche	201508	-123659	233659	91528	34.4	-21.1	39.9	15.6
(14) sonstige süddeutsche	402966	-28018	238713	192271	45.8	-3.2	27.1	21.9
Ländliche Regionen								
(21) landwirtschaftsorientierte	165210	2288	117812	45110	50.7	0.7	36.1	13.8
(22) industrieorientierte (NO-BY)	43048	-12804	39833	16019	34.4	-10.2	31.8	12.8
(23) Alpenvorland	52438	14278	19719	18441	58.2	15.8	21.9	20.5
(5) Bundesgebiet	1678269	-416748	1397184	697833	41.4	-10.3	34.5	17.2

Arbeitsmarktentwicklung 1979 bis 1983

Sp. 1   Saldo der Erwerbsfähigenentwicklung 1979-1983
Sp. 2   Saldo der Beschäftigtenentwicklung 1979-1983
Sp. 3   Saldo der Arbeitslosenentwicklung 1979-1983
Sp. 4   Potentielle Stille-Reserve-Bildung 1979-1983
Sp. 5   Saldo der Erwerbsfähigenentwicklung 1979-1983 je 1000 Erwerbsfähige
Sp. 6   Saldo der Beschäftigtenentwicklung 1979-1983 je 1000 Erwerbsfähige
Sp. 7   Saldo der Arbeitslosenentwicklung 1979-1983 je 1000 Erwerbsfähige
Sp. 8   Potentielle Stille-Reserve-Bildung 1979-1983 je 1000 Erwerbsfähige

Die potentielle Stille-Reserve-Bildung ergibt sich aus der Bilanz

  Erwerbsfähigenentwicklung
- Beschäftigtenentwicklung
= Nachfrageüberhang nach Arbeitsplätzen
- Arbeitslosenentwicklung
= Potentielle Stille Reserve

Tabelle 3.1: <u>Wirtschaftsstruktur</u>

Regionstyp	Sp. 1	Sp. 2	Sp. 3	Sp. 4	Sp. 5	Sp. 6	Sp. 7	Sp. 8	Sp. 9
(1) Industrieregionen	13735329	2.7	43.2	7.3	53.3	19.4	20.0	7.3	46.7
(2) ländliche Regionen	2388725	1.5	44.6	11.0	57.1	16.4	17.8	8.8	42.9
(3) sonstige Regionen	3486330	1.6	37.9	9.6	49.1	18.3	21.7	11.0	50.9
(4) Berlin	719129	1.5	29.9	7.0	38.3	19.9	29.5	12.2	61.7
Industrieregionen									
(11) altindustrialisierte	2169662	10.4	37.1	8.2	55.7	18.9	18.8	6.7	44.3
(12) dienstleistungsorientierte	3843339	1.4	32.9	7.0	41.2	25.4	25.5	8.0	58.8
(13) sonstige norddeutsche	2996180	1.7	48.2	6.7	56.7	18.4	18.4	6.9	43.3
(14) sonstige süddeutsche	4726148	1.0	51.2	7.6	59.8	15.8	17.1	7.3	40.2
Ländliche Regionen									
(21) landwirtschaftsorientierte	1358048	1.5	41.1	11.8	54.4	17.2	18.2	10.1	45.6
(22) industrieorientierte (NO-BY)	614410	1.5	53.8	9.5	64.8	14.4	14.0	6.8	35.2
(23) Alpenvorland	406267	1.2	42.7	10.4	54.4	16.3	22.2	7.1	45.6
(5) Bundesgebiet	20329514	2.3	42.0	8.1	52.5	18.9	20.4	8.3	47.5

Regionale Sektorstruktur
Sozialversicherungspflichtig Beschäftigte 1979

Sp. 1   Beschäftigte insgesamt (ohne Landwirtschaft) =100

Sp. 2   Energie und Bergbau
Sp. 3   Verarbeitendes Gewerbe
Sp. 4   Baugewerbe
Sp. 5   sekundärer Sektor insgesamt

Sp. 6   Handel, Verkehr und Nachrichtenwesen
Sp. 7   Kreditinstitute, Versicherungsgewerbe und sonstige Dienstleistungen
Sp. 8   Organisationen ohne Erwerbscharakter, Gebietskörperschaften
Sp. 9   tertiärer Sektor insgesamt

Tabelle 3.2: __Wirtschaftsstruktur__

Regionstyp	Sp. 1	Sp. 2	Sp. 3	Sp. 4	Sp. 5	Sp. 6	Sp. 7	Sp. 8	Sp. 9
(1) Industrieregionen	13378199	2.8	40.9	7.2	50.9	19.3	22.0	7.7	49.1
(2) ländliche Regionen	2393288	1.5	42.5	10.4	54.3	16.4	20.0	9.2	45.7
(3) sonstige Regionen	348546	1.6	35.9	8.9	46.5	18.3	23.9	11.3	53.5
(4) Berlin	695615	1.6	27.2	7.2	36.0	19.0	31.2	13.8	64.0
Industrieregionen									
(11) altindustrialisierte	2061710	10.9	34.8	7.8	53.5	18.7	20.7	7.0	46.5
(12) dienstleistungsorientierte	3747401	1.4	30.9	6.7	39.0	25.0	27.6	8.4	61.0
(13) sonstige norddeutsche	2873769	1.8	46.0	6.5	54.3	17.9	20.6	7.2	45.7
(14) sonstige süddeutsche	4695319	1.0	48.4	7.7	57.1	16.0	19.1	7.8	42.9
Ländliche Regionen									
(21) landwirtschaftsorientierte	1371220	1.6	39.2	11.0	51.7	17.2	20.4	10.6	48.3
(22) industrieorientierte (NO-BY)	602243	1.3	51.5	9.1	61.9	14.6	16.1	7.4	38.1
(23) Alpenvorland	419825	1.3	40.3	10.4	52.0	16.4	24.4	7.2	48.0
(5) Bundesgebiet	19991648	2.4	39.7	7.9	50.0	18.8	22.5	8.7	50.0

Regionale Sektorstruktur
Sozialversicherungspflichtig Beschäftigte 1983

Sp. 1   Beschäftigte insgesamt (ohne Landwirtschaft) =100

Sp. 2   Energie und Bergbau
Sp. 3   Verarbeitendes Gewerbe
Sp. 4   Baugewerbe
Sp. 5   sekundärer Sektor insgesamt

Sp. 6   Handel, Verkehr und Nachrichtenwesen
Sp. 7   Kreditinstitute,Versicherungsgewerbe und sonstige Dienstleistungen
Sp. 8   Organisationen ohne Erwerbscharakter, Gebietskörperschaften
Sp. 9   tertiärer Sektor insgesamt

Tabelle 3.3: Wirtschaftsstruktur

Regionstyp	Sp. 1	Sp. 2	Sp. 3	Sp. 4	Sp. 5	Sp. 6	Sp. 7	Sp. 8	Sp. 9
(1) Industrieregionen	-2.6	0.3	-7.9	-4.4	-7.0	-3.1	7.5	3.2	2.4
(2) ländliche Regionen	0.2	1.1	-4.7	-5.1	-4.6	0.5	12.6	5.5	6.6
(3) sonstige Regionen	-1.1	3.9	-6.4	-7.9	-6.3	-0.9	9.1	2.0	4.0
(4) Berlin	-3.3	3.6	-11.7	-0.5	-9.1	-7.8	2.2	9.1	0.3
Industrieregionen									
(11) altindustrialisierte	-5.0	-0.8	-10.9	-8.7	-8.7	-5.9	5.1	0.6	-0.3
(12) dienstleistungsorientierte	-2.5	2.6	-8.4	-6.9	-7.8	-4.0	5.6	3.4	1.2
(13) sonstige norddeutsche	-4.1	-3.1	-8.6	-6.6	-8.2	-4.4	7.5	-0.2	1.3
(14) sonstige süddeutsche	-0.7	7.0	-6.2	0.8	-5.1	0.5	10.8	6.2	5.9
Ländliche Regionen									
(21) landwirtschaftsorientierte	0.2	7.4	-4.4	-7.2	-4.7	0.1	12.4	5.0	6.1
(22) industrieorientierte (NO-BY)	-2.0	-15.3	-6.3	-5.6	-6.4	-0.9	12.6	7.6	6.1
(23) Alpenvorland	3.3	5.0	-2.6	3.8	-1.2	4.1	13.3	5.3	8.8
(5) Bundesgebiet	-2.0	0.8	-7.3	-5.1	-6.6	-2.5	8.0	3.5	3.0

Beschäftigungsentwicklung und Veränderung der regionalen Sektorstruktur 1979 - 1983
Sozialversicherungspflichtig Beschäftigte 1983 gegenüber 1979 in %

Sp. 1   Beschäftigte insgesamt

Sp. 2   Energie und Bergbau
Sp. 3   Verarbeitendes Gewerbe
Sp. 4   Baugewerbe
Sp. 5   sekundärer Sektor insgesamt

Sp. 6   Handel, Verkehr und Nachrichtenwesen
Sp. 7   Kreditinstitute,Versicherungsgewerbe und sonstige Dienstleistungen
Sp. 8   Organisationen ohne Erwerbscharakter, Gebietskörperschaften
Sp. 9   tertiärer Sektor insgesamt

Tabelle 3.4: <u>Wirtschaftsstruktur</u>

Regionstyp	Sp. 1	Sp. 2	Sp. 3	Sp. 4	Sp. 5	Sp. 6
(1) Industrieregionen	24.5	45.1	31.5	15.4	10.1	18.0
(2) ländliche Regionen	28.6	41.7	26.6	16.9	12.5	16.9
(3) sonstige Regionen	22.3	44.6	30.8	11.8	8.4	20.5
(4) Berlin	20.4	39.2	37.9	12.2	3.9	28.7
Industrieregionen						
(11) altindustrialisierte	25.3	38.0	36.1	15.7	12.7	17.8
(12) dienstleistungsorientierte	19.2	46.2	34.6	10.1	5.4	21.7
(13) sonstige norddeutsche	25.9	45.9	29.8	17.7	13.6	17.0
(14) sonstige süddeutsche	27.5	46.8	28.2	18.2	10.5	15.7
Ländliche Regionen						
(21) landwirtschaftsorientierte	26.7	42.5	27.7	14.3	10.0	17.4
(22) industrieorientierte (NO-BY)	36.6	39.3	22.6	26.3	20.9	13.1
(23) Alpenvorland	23.3	42.6	28.8	11.7	8.3	20.7
(5) Bundesgebiet	24.5	44.4	31.0	14.9	9.9	18.7

Regionale Beschäftigungssituation in bundesweit wachsenden bzw. schrumpfenden Wirtschaftszweigen
Sozialversicherungspflichtig Beschäftigte 1983

Sp. 1   Beschäftigungsanteil in Wirtschaftszweigen mit über 10 % Beschäftigtenverlust 1974 – 1982
Sp. 2   Beschäftigungsanteil in Wirtschaftszweigen mit einer Beschäftigungsentwicklung von –10% bis +6% 1974/82
Sp. 3   Beschäftigungsanteil in Wirtschaftszweigen mit über 6 % Beschäftigtenzuwachs 1974 – 1982

Sp. 4   Beschäftigungsanteil in schrumpfenden Wirtschaftszweigen des Verarbeitenden Gewerbes
Sp. 5   wie Var. 4 ohne Beschäftigte in den Zweigen "EDV-Anlagen, Büromaschinen" sowie "Elektrotechnik"
Sp. 6   Beschäftigungsanteil in wachsenden Wirtschaftszweigen des Dienstleistungssektors

Tabelle 4: Wertschöpfung

Regionstyp	Sp. 1	Sp. 2	Sp. 3	Sp. 4	Sp. 5	Sp. 6
(1) Industrieregionen	20172	26274	6101	30	235	374
(2) ländliche Regionen	14963	19410	4447	30	144	230
(3) sonstige Regionen	15504	20249	4744	31	153	244
(4) Berlin	21520	27879	6359	30	189	163
Industrieregionen						
(11) altindustrialisierte	18403	23070	4667	25	153	266
(12) dienstleistungsorientierte	24960	33133	8173	33	320	509
(13) sonstige norddeutsche	18217	23752	5535	30	183	327
(14) sonstige süddeutsche	18968	24716	5748	30	252	364
Ländliche Regionen						
(21) landwirtschaftsorientierte	14534	19049	4514	31	133	221
(22) industrieorientierte (NO-BY)	15606	19581	3975	25	159	227
(23) Alpenvorland	15629	20480	4851	31	164	270
(5) Bundesgebiet	18554	24148	5594	30	204	321

Sp. 1 Bruttoinlandsprodukt je Einwohner in DM 1976
Sp. 2 Bruttoinlandsprodukt je Einwohner in DM 1980
Sp. 3 Veränderung 1980 gegenüber 1976 absolut
Sp. 4 Veränderung 1980 gegenüber 1976 in %
Sp. 5 Gewerbesteuer netto je Einwohner in DM 1976
Sp. 6 Gewerbesteuer netto je Einwohner in DM 1981

Tabelle 5: <u>Einkommensniveau</u>

Regionstyp	Sp. 1	Sp. 2	Sp. 3	Sp. 4	Sp. 5	Sp. 6
(1) Industrieregionen	2091	3482	1391	66.51	283	401
(2) ländliche Regionen	1680	2802	1122	66.74	189	284
(3) sonstige Regionen	1929	3162	1234	63.98	220	323
(4) Berlin	1924	3249	1325	68.88	172	218
Industrieregionen						
(11) altindustrialisierte	2117	3345	1228	57.98	255	350
(12) dienstleistungsorientierte	2257	3697	1440	63.81	333	467
(13) sonstige norddeutsche	2064	3390	1326	64.23	277	379
(14) sonstige süddeutsche	2004	3478	1475	73.61	267	396
Ländliche Regionen						
(21) landwirtschaftsorientierte	1773	2879	1107	62.43	181	267
(22) industrieorientierte (NO-BY)	1533	2577	1045	68.17	196	304
(23) Alpenvorland	1706	3007	1300	76.20	209	316
(5) Bundesgebiet	2020	3350	1331	65.89	254	363

Sp. 1 Monatliche Lohn-u. Gehaltsumme je Besch. im Prod.-Gewerbe in DM 1975
Sp. 2 Monatliche Lohn-u. Gehaltsumme je Besch. im Prod.-Gewerbe in DM 1983
Sp. 3 Veränderung 1983 gegenüber 1975 absolut
Sp. 4 Veränderung 1983 gegenüber 1975 in %
Sp. 5 Gemeindeanteil an der Einkommensteuer je Einwohner in DM 1976
Sp. 6 Gemeindeanteil an der Einkommensteuer je Einwohner in DM 1981

Geographisches Institut
der Universität Kiel
Neue Universität

Tabelle 6: Bildungsbereich

Regionstyp	Sp. 1	Sp. 2	Sp. 3	Sp. 4	Sp. 5	Sp. 6	Sp. 7	Sp. 8	Sp. 9	Sp. 10
(1) Industrieregionen	51.1	59.6	33.0	40.0	78.9	85.0	56.2	58.5	4.2	4.9
(2) ländliche Regionen	43.6	50.6	10.8	19.3	72.9	77.4	53.6	58.0	2.0	2.3
(3) sonstige Regionen	49.8	59.7	35.7	41.2	74.0	77.2	57.2	60.2	3.2	3.7
(4) Berlin	72.4	79.1	52.7	49.0	70.6	79.3	50.8	50.5	4.9	5.8
Industrieregionen										
(11) altindustrialisierte	45.6	53.6	33.7	40.6	73.1	82.5	56.9	59.5	3.9	4.4
(12) dienstleistungsorientierte	61.9	69.1	42.8	50.1	97.1	99.0	58.0	59.9	5.5	6.4
(13) sonstige nordeutsche	49.1	57.5	30.7	37.4	72.3	75.1	56.5	58.8	3.4	3.9
(14) sonstige süddeutsche	48.7	58.0	27.4	34.4	76.7	84.5	54.2	56.8	3.9	4.5
Ländliche Regionen										
(21) landwirtschaftsorientierte	45.4	52.4	11.5	20.5	71.4	72.9	54.0	58.3	2.0	2.3
(22) industrieorientierte (NO-BY)	39.5	46.9	11.7	21.1	70.5	81.0	52.0	56.4	1.7	2.1
(23) Alpenvorland	42.7	48.9	7.1	12.2	82.6	91.0	54.7	59.1	2.2	2.5
(5) Bundesgebiet	50.2	58.7	31.1	37.6	76.7	81.9	55.9	58.5	3.8	4.4

Sp. 1   Quartanerquote 1975 (Schüler)
Sp. 2   Quartanerquote 1981 (Schüler)
Sp. 3   Studienplätze für Erstsemester 1975 (Einwohner 20 bis unter 25 Jahre)
Sp. 4   Studienplätze für Erstsemester 1982 (Einwohner 20 bis unter 25 Jahre)
Sp. 5   Betriebliche Ausbildungsplätze 1977 (Schulabgänger ohne Hochschulreife)
Sp. 6   Betriebliche Ausbildungsplätze 1982 (Schulabgänger ohne Hochschulreife)

Sp. 7   Beschäftigte m. Volksschule,Mittl.-Reife,Abitur u. abgeschl. Berufsausbildung 1979 (Besch. insgesamt)
Sp. 8   Beschäftigte m. Volksschule,Mittl.-Reife,Abitur u. abgeschl. Berufsausbildung 1983 (Besch. insgesamt)
Sp. 9   Beschäftigte m. höherer Fachschule,Fachhochschule o. Hochschulabschluss 1979 (Besch. insgesamt)
Sp. 10 Beschäftigte m. höherer Fachschule,Fachhochschule o. Hochschulabschluss 1983 (Besch. insgesamt)

Bezugsgrößen jeweils in Klammern

Dietrich Henckel

Gewerbepolitik und Gewerbebrache: Aspekte der Flächennutzung im Süd-Nord-Vergleich

1. EINLEITUNG

Flächenpolitik, genauer die Bereitstellung von Gewerbeflächen, gilt traditionell als einer der entscheidenden, wenn nicht als der entscheidende
Handlungsparameter kommunaler Gewerbepolitik. Die Bedeutung kommunaler
Gewerbeflächenpolitik kann nicht bestritten werden, aber das Ausmaß der
in Flächennutzungsplänen ausgewiesenen und nicht genutzten und der brachliegenden und nicht zu vermarktenden Flächen in der Bundesrepublik machen
deutlich, daß nicht Flächenengpässe oder fehlende Flächen das Problem
sind, sondern die räumliche Verteilung von Angebot und Nachfrage. Nicht
Flächen sind der entscheidende Engpaßfaktor, sondern attraktive Standorte
für flächensuchende, oft hochmobile wirtschaftlich dynamische (wachsende)
Betriebe.

Die Flächensituation in einzelnen Regionen müßte demnach ein Indikator
für die Attraktivität des (Makro-)Standortes und damit die wirtschaftliche Entwicklung sein. Die groß- und kleinräumig sich polarisierende
Wirtschaftsentwicklung ließe sich dann auch in der Flächenentwicklung
ablesen.

Als Folge unterschiedlicher regionaler Gegebenheiten auf dem Gewerbe-
flächenmarkt müßten auch unterschiedliche Reaktionen von Kommunen zu
beobachten sein. Es ist zu vermuten, daß sich unterschiedliche Hand-
lungsweisen und Erfordernisse bei der Instrumentierung herausbilden oder
bereits herausgebildet haben. Diese Unterschiede würden sich einerseits
in der Flächenpolitik selbst, andererseits in der Bedeutung, die Flächenpolitik in einzelnen Regionen (noch) haben kann, erkennen lassen. Anhand
verschiedener Daten und Materialien soll im folgenden versucht werden,
diese Hypothesen ansatzweise zu überprüfen.

2. BETRACHTUNGSRAHMEN, INDIKATOREN

Bei der Flächennutzung und ihren verschiedenen Aspekten spiegeln sich die Prozesse der Verschiebung wirtschaftlicher Schwerpunkte in der Bundesrepublik in mannigfacher Weise wider. Die Betrachtung dieser Veränderungen unter dem Raster der Nord-Süd-Verschiebung, also auf Bundesländerebene, ist nur ein grober Anhaltspunkt für Veränderungsprozesse. Andere Betrachtungsraster wie Regionstypen, Gemeindegrößenklassen oder auch die Anschauung einzelner Verdichtungsräume müssen hinzukommen.

Die räumlichen Umverteilungsprozesse, von denen ein Teil unter der groben Kategorie "Nord-Süd" gefaßt wird, wirken sich u.a. bei folgenden für die Flächennutzung relevanten Größen aus:

- Bauvolumina,
- Preise für Einfamilienhäuser,
- Zwangsversteigerungen,
- Grundstückspreise,
- Verteilung von Gewerbebrache,
- Verteilung von gewerblicher Wiedernutzung von Brachen,
- Verteilung von Umnutzung von Brachen,
- Instrumenteneinsatz bei der Wiedernutzung.

3. RÄUMLICHE UMVERTEILUNG VON BAUVOLUMINA

Die Umverteilung von Wirtschaftskraft und Bevölkerungsanteilen zugunsten der süddeutschen (Verdichtungs-)Räume bedingt auch eine Umverteilung von Bauvolumina. Das DIW stellte 1984 ein "ausgeprägtes Süd-Nord-Gefälle in der Bundesrepublik Deutschland" fest (Wochenbericht 34/84). Wegen der Verlagerung von Produktionsschwerpunkten "kann tendenziell mit einer Vergrößerung des Süd-Nord-Gefälles in allen Baubereichen gerechnet werden; im Norden dürfte das reale Bauvolumen stagnieren, im Süden dagegen deutlich zunehmen." Entsprechendes wird auch für die Beschäftigten im Baubereich prognostiziert.

Eine neue Untersuchung des Difu zur Entwicklung und regionalen Verteilung der kommunalen Baumaßnahmen (Reidenbach, 1985) weist für 1984 ein erhebliches Gefälle der kommunalen Ausgaben pro Einwohner für Baumaßnahmen nach Bundesländern aus (vgl. Tab. 1). Das mit Abstand höchste Niveau haben die Kommunen in Baden-Württemberg und Bayern. Nordrhein-Westfalen und das Saarland weisen die niedrigsten Ausgaben pro Kopf aus. Allerdings

Tabelle 1: Baumaßnahmen der Kommunen pro Einwohner nach Aufgaben-
bereichen und Ländern 1984

				Baumaßnahmen			
					davon für		
Land/Körperschaft	Anzahl der Körperschaften	in DM pro Einw.	$\bar{v}^3$ in v. H.	Schulen	Straßen	Abwasserbeseitigung	Übrige Bereiche
				in DM pro Einwohner			
Schleswig-Holstein	15	348	29,3	42	100	69	137
– Kreisfreie Städte	4	219	56,4	36	44	34	105
– Landkreise	11	389	15,1	44	118	80	147
Niedersachsen	47	318	27,8	44	105	68	101
– Kreisfreie Städte	9	208	29,9	27	59	45	77
– Landkreise	38	347	20,7	49	117	74	107
Nordrhein-Westfalen	54	296	32,4	29	70	71	126
– Kreisfreie Städte	23	286	45,0	26	57	45	158
– Landkreise	31	303	21,3	31	81	91	101
Hessen	26	366	18,4	49	98	70	150
– Kreisfreie Städte	5	406	37,9	56	126	72	152
– Landkreise	21	354	12,4	46	89	69	149
Rheinland-Pfalz	36	392	30,8	57	118	39	178
– Kreisfreie Städte	12	300	41,2	56	72	29	142
– Landkreise	24	426	23,1	57	135	43	191
Baden-Württemberg	44	494	21,7	63	130	85	215
– Kreisfreie Städte	9	422	32,3	71	105	66	180
– Landkreise	35	511	17,4	62	136	89	224
Bayern	96	487	33,0	62	133	82	210
– Kreisfreie Städte	25	443	57,4	46	86	74	236
– Landkreise	71	507	22,2	69	153	86	199
Saarland[2]	6	257	8,8	19	87	28	123
Flächenländer	324	382	36,6	47	104	72	159
– Kreisfreie Städte	87	332	54,3	39	74	54	165
– Landkreise	237	403	28,9	50	116	80	157

[1] Ohne Krankenhäuser mit kaufmännischem Rechnungswesen und ohne Bezirksverbände.
[2] Im Saarland gibt es keine kreisfreien Städte.
[3] Variationskoeffizient (Streuung/arithmetisches Mittel).

Quelle: Statistische Landesämter und Berechnungen des Deutschen
Instituts für Urbanistik

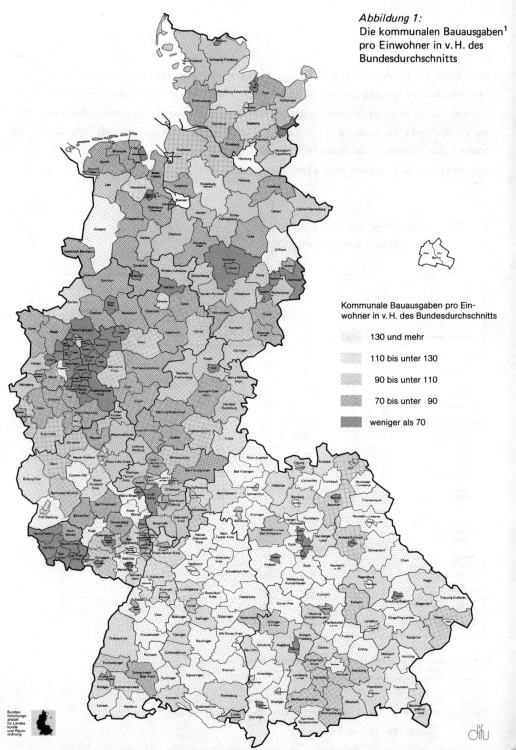

* Quelle: Berechnungen des Deutschen Instituts für Urbanistik nach Angaben der Statistischen Landesämter; Kreisgrenzen auf d
   Grundlage der Kreisgrenzenkarte der Bundesforschungsanstalt für Landeskunde und Raumordnung.

[1] Ohne Bauausgaben der Krankenhäuser mit kaufmännischem Rechnungswesen sowie der Bezirke und Landschaftsverbände.

ist das Niveau in den Landkreisen teilweise erheblich höher als in den kreisfreien Städten. Bezieht man die Pro-Kopf-Ausgaben auf den Bundesdurchschnitt, so wird das Süd-Nord-Gefälle sehr deutlich (vgl. Abb. 1). Zwischen 1980 und 1985 sind die Ausgaben in allen Bundesländern zurückgegangen, am deutlichsten (Indexwerte zwischen 60 und 70 gegenüber 1980=100) im Saarland, in Nordrhein-Westfalen und Niedersachsen.

4. NICHT-GEWERBLICHE FLÄCHENNUTZUNGEN

Nicht nur im gewerblichen Bereich spiegelt sich diese Situation wider, sondern auch auf dem Wohnungsmarkt. Als Beispiel mögen hierfür die Preise für Einfamilienhäuser in mittlerer Wohnlage dienen (vgl. Tab. 2). Die Preise in München sind mit Abstand die höchsten, gefolgt von den beiden anderen als besonders prosperierend geltenden südlichen Verdichtungsräumen Frankfurt und Stuttgart. Trotz des bereits 1980 in München und Stuttgart sehr hohen Ausgangsniveaus sind die Preise bis 1986 noch um mehr als 20% gestiegen. In den meisten anderen Beispielstädten waren dagegen erhebliche Preisrückgänge zu verzeichnen. In München waren 1986 vergleichbare Wohnlagen doppelt so teuer wie etwa in Bonn oder Köln.

Nimmt man die Zwangsversteigerungen als einen groben Indikator für sinkende verfügbare Einkommen infolge der nachlassenden Wirtschaftskraft von Regionen, so zeigt sich das umgekehrte Bild. Die beiden südlichen Bundesländer Baden-Württemberg und Bayern haben die niedrigsten Raten von Zwangsversteigerungen, Niedersachsen und Nordrhein-Westfalen mit Abstand die höchsten (vgl. Tab. 3).

5. PREISE FÜR GEWERBLICHE BAUFLÄCHEN

Die Verkaufspreise für Baugrundstücke für Gewerbe und Industrie lassen sich auf der Basis des RDM-Preisspiegels über zehn Jahre hinweg für ausgewählte Städte verfolgen (vgl. Abb. 2). Trotz relativ starker Schwankungen waren die Preissteigerungen in Stuttgart am ausgeprägtesten. In Hamburg dagegen waren seit 1975 so gut wie keine Preisveränderungen zu

Tabelle 2: Entwicklung der Durchschnittspreise für Einfamilienhäuser in mittlerer Wohnlage in ausgewählten Städten in 1000 DM

	1975	1980	1982	1984	1985	1986	Veränderung 1980–1986 in %
Kiel	190	200	295	285	260	250	25
Lübeck	180–220	275–310	350	300	270	250	-151
Hamburg	-	370	360	340	330	330	-11
Bremen	180	220–280	250–300	230–270	200–250	190–240	-14
Hannover	220–260	230–310	220–300	190–260	170–260	150–250	-26
Essen	-	-	380	390	390	390	3
Köln	160–200	350	400	300	250	250–280	-24
Bonn	-	350–400	350–450	280–350	250–300	280	-25
Frankfurt	250	360–450	460	410	425	410	1
Stuttgart	250	400–500	500–600	450	500	550	22
München	250	450	550	600	600	575	28

1) Bei mehreren Werten wurde jeweils der Durchschnitt genommen.

Quelle: Ring Deutscher Makler (RDM-Preisspiegel); Stand jeweils Frühjahr

Tabelle 3: Zwangsversteigerungstermine in der Bundesrepublik
Deutschland. Januar 1986

Land	absolut	relativ
Schleswig-Holstein ⎫ Hamburg ⎭	307	8,2
Berlin ⎫ Bremen ⎬ Niedersachsen ⎭	879	23,5
Nordrhein-Westfalen	1.279	34,3
Nord	2.465	66,0
Hessen	339	9,1
Rheinland-Pfalz ⎫ Saarland ⎭	413	11,1
Baden-Württemberg	265	7,1
Bayern	251	6,7
Süd	1.268	34,0
Summe	3.733	100

Quelle: nach Handelsblatt v. 3./4.1.1986

verzeichnen, in Köln bei den Flächen mit gutem Nutzungswert sogar erhebliche Preisrückgänge zwischen 1975 und 1985. Betrachtet man das Niveau
der Preise, so ist für diese fünf Städte ein Gefälle von Süden nach
Norden sofort erkennbar. Die für München ausgewiesenen 600 DM/qm liegen
mittlerweile sicherlich an der unteren Grenze der Preise für Flächen mit
gutem Nutzungswert. Die Stadt selbst hat in einem Gewerbegebiet GE-
Flächen zu diesem Preis verkauft. Bei Verkäufen über Makler sind mittler-

Abbildung 2: <u>Verkaufspreise für Baugrundstücke: Gewerbe und Industrie</u>

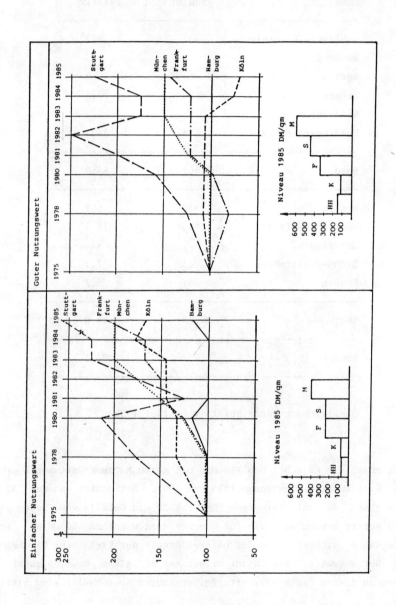

Datengrundlage: RDM Preisspiegel

Quelle: Grabow et al. 1986

weile auch Preise von 1000 DM/qm GE-Fläche gezahlt worden. Das Preisniveau im Umland nähert sich dem der Kernstadt an. Auch in Stuttgart wurden
in Einzelfällen Preise von bis zu 800 DM/qm GE-Fläche gezahlt. An einem
solchen Preisniveau, das um ein Vielfaches höher liegt als etwa im
Ruhrgebiet (ca. 50-80 DM/qm), wird zweierlei offenkundig:

- Die Höhe und die Dynamik der Bodenpreise ist Ausdruck der wirtschaftlichen Aktivität und der Attraktivität dieser Räume. Das Preisniveau
hindert auch nicht einen weiteren Zuzug von Betrieben in diese Hoch-
preisregionen. Der Bodenpreis ist ein relativ unwichtiges Entschei-
dungskriterium für die Standortwahl.

- Bei einem Preisniveau von bis zu 1000 DM/qm GE-Fläche spielen Brachen
zwangsläufig eine untergeordnete Rolle. Aufgrund der wirtschaftlichen
Entwicklung fallen wenige größere Flächen brach, und darüberhinaus ist
eine Aufbereitung für die Wiedernutzung ohne weiteres aus den Erträgen
zu finanzieren.

6. GEWERBEBRACHE, WIEDERNUTZUNG, UMNUTZUNG (1)

Die Betrachtung der Verteilung der Gewerbebrache in der Bundesrepublik
nach Bundesländern (vgl. Abb. 3) macht den überproportionalen Anteil der
Bundesländer Nordrhein-Westfalen (71%) und Saarland (13%) (vgl. Tab. 4)
augenfällig. Ihr Anteil an den Brachflächen im Bundesgebiet ist dabei
deutlich höher, als es dem Bevölkerungsanteil entsprechen würde. Beide
Länder sind in besonders hohem Maße durch altindustrialisierte Regionen
gekennzeichnet, und gerade altindustrialisierte Regionen weisen den höchsten Anteil von Brache auf. Sie sind die bei der Suche der Industrie nach
neuen Möglichkeiten und Standorten verlassenen Regionen.

Auch bei der Wiedernutzung weist Nordrhein-Westfalen den höchsten Anteil
unter den Bundesländern auf (vgl. Abb. 3), der aber deutlich geringer ist
als der Anteil an der Brache. Den zweithöchsten Anteil an der Wiedernutzung hat Baden-Württemberg. Das Saarland hat im Vergleich zum Anteil

60

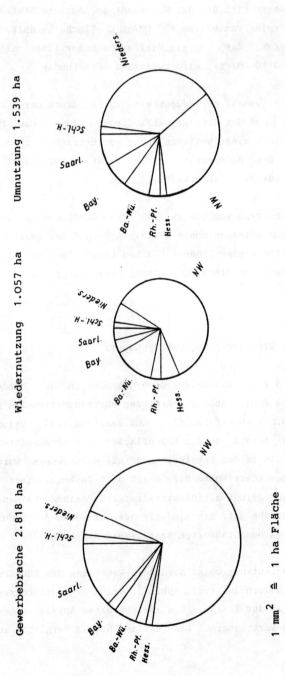

Abbildung 3: <u>Gewerbebrache, Wiedernutzung, Umnutzung nach Bundesländern</u>

Gewerbebrache 2.818 ha   Wiedernutzung 1.057 ha   Umnutzung 1.539 ha

1 mm² ≙ 1 ha Fläche

<u>Quelle:</u> Henckel & Nopper, 1985

Tabelle 4: Gewerbebrache nach Bundesländern

Land	Brache abs. in ha	Anteil in %	Einwohner abs.	Anteil in %	Brache je Einwohner in qm
Schleswig-Holstein	29	1,0	549.288	4,4	0,5
Niedersachsen	137	4,9	1.157.217	9,4	1,5
Nordrhein-Westf.	2.008	71,3	6.367.499	51,5	3,2
Nord	2.174	77,2	8.074.004	65,2	2,7
Hessen	35	1,2	790.690	6,4	0,4
Rheinland-Pfalz	60	2,1	454.793	3,7	1,3
Saarland	353	12,5	244.538	2,0	14,4
Mitte	448	15,8	1.490.021	12,1	3,0
Baden-Württemberg	139	4,9	1.640.750	13,3	0,8
Bayern	57	2,0	1.169.849	9,5	0,5
Süd	196	6,9	2.810.599	22,8	0,7
BRD	2.818	100	12.374.624	100	2,3

Quelle: eigene Erhebung; statistisches Bundesamt; eigene Berechnungen

an der Brache einen verhältnismäßig geringen Anteil an der Wiedernutzung.
Es ist dies ein Hinweis darauf, daß die Wiedernutzung von der wirtschaftlichen Dynamik abhängig ist und dieser "aktive" Typ der Flächennutzungsveränderung in den altindustrialisierten Regionen unterproportional vertreten ist.

Bei der Umnutzung von ehemaligen Gewerbeflächen erreicht Nordrhein-West-

falen zwar mit 34%, nach Niedersachsen mit 38%, immer noch einen erheblichen Anteil an der gesamten Umnutzung im Bundesgebiet, aber gegenüber der
Brache ist ein Abfall unverkennbar. Gegenüber dem Bevölkerungsanteil
bleibt die Umnutzung in Nordrhein-Westfalen erheblich zurück (vgl. Tab.
5).

Betrachtet man die Gewerbebrache, die gewerbliche Wiedernutzung von Flächen und die Umnutzung ehemals gewerblich genutzter Flächen im Zusammenhang, so fällt bei der Analyse dieser Größen im "Nord-Süd-Raster" auf:

- Im Norden und in der Mitte haben die Brachen einen Anteil von über 50%
  an den gesamten "Flächenveränderungen", die Wiedernutzung knapp 20%
  und die Umnutzung zwischen knapp 25% und 28%.

- Im Süden machen die Brachen dagegen nur knapp 35% der gesamten Flächenveränderungen aus, Wiedernutzung und Umnutzung zusammen entsprechend
  65% (vgl. Tab. 6).

- Das bedeutet, die "aktiven" Typen der Flächennutzungsveränderung haben
  in den süddeutschen Bundesländern eine wesentlich größere Bedeutung als
  in den anderen. Allerdings ist dabei zu berücksichtigen, daß Nord von
  Nordrhein-Westfalen und Mitte vom Saarland dominiert werden.

- Diese Aussagen werden auch durch eine andere Darstellung bestätigt
  (vgl. Tab. 7). Danach hat der Süden nur einen Anteil von 7% an den
  gesamten Brachen im Bundesgebiet. Bei Wiedernutzung und Umnutzung
  steigt dieser Anteil auf jeweils rund 14%.

Offenkundig ist, daß diese bundeslandorientierte Auswertung zu differenzieren ist. Brachen, also der "inaktive" Typ der Flächennutzungsveränderung, dominieren in den altindustrialisierten Regionen, liegen
dort erheblich über dem Bundesdurchschnitt, während in allen anderen
Regionstypen die "aktiven" Veränderungen überdurchschnittlich vertreten
sind. Besonders ausgeprägt ist der Anteil der "aktiven" Flächen-
nutzungsveränderungen in den Regionen mit Verdichtungsansätzen und länd-

lichen Regionen mit günstiger Struktur (vgl. Abb. 4).

Tabelle 5: Umnutzung nach Bundesländern

Land	Umnutzung abs. in ha	Anteil in %	Einwohner abs.	Anteil in %	Brache je Einwohner in qm
Schleswig-Holstein	26	1,7	556.752	4,4	0,5
Niedersachsen	577	37,5	1.256.456	9,9	4,6
Nordrhein-Westf.	524	34,0	6.115.704	48,0	0,9
Nord	1.127	73,2	7.928.912	62,3	1,4
Hessen	20	1,3	399.007	3,1	0,5
Rheinland-Pfalz	53	3,4	613.548	4,8	0,9
Saarland	119	7,7	244.538	1,9	4,9
Mitte	192	12,4	1.257.093	9,9	1,5
Baden-Württemberg	117	7,6	2.100.158	16,5	0,6
Bayern	103	6,7	1.434.417	11,3	0,7
Süd	220	14,3	3.534.575	27,8	0,6
BRD	1.539	100	12.720.580	100,0	1,2

Quelle: eigene Erhebung; statistisches Bundesamt; eigene Berechnungen

Tabelle 6: Umfang und Struktur von Gewerbebrache, Wiedernutzung, Umnutzung und Nord-Süd-Verteilung

	Gesamtumfang in ha	Anteil am Gesamtumfang		
		Gewerbebrache	Wiedernutzung	Umnutzung
Nord	4.056	53,6	18,6	27,8
Mitte	796	56,3	19,6	24,1
Süd	562	34,9	26,0	39,1
Summe/ Durchschnitt	5.414	52,1	19,5	28,4

Quelle: Eigene Erhebung, eigene Berechnungen

Tabelle 7: Nord-Süd-Verteilung von Gewerbebrache, Wiedernutzung und Umnutzung in Prozent

	Anteil an der Gewerbebrache	Anteil an der Wiedernutzung	Anteil an der Umnutzung	Anteil an den Gemeinden[1]
Nord	77,3	71,7	73,3	61,7
Mitte	15,8	14,7	12,5	13,3
Süd	6,9	13,6	14,2	25,0
Summe	100,0	100,0	100,0	100,0

1) Nur Gemeinden, die sich an der Umfrage beteiligt haben

Quelle: Eigene Erhebung, eigene Berechnungen

Abbildung 4: Umfang und Struktur von Gewerbebetrieben, Wiedernutzung, Umnutzung insgesamt nach Regionstypen

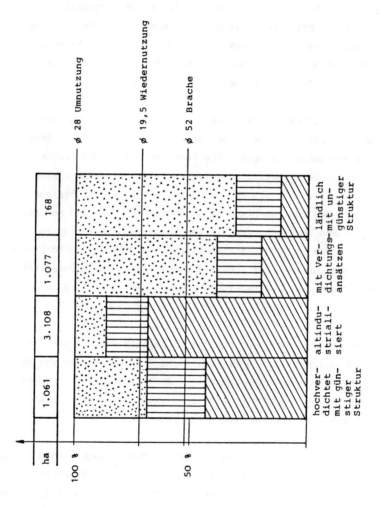

Quelle: Henckel & Nopper, 1985

7. REAKTIONEN DER GEMEINDEN

Die Brachenproblematik findet zunehmend Eingang in die kommunalen Pla-
nungen, und zwar nicht nur in der Extremversion der Erfassung und Besei-
tigung von Altlasten, sondern auch in Wiedernutzungskonzepten unterschiedlichster Art (von der Anlage eines Gartenschaugeländes bis zur
Einrichtung eines Gewerbehofes reichen die kommunalen Maßnahmen). Allerdings ist eine räumliche Ungleichverteilung der Notwendigkeit und der
Struktur von Wiedernutzungskonzepten zu beobachten.

Die unterschiedliche Betroffenheit der Gemeinden durch Brache schlägt
sich zwangsläufig in ihrem planerischen Verhalten nieder. Betrachtet man
die zur Wiedernutzung eingesetzten Instrumente, zeigt sich ein insgesamt
überproportionaler Instrumenteneinsatz in den altindustrialisierten Regionen. Besonders deutlich hebt sich gegenüber anderen Regionstypen dabei
der Einsatz des Instruments Bebauungsplan – was mit dem geringen Umfang
der planerisch abgesicherten Flächen in diesen Regionen zusammenhängen
dürfte – und des Instruments Finanzierung ab. Das deutet darauf hin, daß
Wiedernutzung unter einer schwierigen ökonomischen Gesamtsituation auch
noch der Finanzspritzen bedarf, um überhaupt zum Erfolg zu führen (vgl.
Tab. 8).

Der Erfolg städtischer Konzepte zur Wiederbelebung ist aber – abgesehen
von der Nutzung als Grün- oder Freifläche – in hohem Maße von der Attraktivität des Makrostandortes abhängig. Auch bestens aufbereitete Flächen
nützen nichts in einer Region, in die niemand will. Engpaßfaktor ist also
weniger die Fläche als die Zahl attraktiver Standorte.

Daß allerdings auch in Regionen mit größeren Brachflächen, wenn der
Makrostandort noch ausreichend attraktiv ist, die Neuerschließung und
Neukonzeptionierung größerer Areale möglich ist und zu einer Aufwertung
und grundlegenden Verbesserung führen kann, belegen die Erfahrungen von
Maklern und Bauträgern, die in diesem Feld arbeiten (vgl. Aengevelt,
1985).

Tabelle 8: Instrumenteneinsatz nach Regionstyp in Prozent

Regionstyp	Beratung	B-Plan	Sonstiges	Finanzie-rung
Hochverdichtet	42,2	28,6	25,6	11,6
Altindustrialisiert	68,2	72,7	54,5	63,6
Berlin	100,0	0	100,0	100,0
Mit Verdichtungs-ansätzen	50,0	18,5	15,4	11,5
Ländlich mit ungünstiger Struktur	26,7	26,7	13,3	6,7
Alpenvorland mit günstiger Struktur	-	-	-	-
Durchschnitt	47,7	34,6	28,0	22,4

Quelle: Eigene Erhebung

Es findet eine Polarisierung statt. In attraktiven Regionen sind die Preise so hoch, daß Brache praktisch kein Problem ist, die Wiedernutzung weitgehend privat erfolgt, ohne größere und vor allem weitgehend ohne finanzielle Mitwirkung der Kommunen. Insbesondere in altindustrialisierten oder peripheren Regionen, die für neue Industrien an Attraktivität verloren haben, müssen die Altlasten - im weitesten Sinne - der Vergangenheit oft mit hohem öffentlichen Aufwand beseitigt werden - bei relativ schwacher Finanzsituation der Kommunen und mit ungewissem Ausgang. Die relativ bescheidenen Größenordnungen (mit hohem Aufwand) aufbereiteter und wiedergenutzter Flächen im Ruhrgebiet (auch im Rahmen des Grundstücksfonds) und die zahllosen noch brachliegenden und der Aufbereitung harrenden Flächen deuten das Dilemma an. Rechtfertigen lassen sich diese Investitionen nur, wenn man die Sanierung der Flächen per se für notwendig hält, sie als Kompensation für mangelnde Freiflächen nutzt oder als Investition in eine hoffnungsvollere Zukunft.

ANMERKUNG

(1) Die den folgenden Ausführungen zugrunde liegenden Daten stammen aus
einer Umfrage des Deutschen Instituts für Urbanistik, die 1984 bei
allen Gemeinden mit mehr als 50.000 Einwohnern durchgeführt wurde.
Die quantitativen Angaben beziehen sich also jeweils nur auf die
Städte (in den jeweiligen Bundesländern), die bei der Befragung
verwertbare Angaben gemacht haben. Beim Vergleich mit den Einwoh-
neranteilen wurde dies berücksichtigt, d.h. es wurden auch nur die
Einwohner der antwortenden Städte einbezogen. Da die Stadtstaaten bei
der Befragung keine quantitativen Angaben gemacht haben, sind für sie
in diesem Zusammenhang keine Aussagen möglich.

Analysen

Hartmut Häußermann und Walter Siebel
Die Polarisierung der Großstadtentwicklung im Süd-Nord-Gefälle

Das Schlagwort vom "Süd-Nord-Gefälle" suggeriert ein neues Muster der regionalen Wirtschaftsentwicklung: Im Norden sind geringeres Wachstum und höhere Arbeitslosigkeit zu beobachten, im Süden stärkeres Wachstum und niedrigere Arbeitslosigkeit. Den Himmelsrichtungen werden Attribute zugeordnet: Fortschritt, unternehmerische Dynamik, Wohlstand und Innovation zum Süden, Niedergang, Verkrustung, Subventionsmentalität und Arbeitslosigkeit zum Norden. Damit wird ein falsches Bild gezeichnet, das auch eine politisch-propagandistische Funktion erfüllt: die gesellschaftskritischen Warnungen und arbeitspolitischen Widerstände gegen eine bedenkenlose Technologisierung werden damit diskreditiert .

Wir wollen im folgenden diejenigen regionalen Veränderungen, die dem Schlagwort vom "Süd-Nord-Gefälle" zugrundeliegen, in ihren realistischen Dimensionen umschreiben und die Struktur herausarbeiten, die nach unserer Ansicht die wichtigste Konsequenz aus den strukturellen Veränderungen der Wirtschaft darstellt: die Herausbildung von unterschiedlichen Entwicklungstypen bei den Agglomerationszentren, den Großstädten also. Bei den gegenwärtig zu beobachtenden regionalstrukturellen Veränderungen handelt es sich um die Konsequenzen zweier sich überlagernder Prozesse: Stagnation und Schrumpfen in den industriellen Bereichen, die die wichtigsten Träger des wirtschaftlichen Wachstums seit den 50er Jahren bis Mitte der 70er Jahre waren, einerseits, Expansion in "neuen" Wirtschaftsbereichen andererseits. Daraus, daß Schrumpfen und Wachsen in unterschiedlichem Ausmaß an verschiedenen Orten stattfinden, ergibt sich das gegenwärtige neue regionalwirtschaftliche Gefälle. Dieses Gefälle, darauf muß hingewiesen werden, besteht lediglich bei den gegenwärtigen Tendenzen - absolut hat sich die Wirtschaftskraft zwischen den traditionellen Zentren der Industrie und den Orten des gegenwärtigen Wachstums noch nicht sehr verändert. Allein die unterschiedlichen Arbeitslosenquoten begründen die aktuelle Brisanz des Themas. Ob sich langfristig eine neue Regionalstruktur, ein neuartiges Wohlstandsgefälle in der BRD ergibt, ist noch nicht ganz abzusehen. Gegenwärtig erleben wir eine Verschiebung der Gewichtigkeit von Zentren.

1. TENDENZEN REGIONALER WIRTSCHAFTSENTWICKLUNG

Unterschiedliche wirtschaftliche Entwicklung von Regionen ist ein uraltes Phänomen. Die natürliche Beschaffenheit von Böden war zuerst die Grundlage unterschiedlichen Reichtums. Mit der Entwicklung des Warenverkehrs wurde die Arbeitsteilung und die dadurch mögliche Spezialisierung zu einer Basis weiterer wirtschaftlicher Differenzierung. Mit der Industrialisierung bildete sich der bis heute dominierende Gegensatz zwischen den industriellen Verdichtungsgebieten und den wenig industrialisierten ländlichen Gebieten heraus. Dieser Unterschied galt bis vor wenigen Jahren als das Regionalproblem; die Möglichkeit einer Verbesserung der Situation in den ländlichen Regionen wurde vor allem in einer industriellen Entwicklung auch dieser Gebiete gesehen. Die Kategorien "entwickelte" und "zurückgebliebene" Regionen bildeten das Raster für die Beschreibung regionaler Disparitäten.

Die regionale Ungleichheit äußert sich in Erwerbs-, Verdienst- und Bildungsmöglichkeiten. Sie war die Grundlage der seit Mitte des 19. Jahrhunderts anhaltenden Abwanderung von Bevölkerung aus den ländlichen Gebieten in die wirtschaftlichen Agglomerationsgebiete. Diese Ungleichheit besteht bis heute im gesamten Bundesgebiet, im Norden wie im Süden. Und bei den für die Beschreibung des "Süd-Nord-Gefälles" üblicherweise benutzten Indikatoren gibt es zwischen den ländlichen Regionen im Norden und im Süden auch keine nennenswerten Unterschiede (vgl. Tab. 1). Betrachtet man die durchschnittlichen Werte für diese Indikatoren bei sämtlichen Regionen im Norden im Vergleich zum Süden (Tab. 1, wobei der Norden vom Süden durch eine Ost-West-Linie am südlichen Rand von NRW und Niedersachsen abgegrenzt wurde), dann zeigen sich zwar bessere Werte für den südlichen Teil der BRD, aber diese Unterschiede sind so gering, daß von einem "Gefälle" zu reden sicher übertrieben wäre. Deutliche Differenzen treten erst zutage, wenn man die Regionen miteinander vergleicht, die die Wirtschaftszentren bilden, also diejenigen, in denen die Bevölkerung

Tabelle 1: <u>Indikatoren zur Raumstruktur</u>

	Wanderungs-saldo	Abhängig Beschäftigte je 1.000 E. Juni 1982	Beschäftigte in Wachstumsbranchen Juni 1982	Arbeitslosenquote Ø 1983	BIP in DM je Einw. 1980	Gewerbesteuer in DM je Einw. 1981
Ländl. Regionen:						
Norden	+ 0.9	403	213	15.2	19.199	229
Süden	+ 1.8	457	205	13.2	19.452	240
Sämtl. Regionen:						
Norden	- 1.2	453	234	12.4	22.188	262
Süden	- 0.3	485	258	9.3	22.322	299
Agglomerationen:						
Norden	- 4.9	498	255	12.9	25.979	283
Süden	- 1.7	571	355	7.1	29.313	466

konzentriert ist und in denen die höchsten Beiträge zum Bruttoinlandsprodukt (BIP) erwirtschaftet werden: Hier differieren Arbeitslosenquoten, das BIP je Einwohner und die Steuereinnahmen der Gemeinden beträchtlich.

Wenn also ein "Süd-Nord-Gefälle" zu diskutieren ist, dann geht es um die Entwicklung der Agglomerationen, und nicht um ganze Bundesländer oder gar zwei verschiedene Teile der Bundesrepublik.

Tabelle 2: Sozialversicherungspflichtig Beschäftigte
  – Veränderungen 1976 bis 1983 –

	Gesamt-Region	Kernstädte	Ränder
Hamburg	+ 0.35	– 3.3	+ 11.8
Bremen	– 2.54	– 7.4	+ 3.5
Hannover	– 1.57	– 4.0	+ 5.3
Ruhr	– 2.58	– 12.7	– 2.8
Rhein	– 2.58	– 5.9	+ 5.4
Rhein/Main	+ 1.38	+ 1.52	+ 1.1
Rhein/Neckar	+ 2.19	– 0.28	+ 6.2
Karlsruhe	+ 3.15	– 1.78	+ 10.4
Stuttgart	+ 4.99	– 2.06	+ 8.5
München	+ 6.77	+ 5.41	+ 10.3
Nürnberg	+ 1.44	– 0.4	+ 7.0

Quelle: Bade, 1985; eigene Berechnungen

Sieht man sich die Entwicklung der sozialversicherungspflichtig Beschäftigten in den Agglomerationen an (Tab. 2), dann wird deutlich, daß diejenigen, die nördlich der Mainlinie liegen, zwischen 1976 und 1983 fast alle (mit Ausnahme der Hamburger Region, die noch einen minimalen Zuwachs hat) Verluste aufweisen, während alle südlichen Agglomerationen Beschäftigungsgewinne zu verzeichnen hatten. Dieses ist der Kern dessen, was als

"Süd-Nord-Gefälle" bezeichnet wird. Das generelle Muster eines Beschäftigungsrückgangs im Norden und eines Zuwachses im Süden gilt allerdings dann nicht mehr, wenn man die Zahlen für die großen Städte innerhalb der Verdichtungsgebiete betrachtet: Außer München und Frankfurt/Wiesbaden weisen alle Städte Verluste auf, allerdings in unterschiedlicher Höhe.

Zusammengefaßt können die derzeitigen Tendenzen der regionalen Wirtschaftsentwicklung so beschrieben werden:

1. Den größten Unterschied bildet nach wie vor das Gefälle zwischen den ländlichen Gebieten und den Agglomerationen. Allerdings nehmen die Beschäftigtenzahlen in den Verdichtungsgebieten seit längerer Zeit ab und in den anderen Regionen leicht zu. Regionalforscher diagnostizieren eine "Tendenz zur räumlichen Dekonzentration der Beschäftigten" (Müller & Schaeffer, 1981: 267) bzw. einen "fortdauernden Umschichtungsprozeß industrieller Arbeitsplätze zugunsten strukturschwacher Gebiete" (Hoppen & Pohle, 1979:278).

2. Während also die Disparitäten zwischen ländlichen und städtischen Regionen insgesamt an Gewicht zu verlieren scheinen, differenziert sich die zuvor sehr einheitliche (Wachstums-) Entwicklung der Agglomerationen in zwei verschiedene Typen: in stark schrumpfende einerseits und kaum abnehmende bzw. immer noch wachsende andererseits. Dies ist das eigentlich Neue in der Regionalentwicklung; und da alle diejenigen, die von der Schrumpfung nicht so stark betroffen sind, südlich der Mainlinie liegen, bildet diese Tatsache die Grundlage für das Schlagwort vom Süd-Nord-Gefälle.

Unterhalb dieser Differenz weisen sämtliche Agglomerationen aber wiederum eine Gemeinsamkeit auf: Es sind jeweils die Kernstädte (mit den Ausnahmen Frankfurt und München), die die stärksten Beschäftigungsverluste aufweisen, während das Umland (mit Ausnahme des Ruhrgebiets) Beschäftigungsgewinne verzeichnet.

Diese räumlichen Verschiebungen in den Beschäftigungszahlen spiegeln eine Verlagerung der wirtschaftlichen Aktivitäten wider. Sie resultiert nicht aus Betriebsverlagerungen, denn diese spielen seit längerer Zeit keine bedeutsame Rolle für die Entwicklung von Regionen mehr (vgl. Schliebe & Hillesheim, 1980). Vielmehr handelt es sich um die Prozesse von Schrumpfung und Wachstum wirtschaftlicher Aktivitäten, die sich in den einzelnen Standorten nicht gegenseitig kompensieren, weil sie an verschiedenen Orten unterschiedlich stark sind. Beschäftigungsabbau und -zuwachs gibt es überall, nur eben unterschiedlich stark. Ursache dafür ist der strukturelle Wandel der Wirtschaft, der die Regionen unterschiedlich betrifft.

Die Zahl der sozialversicherungspflichtig Beschäftigten ist im gesamten Bundesgebiet zwischen 1974 und 1984 um ca. 650.000 zurückgegangen. Dieser Rückgang verteilt sich unterschiedlich auf Wirtschaftssektoren und Branchen. Global gesehen entspricht der Abbau von Beschäftigung im sekundären Sektor und der Zuwachs im tertiären Sektor einer säkularen Tendenz, die aus den hohen Produktivitätszuwächsen im verarbeitenden Gewerbe resultiert. Regional ist der Schrumpfungsprozeß des sekundären Sektors in den Agglomerationen stärker als im Bundesdurchschnitt, das Wachstum der Beschäftigung im tertiären Sektor dagegen schwächer. Dies führt zu einem negativen Saldo, der sich in einem stärkeren Wachstum der Arbeitslosenquote äußert. Obwohl der Anteil der Beschäftigten des sekundären Sektors an der Gesamtbeschäftigung in den Agglomerationen bereits 1976 niedriger war als im Bundesdurchschnitt (50.4% zu 53.1%), hat die Beschäftigung zwischen 1976 und 1983 hier stärker abgenommen als im gesamten Bundesgebiet. Das Beschäftigungswachstum im tertiären Sektor, von einem höheren Anteil ausgehend (49% zu 45.9%), war dagegen niedriger. Man muß daher bezüglich der Agglomerationen nicht von einem stärkeren Strukturwandel, sondern von einer Dominanz des Schrumpfungsprozesses im sekundären Sektor sprechen.

Da nach unseren Eingangsüberlegungen die unterschiedliche Entwicklung der Agglomerationen den eigentlichen Kern des "Süd-Nord-Gefälles" ausmacht, müssen wir die Entwicklungen in den Agglomerationen näher betrachten (vgl. Tab. 3). Beim sekundären Sektor läßt sich kein einheitliches Bild erkennen: Vergleichsweise geringe Ausgangsniveaus im Jahr 1976 resultieren sowohl in starker (Bremen, Hannover) wie in geringer Abnahme (Mün-

Tabelle 3: <u>Sozialversicherungspflichtig Beschäftigte nach Wirtschafts-</u>
<u>zweigen in Agglomerationen der BRD</u>

(Anteile an allen Beschäftigten 1976 und Veränderungen 1976-1983)

	Hamburg		Bremen		Hannover		Ruhr	
	1	2	1	2	1	2	1	2
2. Sektor	34.1	-6.9	38.3	-12.2	40.1	-10.2	54.6	-15.3
3. Sektor	64.6	4.6	60.7	4.8	59.1	5.2	44.8	0.5
darunter:								
Handel/Transport	29.1	-7.5	27.0	-10.4	22.5	-1.1	18.4	-17.3
unternehmens-orientierte Dienstleist.	10.6	30.5	7.3	25.4	9.4	28.2	5.8	25.0
haushalts-orientierte Dienstleist.	17.1	15.7	16.3	31.3	17.5	15.4	13.9	14.2

	Rhein		Rhein/ Main		Rhein/ Neckar		Karlsruhe	
	1	2	1	2	1	2	1	2
2. Sektor	46.8	-10.3	43.7	-7.1	54.6	-3.9	52.7	-2.8
3. Sektor	52.6	5.3	55.6	9.1	44.7	10.4	46.7	11.2
darunter:								
Handel/Transport	20.4	-3.3	21.5	8.6	16.7	2.2	16.9	8.1
unternehmens-orientierte Dienstleist.	8.6	18.0	10.3	36.2	6.3	45.6	7.2	44.0
haushalts-orientierte Dienstleist.	14.7	18.1	14.9	18.8	14.9	17.5	14.2	19.6

	Stuttgart		München		Nürnberg	
	1	2	1	2	1	2
2. Sektor	56.0	0	41.5	-1.4	51.7	-9.0
3. Sektor	43.2	11.7	57.8	13.4	47.6	15.6
darunter:						
Handel/Transport	16.4	15.2	20.6	16.4	20.9	6.3
unternehmens-orientierte Dienstleist.	7.6	50.0	10.7	36.3	7.7	79.3
haushalts-orientierte Dienstleist.	11.5	20.8	18.0	21.7	11.7	22.2

1= Anteile an den Beschäftigten in %
2= Veränderung in % von 1976 bis 1983

Quelle: Bade, 1985

chen). Bei hohem Ausgangsniveau gibt es ähnliche Unterschiede: Im Ruhrgebiet geht die Beschäftigung in diesem Bereich stark, in Stuttgart nur
wenig zurück. Der Schrumpfungsprozeß verläuft also regional unterschiedlich. Woran liegt das? Ein übliches Erklärungsmuster ist die unterschiedliche Branchenstruktur. Nach neueren Untersuchungen reicht diese Erklärung aber nicht aus, weil der "Strukturfaktor" nur etwa 1/3 des Wandels
erklären kann (Bade, 1985; Sinz & Strubelt in diesem Band). Nicht die
Dominanz von einzelnen Branchen, sondern unterschiedliche Strukturen
innerhalb der Branchen liefern die Erklärung.

Uneinheitlich ist auch das Entwicklungsmuster im tertiären Sektor. Regionen mit hohem Anteil an Beschäftigten im tertiären Sektor weisen nur ein
geringes Wachstum auf (Bremen, Hamburg), andere ein starkes (München).
Niedrige Ausgangsposition führt zu hohem (Rhein/Neckar, Karlsruhe,
Stuttgart) und zu niedrigem Wachstum (Ruhrgebiet). Die Differenzierung in
Wirtschaftszweige zeigt, daß dort, wo der sekundäre Sektor stark abnimmt,
auch die Bereiche Handel und Transport stark abnehmen, was nun ein einheitliches Süd-Nord-Muster ergibt: In den nördlichen Agglomerationen
schrumpft dieser Bereich durchgängig, in den südlichen wächst er. Ebenso
einheitlich nach der geographischen Gruppierung ist das Wachstum im
Bereich der unternehmensorientierten sonstigen Dienstleistungszweige: Im
Süden sind durchgängig höhere Wachstumsraten zu verzeichnen. Bezogen auf
einzelne Agglomerationen wird Schrumpfen im sekundären Sektor also nicht
durch Wachstum des tertiären kompensiert.

2. ERKLÄRUNGEN

Um diese regionalen Entwicklungstendenzen erklären zu können, müssen wir
die Teilprozesse von Schrumpfen und Wachsen gesondert behandeln, denn
ihre unterschiedlichen Raten führen im Ergebnis zu den Differenzen in der
Entwicklung. Nürnberg ist das beste Beispiel dafür: Hohe Schrumpfungsra-
ten und noch höhere Wachstumsraten in verschiedenen Bereichen führen per
saldo zu einem Wachstum, dem ein starker Strukturwandel zugrundeliegt.

Zur Erklärung können wir auf die Konzepte vom "Produkt-Lebenszyklus"

(Vernon, 1966; Thompson, 1977) und auf die Theorie der "langen Wellen" (Schumpeter, Kondratieff) zurückgreifen, die in ihrer Verschränkung den regionalen Strukturwandel verständlich machen.

Die Produkt-Lebenszyklus-Theorie ist ein Versuch, mit der Vorstellung von der wachsenden "Reife" eines Produkts die Veränderungen bei den optimalen Produktionsstandorten zu erklären. Die Standorttheorie wird sozusagen dynamisiert: Die Kriterien für den betriebswirtschaftlich günstigsten Standort einer Produktion wandeln sich im Verlauf des "Lebens" eines Produkts.

Der Lebenszyklus eines Produkts reicht nach dieser Theorie von der "Erfindung" zur Entwicklung der Marktfähigkeit und führt dann über eine allmähliche Ausreifung zu normierten, standardisierbaren Produkten, die in großen Mengen mit einer kaum mehr verbesserbaren Produktionstechnik hergestellt werden können. Die Entwicklung eines Produkts ist forschungs- und kostenintensiv sowie mit hohen Risiken behaftet. Sie spielt sich in den Zentren der wirtschaftlichen Entwicklung ab, wo technisches Know-how, innovatorisches Potential und der Zugang zu Risikokapital vorhanden sind. Im Verlauf der Ausreifung werden die Herstellungsverfahren standardisiert, so daß sie auch von anderen Unternehmen übernommen werden. Dann können andere Standorte günstiger sein, weil bei zunehmender Konkurrenz auf dem Absatzmarkt die Produktionskosten verringert werden müssen. Die Richtung, in der sich die Standortvorteile mit der Ausreifung eines Produkts und der Produktionstechnik verändern, geht vom Zentrum zur Peripherie, weil die Anteile an qualifizierter Arbeitskraft, die im Produktionsprozeß benötigt werden, immer geringer werden. Die Verschränkung von Lebenszyklus und Produktionskostenstruktur führt zum Wandel des optimalen Produktions-Standorts. Man kann daher auch von einem "Profitzyklus" sprechen (Massey, 1979).

In der räumlichen Verteilung der Produktion ergibt sich also mit zunehmender Reife der Produkte eine Tendenz zur Dezentralisierung. Die wirtschaftlichen Zentren sind die Orte der Innovation und der Entwicklung; dieser Prozeß schlägt sich in einer zunehmenden Tertiärisierung der Zentren nieder: dort konzentrieren sich nicht nur die Betriebe des tertiären Sektors, die mit Forschungs- und Entwicklungsarbeiten, Finanzierung und Vermarktung zu tun haben, sondern auch dem sekundären Sektor angehörige tertiäre Arbeitsplätze, denn innerhalb des sekundären Sektors verschieben sich die Tätigkeiten immer stärker zu solchen, die der Produktion vor- und nachgelagert sind (vgl. Bade, 1975 und 1985).

Die Dezentralisierung der Fertigung macht seit einiger Zeit nicht mehr an den nationalen Ländergrenzen halt, sondern reicht in die Länder der Dritten Welt hinein, die - nach betriebswirtschaftlicher Kalkulation - besonders kostengünstige Produktionsmöglichkeiten bieten: niedrige Lohnkosten und Bodenpreise, weniger Arbeitsschutzvorschriften, geringe Sozialversicherung und, zunehmend wichtig, keine Umweltschutzauflagen. Insbesondere die multinationalen Konzerne nutzen die jeweils günstigsten Verwertungsbedingungen in verschiedenen Regionen der Erde aus und organisieren ihre Produktion in weltweiter Verflechtung (vgl. Läpple, 1985; Borner, 1980).

Die "Entwicklungsländer" selbst beteiligen sich an diesem Prozeß, seit sie ihre Entwicklungsstrategie von einer komplementären zu einer substituierenden Industrialisierung verändert haben (Fröbel et al., 1986). Während in einer komplementären internationalen Arbeitsteilung die jeweiligen Nationen unterschiedliche Güter exportieren und importieren (z.B. Rohstoffe gegen Industriewaren), begeben sich die nationalen Industrien bei einer import-substituierenden Strategie in eine gegenseitige Konkurrenz auf dem Weltmarkt. Denn die zunächst auf Import-Substitution gerichtete Industrialisierungsstrategie der Entwicklungsländer wird so weit vorangetrieben, daß sie selbst zu Exportländern von Industrieprodukten werden. Eine derartige Industrialisierung wird vor allem von multinationalen Konzernen organisiert, die dann Arbeitsplätze im Fertigungsbereich aus den entwickelten Industrieländern abziehen und in den Ländern, die billigere Produktionsbedingungen bieten, aufbauen (vgl. auch Läpple, 1985). Dies führt zu absolutem Beschäftigungsabbau im produzierenden Bereich in den Industrieländern - und dort natürlich vor allem in jenen Regionen, wo bisher die Arbeitsplätze mit den Produktionsverfahren konzentriert waren, die "ausgereift" sind. Am stärksten betroffen sind deshalb die großen Industriestädte.

Die Beschäftigtenzahlen im produzierenden Bereich in den großen Städten gehen in jedem Fall zurück, auch wenn inländische Standorte noch eine profitable Alternative darstellen. Denn bei ausgereiften Produkten und Produktionsprozessen kann die Marktposition nur gehalten werden, wenn die Lebensdauer des Profitzyklus verlängert wird, und dafür gibt es im Prinzip nur zwei Möglichkeiten: Rationalisierung oder Verbilligung der Arbeitskosten. Beides - neue Produktionstechnik und/oder neuer Produktionsstandort - führt zu Arbeitsplatzverlusten in den Städten.

Nach dieser Logik müßten diejenigen Städte, in denen die Fertigungsarbeitsplätze "ausgereifter" Industrien einen hohen Anteil an den gesamten Arbeitsplätzen ausmachen, die stärksten Verluste haben. Die höchsten Verlustraten bei den Arbeitsplätzen im sekundären Sektor hatten zwischen 1976 und 1983: die Ruhrgebietsstädte -19.1, Bremen -17.1, die Städte am Rhein um Köln -14,0, Hannover -12,2, Karlsruhe -11.8, Hamburg -11.3, Nürnberg -11,4 (vgl. Tab. 4). Tatsächlich ist es also so, daß die Städte, die in den früheren Phasen der Industrialisierung die Wachstumszentren waren, nun die stärksten Verluste aufweisen. Dabei ist der Schrumpfungsprozeß nicht, wie schon erwähnt, branchenbedingt, wenn auch der oben geschilderte Ausreifungsprozeß in bestimmten Branchen weiter fortgeschritten ist und zu stärkeren Verlusten führt (z.B. Stahlproduktion, Werften, Maschinenbau). Aber auch sog. Wachstumsindustrien, wie z.B. Büromaschinen und Computer, verlieren in der Bundesrepublik Arbeitsplätze, wenn das Produkt ausgereift ist: so können wir beispielsweise Computer von deutschen Herstellern kaufen, die in Korea zusammengebaut worden sind. Und umgekehrt im Maschinenbau: Nicht die Branche insgesamt ist von Beschäftigungsabbau gekennzeichnet. Nur die "einfacheren" Versionen können in technologisch weniger entwickelten ausländischen Industrien hergestellt werden - und werden dann sogar in die Bundesrepublik importiert, während die "intelligenten" Maschinen und Hochpräzisionsgeräte nach wie vor einen Wachstumsbereich bilden. Dies dürfte die Erklärung dafür sein, warum z.B. Stuttgart nicht gleich hohe Verluste aufweist wie Köln oder Hannover. Die Schrumpfungsintensität zeigt kein eindeutiges Süd-Nord-Gefälle (vgl. z.B. Nürnberg und Karlsruhe). Die größten Verluste sind gleichwohl in den nördlichen Industriestandorten zu verzeichnen. Eine Rolle könnte dabei auch die Größenstruktur der Betriebe spielen,

Tabelle 4: Veränderung der sozialversicherungspflichtig Beschäftigten
nach Wirtschaftssektoren 1976-1983 in den Agglomerationen der
BRD - regional gegliedert nach Kernstädten und Umland

	Sekundärer Sektor		Tertiärer Sektor	
	Kernstädte	Umland	Kernstädte	Umland
	Anteil Verän-			
	1976 derung			
Hamburg	32.2 -11.3	1.7	0.5	23.4
Bremen	41.2 -17.1	-6.5	-0.4	11.8
Hannover	41.1 -12.2	-5.7	1.9	17.5
Ruhr	55.4 -19.1	-10.3	-4.8	10.4
Rhein	50.3 -14.0	-1.6	2.3	13.0
Rhein/Main	40.6 - 8.0	-6.1	8.0	12.5
Rhein/Neckar	56.2 - 5.0	-2.3	5.6	19.6
Karlsruhe	45.9 -11.8	5.1	6.7	21.9
Stuttgart	45.9 - 8.7	3.0	3.5	18.0
München	41.2 - 2.8	1.2	11.2	21.2
Nürnberg-Erlangen	53.7 -11.4	-3.3	12.4	30.6

Quelle: Bade, 1985

denn Großbetriebe haben ein größeres Rationalisierungspotential aufgrund
ihrer Massenproduktion und ihrer größeren Kapitalreserven.

Wenn die räumlichen Strukturen des Beschäftigungsabbaus skizziert sind,
ist noch nichts darüber ausgesagt, warum wo die Wachstumsbereiche lokalisiert sind - denn gerade daraus, daß Schrumpfen und Wachstum unterschiedliche Orte haben, resultiert der negative Saldo der nördlichen Industriezentren. Wir müssen also zu klären versuchen, warum die Industrien des
neuen Wachstums sich nicht an den Standorten des alten ansiedeln - warum
die Wachstumsbereiche nicht in die Lücke schlüpfen, die durch das
Schrumpfen der alten entsteht. Denn gerade diese Differenz ist ja das
Neue an der ungleichen Regionalstruktur.

Die bessere Position der südlichen Regionen in der Bundesrepublik bei den
Indikatoren für das Wirtschaftswachstum wird in der Regel mit demjenigen

Wirtschaftsbereich in Zusammenhang gebracht, der das Etikett "High-Tech"
trägt. Damit ist leider alles andere als Klarheit gewonnen, denn High-
Tech ist ein schwammiger Begriff.

Die Mikroelektronik ist keine Branche, sondern eine Technologie, die als
Steuerungs- und Kommunikationstechnik in allen wirtschaftlichen Bereichen
angewandt wird. Ihre revolutionierende Wirkung entfaltet sie durch die
riesige Informationsverarbeitungskapazität, die auf kleinstem Raum
(Chips) untergebracht werden kann. Die Produktion der materiellen Träger
ist ein Wachstumsbereich, die Herstellung der Verarbeitungskapazitäten,
also das Vordenken der Operationen (Software), ein zweiter. Der Einbau
der Steuerungselemente in andere, größtenteils schon bekannte Industrie-
produkte (von Küchengeräten bis zum Flugkörper) konstituiert keinen neuen
Produktionszweig, sondern verändert die vorhandenen Produkte. Beschäfti-
gungswirksam wird die Mikroelektronik also in einem (kleinen) neuen
Produktionsbereich als Wachstum, im herkömmlichen als stabilisierend,
wenn ausgereifte Produkte auf ein neues technisches Niveau gehoben werden. Arbeitsplatzvernichtend wirkt die Mikroelektronik, wenn die Produktionstechnik mittels mikroelektronischer Steuerung automatisiert und
verfeinert wird. Dies ist neben Produktion und Produktverbesserung der
dritte Bereich, in dem die Mikroelektronik sich auswirkt. Für den High-
Tech-Bereich kann also nicht von einer raumwirksamen Konsequenz gesprochen werden, die Folgen müssen vielmehr differenziert analysiert werden.

Wir müssen uns hier auf die Frage beschränken, wo die neuen Beschäfti-
gungseffekte, die mit der Mikroelektronik zusammenhängen, aufgetreten
sind, und warum gerade da. Zur Diskussion dieser Frage müssen wir kurz
die "Theorie der langen Wellen" einführen, die ein Phasenmodell der
wirtschaftlichen Entwicklung beinhaltet. Danach lösen lange Wellen der
Industrieentwicklung, die jeweils auf bestimmten Basisinnovationen beru-
hen, einander ab und werden für einen Zeitraum von 40 bis 60 Jahren für
die Entwicklung bestimmend (Hall, 1985). Nach dieser Theorie befinden wir
uns gegenwärtig in der Abschwungsphase der 4. langen Welle (Mensch,
1975). Die Basisinnovationen für eine neue lange Welle wären dann Mikroelektronik, Bio- und Gen-Technologien.

Solche Innovationen werden zunächst an wenigen Zentren in der Welt entwickelt und dann über einen längeren Zeitraum für das Wachstum überall
bestimmend. Damit kann auch eine neue räumliche Wirtschaftsstruktur entstehen. Im Gegensatz zu früheren Industrialisierungsphasen ist diese neue
Industrie an keine der Standortqualitäten gebunden, die für die bisherigen Industrien bei ihrer Standortwahl entscheidend waren. Rohstoffe werden in so geringen Mengen verarbeitet, daß sie überallhin ohne Kosten-
nachteile transportiert werden können. Das vorhandene Potential an Arbeitskräften in den wirtschaftlichen Zentren ist kaum relevant, weil es
nicht die Qualifikationen hat, die die neuen Industrien brauchen. Unqualifizierte Arbeitskraft ist dagegen überall in ausreichender Menge vorhanden. Die Nähe zu Zulieferbetrieben bzw. Service-Einrichtungen ist zwar
nach wie vor bedeutsam, doch sind es andere als diejenigen, die in den
traditionellen Zentren vorherrschend sind: Forschungseinrichtungen, die
auf High-Tech spezialisiert sind, spielen eine Rolle und auch das Vorhandensein ähnlicher Betriebe, die einen Arbeitsmarkt und ein Beziehungsge-
flecht konstituieren, die auf diese neue Industrie zugeschnitten sind.

Kurzum: die aus der Regionalökonomie bekannten Agglomerationsvorteile,
die für die wirtschaftliche Differenzierung verantwortlich sind, werden
am Beginn einer neuen langen Welle unabhängig von den alten Zentren an
Orten wirksam, die ein neues Gravitationsfeld schaffen. Die alten Zentren
wirken insgesamt wohl sogar eher abweisend für die neuen Industrien, weil
die ökonomisch und gesellschaftlich mächtigen Gruppen und Institutionen
den Raum und das wirtschaftliche Klima prägen. Jänicke formuliert: "Kar-
telle der alten Industrien, Verteilungskoalitionen, übermächtige Verbände
und ein Staat, der von dieser konservativ gewordenen Organisationsmacht
abhängt" (1985:18), stabilisierten die alten Strukturen und behinderten
den technischen und wirtschaftlichen Wandel. Damit werden außerökonomische Faktoren, nämlich gesellschaftliche Machtstrukturen, zur Erklärung
einer regionalen Stagnation herangezogen. Zusammen mit der Theorie der
Profitzyklen, die in die langen Wellen eingebettet sind, sind damit wohl
die wichtigsten Begründungen für die regional ungleichen Schrumpfungsprozesse vorgetragen.

3. ORTE DES NEUEN WACHSTUMS

Noch nicht verständlich wird damit, wo sich neue Wachstumspole bilden. Auch hierbei, so meinen wir, muß man vor allem auf außerökonomische Erklärungen zurückgreifen – außerökonomisch zumindest insofern, als es sich in der Bundesrepublik dabei um historische Faktoren handelt, die sich nicht aus ökonomischen Standorttheorien ableiten lassen. Gemeint sind damit die Standortverschiebungen der deutschen Wirtschaft in der Folge des Zweiten Weltkriegs und der gezielte Aufbau eines militärisch-industriellen Komplexes im Münchner Raum, der seit Beginn der Wiederaufrüstung gezielt von der CSU betrieben worden ist.

Nach der Aufteilung des Deutschen Reiches in vier Besatzungszonen verlegten viele Unternehmen ihren Sitz aus der sowjetischen Zone und aus Berlin in den westlichen Teil Deutschlands. Die auf Dauer bedeutsamste Verlagerung war diejenige von Siemens, heute der Konzern mit den meisten Beschäftigten in ganz Europa. Siemens hat seinen Hauptsitz in München und umfangreiche Forschungs-, Entwicklungs- und Fertigungsstätten im Nürnberg-Erlanger Raum, beides in der damaligen amerikanischen Zone gelegen. Ein deutscher Vorläufer von IBM, die DEHOMAG, zog von Berlin nach Stuttgart. Die meisten Banken verlegten ihren Sitz nach Frankfurt (vgl. Kunz, 1984).

Der Siemens-Konzern ist Produzent von Mikroelektronik und Anwender (in elektrischen Investitions- und Konsumgütern) zugleich. Die Bundespost ist ein ebenso zahlungskräftiger Kunde wie die Bundeswehr, die im übrigen der wichtigste Auftraggeber für den anderen großen Technologie-Komplex darstellt, für Messerschmidt-Bölkow-Blohm in Ottobrunn bei München. MBB ist Hauptauftragnehmer für das aufwendigste Rüstungsprogramm der Bundesrepublik, den Tornado, und außerdem wichtigster Partner des staatlich induzierten Entwicklungsprogramms für die zivile Luftfahrt, den Airbus. Das Zentrum für die deutschen Beteiligungen an der Raumfahrt ist ebenfalls MBB. Die Konzentration von Rüstungs- und Luftfahrtindustrie in der Münchner Region ist Ergebnis einer gezielten Politik der CSU, die sich seit dem Aufbau einer bundesdeutschen Rüstungsindustrie unter dem Verteidigungsminister Strauß verfolgen läßt (vgl. Brandt, 1966).

Da die Entwicklung neuer Produkte besonders forschungsintensiv ist, sind die Standorte von Forschungseinrichtungen ein bedeutsamer Standortfaktor für die Entwicklung einer Region. 67,6% des gesamten Finanzvolumens der Bundesrepublik für Forschung und Entwicklung wird von der Privatwirtschaft verwendet; nur ein knappes Drittel steht den öffentlichen Großforschungseinrichtungen zur Verfügung (vgl. Hack & Hack, 1985:73). Die Großunternehmen beschäftigen ca. 80% des gesamten F+E-Personals der Wirtschaft (Bonkowski & Legler, 1984:84). Die Konzentration der Forschungskapazitäten ist also groß; Siemens dominiert mit allein 28.000 Beschäftigten in F+E in der Bundesrepublik. Von den 10 größten Konzernen mit den meisten F+E-Beschäftigten haben sieben ihren Sitz in Süddeutschland. Ebenso ist die überwiegende Zahl der öffentlichen Großforschungseinrichtungen, die mit der Entwicklung von High-Tech zu tun haben, südlich der Mainlinie angesiedelt.

Insgesamt ergibt sich aus dieser – hier aus Platzmangel nur knappen – Skizze, daß die Zentren der Entwicklung und Produktion von Gütern, die nicht der auslaufenden langen Welle des letzten Industrialisierungszyklus, sondern eher einer neuen zuzurechnen sind, sich in Süddeutschland befinden. Bayern und Baden-Württemberg gehörten in den Frühphasen der Industrialisierung zu den "Nachzüglern", sie waren daher offen für die späteren Industrialisierungszyklen. Ihre jetzige Position im Vergleich zu anderen Regionen ist aber auch das Ergebnis einer konzentrierten Entwicklungspolitik, die umfangreiche Geldströme über Rüstungsaufträge (ganz ähnlich wie bei dem berühmten Silicon Valley, vgl. Saxenian, 1985) und Forschungs- und Entwicklungssubventionen in diese Bundesländer leitete. Die Luft- und Raumfahrtindustrie ist heute die am stärksten öffentlich subventionierte Branche, selbst wenn man von den durch Rüstungsaufträge bezahlten Kosten für die Entwicklung von technischem Wissen absieht. Insgesamt arbeiten 75 % aller bundesweit mit militärischen Aufträgen Beschäftigten in Bayern und Baden-Württemberg (Porschen, 1980), fast 50 % aller zentralen Militärausgaben fließen nach Bayern (Schmitz, 1983).

Historisch-spezifische Konstellationen sowie politische Entscheidungen bilden also unserer Ansicht nach die Grundlage für den vielgerühmten Aufstieg der modernen Industrien im bundesrepublikanischen Süden. Daß ein großer Teil dieser Industrie von öffentlichen Aufträgen und Zuschüssen abhängig ist, macht all jene Kommentare zu dieser Entwicklung ideologieverdächtig, die im Süd-Nord-Gefälle das Ergebnis einer Differenz zwischen zukunftsorientierter, technologiebejahender Politik im Süden und soziallastiger, von Subventionsmentalität geprägter Politik im Norden sehen. Mit marktwirtschaftlichen Prozessen und dynamischem Unternehmertum hat das Ganze wenig zu tun, viel dagegen mit historischen Zufälligkeiten (Besatzungszonen) und mit zentralstaatlicher Politik zugunsten bestimmter Länder.

Fassen wir die Bilanz unserer bisherigen Betrachtung zusammen: Die höchsten Beschäftigungsverluste hatten in den letzten 15 Jahren die Kernstädte der Agglomerationen. Im Verlauf des Strukturwandels der Wirtschaft nehmen in den Städten nur noch die Arbeitsplätze außerhalb der Produktion zu, und zwar nicht nur in den Betrieben des tertiären, sondern auch in denen des sekundären Sektors. Dieser Wandel führt in den meisten Städten zu absoluten Arbeitsplatzverlusten – lediglich München hatte im betrachteten Zeitraum einen absoluten Beschäftigungszuwachs. Die relativ stabile Position der Agglomerationen Frankfurt, Stuttgart, Rhein/Neckar und Nürnberg/Erlangen hat unterschiedliche Gründe: Der Frankfurter Raum ist ein internationales Zentrum von Handels- und Geldgeschäften, dessen Entwicklung von anderen Faktoren abhängig ist als diejenige der übrigen Regionen. Der Münchner Raum ist ein industriegeschichtlicher und -politischer Sonderfall. Der starke Strukturwandel in der Nürnberger Region ist weitgehend mit den Aktivitäten des Siemens-Konzerns zu erklären.

Verlierer der Entwicklung sind die Großstädte nördlich der Mainlinie. Sie tragen am schwersten an den Folgen des Strukturwandels, weil in ihnen die größten Anteile ausgereifter Industrien konzentriert und sie zugleich nicht die Orte des Wachstums neuer Industrien sind. Sie werden sich auf eine längere Periode mit geringem Beschäftigungsniveau einzustellen haben, wobei das Ausmaß der Beschäftigungslücke von drei Faktoren abhängen dürfte:

- zum einen von der Frage, ob der Prozeß räumlicher Diffusion der Beschäftigungswirkungen des neuen industriellen Wachstums sich relativ rasch vollzieht;

- zum anderen von demographischen Prozessen, d.h. ob die Arbeitslosenquote in absehbarer Zeit durch die geringere Zahl der nachwachsenden Bevölkerung gesenkt werden wird;

- und zum dritten davon, ob die nach wie vor zunehmenden Arbeitsplätze ihren Standort eher in den Städten oder außerhalb der Zentren haben werden.

4. SOZIALE KONSEQUENZEN

Mit der Einsicht, daß regional ungleichmäßiges Wachstum eine unvermeidliche Begleiterscheinung und Bedingung kapitalistischer Entwicklung sei (vgl. z.B. Gschwind & Henckel, 1984), könnte man es mit diesen Erklärungen bewenden lassen: früher lagen die einen vorn, nun sind's die anderen - wenn es nicht einen entscheidenden Unterschied gäbe: Das ganze 20. Jahrhundert über konnte die Situation einer Region oder einer Stadt auf einer linearen Wachstumsskala verortet werden. Der Unterschied bestand in mehr oder weniger "Entwicklung". So kann die Situation aber heute nicht mehr analysiert werden, vor allem nicht für die Kernstädte der Agglomerationen; ihnen stellen sich nach aller Wahrscheinlichkeit für längere Zeit konträre Perspektiven: die des Wachsens und des Schrumpfens.

Diese beiden Begriffe kennzeichneten bislang die unterschiedlichen Perspektiven von Agglomerationen und ländlichen Gebieten, die ja direkt als "Entleerungsräume" bezeichnet wurden. Sind die lange erfolglos gebliebenen Bemühungen der regionalen Wirtschaftspolitik, diese Entleerungsprozesse zu stoppen oder gar umzukehren, ein Menetekel für die Aussichten der schrumpfenden Städte? Immerhin böten dann die jüngsten Tendenzen, nach denen die Anteile der peripheren Gebiete bei den Arbeitsplätzen wachsen, ebenso Trost für die betroffenen Großstädte wie die Zyklustheorien: Hat man im gegenwärtigen Abschwung einigermaßen überwintert, kann man hoffen, von der nächsten langen Welle wieder emporgetragen zu werden.

Aber die sozialen Konsequenzen sind weit dramatischer, wenn einer urbani-
sierten Region die Beschäftigungsbasis entzogen wird, als wenn in einer
ländlichen Struktur die Industrialisierung erst gar nicht stattfindet:

1. Die "Entleerung" der ländlichen Gebiete beruhte auf dem Sog der expandierenden Arbeitsmärkte in den Agglomerationen. Heute finden die freigesetzten Arbeitskräfte weder in der Stadt noch auf dem Land Arbeitsplätze
(vgl. die Beiträge von Krämer-Badoni & Ruhstrat und von Friedrichs in
diesem Band). Individuelle Mobilität kann also nicht mehr, wie teilweise
früher, als Problemlösung betrachtet werden.

2. Der Rückzug in einen "traditionellen Sektor", der sowohl in den 20er
wie in den 50er Jahren Arbeitslosigkeit teilweise auffangen und abmildern
konnte, ist nach der umfassenden Modernisierung während der langandauern-
den Prosperitätsjahre (vgl. Lutz, 1984) ebenfalls versperrt.

3. Die Entleerung ländlicher Gebiete und die Umstrukturierung der Wachstumszentren (Funktionssanierung) verliefen ebenfalls nicht ohne negative
soziale Folgewirkungen. Aber diese konnten früher als vorübergehend und
sozialpolitisch kompensierbar erscheinen. Unter den Bedingungen anhaltender Prosperität waren die Hoffnungen auf eine "Simultanpolitik" zumindest
teilweise realistisch, wonach eine erfolgreiche Förderung des Wachstums
zugleich die Verteilungsprobleme und die sozialen Folgekosten des wachs-
tumsbedingten Strukturwandels bewältigt. Mittelfristig – so war die Phi-
losophie – würden alle am Wachstum partizipieren. Wer seinen Arbeitsplatz
im sekundären Sektor verloren hat, findet neue Arbeit im tertiären. Wer
die Neubauten nicht bezahlen kann, findet dort Wohnraum, wo die Stadt-
flüchtlinge ausgezogen sind. Und falls einzelne Gruppen dennoch vom
wachsenden gesellschaftlichen Reichtum ausgeschlossen bleiben sollten,
weil sie an Qualifikationsbarrieren auf dem Arbeitsmarkt und Stockungen
in den Filterprozessen des Wohnungsmarkts scheitern, werde der Staat im
Zuge von Wachstum genügend Steuern einnehmen, um negative Begleiterschei-
nungen ausgleichen zu können. In den schrumpfenden Städten sind die
Voraussetzungen einer solchen Simultanpolitik nicht mehr gegeben. Arbeitslosigkeit ist für eine wachsende Gruppe dauerhaftes Schicksal geworden, nicht mehr vorübergehende Unterbrechung des Berufsweges. Und die
Unterstützung für Arbeitslose garantiert nur ein mühseliges und entwürdi-

gendes Überleben.

Im Verlauf des Suburbanisierungsprozesses der letzten 30 Jahre sind vor allem die beruflich erfolgreichen Mittelschichten in das Umland der Großstädte gezogen. Ausdehnung der Wohnfläche und Eigentumsbildung waren die vorherrschenden Motive. In den Städten blieben vor allem die aus finanziellen Gründen Immobilen zurück. Dies sind die Bevölkerungsgruppen, die von der Arbeitslosigkeit am stärksten betroffen sind, während die Umlandbewohner die stabileren Arbeitsplätze in den Städten besetzt halten. Die sozialen Konsequenzen des ökonomischen Strukturwandels schlagen sich also auch räumlich ungleich nieder. Daraus ergeben sich Konsequenzen für die Finanzsituation der Städte, deren Einnahmen – auch im vor allem auf die Einwohnerzahl ausgerichteten Finanzausgleich – sinken, während die Sozialausgaben ungleich stärker steigen (vgl. Dieckmann & Münstermann, 1985). Die Stadtstaaten Bremen und Hamburg (vgl. den Beitrag von Dangschat & Krüger in diesem Band) sind dadurch schon an den Rand des Ruins geraten. Die rigorose Sparpolitik der Kommunen verschärft zudem die Arbeitsmarktprobleme.

Zwar ist in beiden Stadttypen eine Polarisierung der Sozialstruktur zu erwarten, aber inwieweit mit den Unterschieden zwischen schrumpfenden und prosperierenden Städten auch einschneidende Unterschiede in der Lebenssituation einerseits für die Marginalisierten, andererseits für die im stabilen Arbeitsmarkt Integrierten und für die "Neuen Professionellen" verbunden sind, verlangt eingehendere Analysen, als sie hier möglich sind (vgl. die Beiträge von Ipsen, Krämer-Badoni & Ruhstrat, Rommelspacher & Oelschlägel u.a. in diesem Band). Deshalb wollen wir zum Schluß nur noch einige Konsequenzen für die Stadtpolitik skizzieren.

5. FOLGERUNGEN FÜR DIE STADTPOLITIK

Trotz der Polarisierung in zwei Typen städtischer Entwicklung betreiben die Großstädte wie noch zu Zeiten gleichgerichteter Wachstumsprozesse eine erstaunlich ähnliche Politik. Die Anstrengungen konzentrieren sich einmal auf die verbliebenen Wachstumsbereiche F+E, High-Tech, neue Medien, auf das Messe-, Kongreß- und Beherbergungswesen, auf die Anbindung an überregionale Verkehrsnetze, auf hochwertiges Wohnen und auf möglichst überregionale Beachtung findende Kultureinrichtungen.

Zum zweiten betreiben alle Gemeinden Wachstumspolitik als Bestandspolitik. Ausgangslage dieser Strategie von Gewerbepolitik ist die Tatsache, daß es kein nennenswertes Neuansiedlungspotential von Betrieben mehr gibt. Als Klientel einer kommunalen Gewerbepolitik bleibt also der Bestand vorwiegend kleiner und mittlerer Betriebe. Dieser betriebliche und räumliche Bestand (Flächen, Gebäude) soll bewirtschaftet und langfristig gesichert, seine Konkurrenzbedingungen sollen verbessert werden. Eine solche Gewerbepolitik versteht sich nicht nur als Wirtschaftsförderung sondern auch als Politik, die Konflikte mit anderen Nutzungen (Gemengelagen) und regionale Standortprobleme lösen soll (vgl. Afheldt et al., 1986).

So berechtigt diese Strategien sein mögen, schon weil der kommunalen Wirtschaftsförderung wenig anderes übrigbleibt, so begrenzt ist ihre Reichweite. Angesichts des äußerst geringen Neuansiedlungspotentials und der geringen längerfristigen Effekte von Neugründungen im High-Tech-Bereich außerhalb der Standorte der großen Unternehmen, die in diesem Bereich bereits tätig sind, und angesichts der Tatsache, daß gerade eine erfolgreiche Bestandsförderung eher mit Verlagerungen und Rationalisierungsinvestitionen, also mit Arbeitsplatzverlusten für die Kernstadt, verbunden sein wird, wird direkte kommunale Wirtschaftsförderung das Schrumpfen nur verlangsamen, nicht aber in Wachstum umkehren können.

Eine einseitig forcierte Wirtschaftsförderung kann negative Konsequenzen haben, die langfristig die Perspektiven der Entwicklung der Gesamtstadt einschneidend beeinträchtigen könnten. Ebenso wie in den 50er und 60er Jahren die Grundlagen für den heutigen High-Tech-Boom in Stuttgart, Nürnberg und München und für die Entwicklung Frankfurts als Bankplatz geschaffen wurden, so werden heute Entscheidungen getroffen, deren Konsequenzen ebenfalls in 15 oder 20 Jahren sichtbar werden. Heute zu Lasten anderer Bereiche der städtischen Entwicklung die verfügbaren Ressourcen anf den High-Tech-Bereich zu konzentrieren, eines Bereichs, in dem, wie gesagt, die Standortwürfel längst gefallen sind, könnte die künftigen Entwicklungsmöglichkeiten einer Stadt verbauen. Das Ergebnis einer solchen Strategie der Verleugnung des Schrumpfens könnte das Menetekel einer zwei- oder dreigeteilten Stadt sein, charakterisiert durch ein Nebeneinander von luxurierenden Inseln eines gehobenen städtischen Lebens und Arbeitens, Brachflächen und verfallenden Quartieren der Marginalisierten. Eine solche kleinteilige Polarisierung im Stadtgebiet ist um so wahrscheinlicher, je selektiver die Stadtpolitik sich auf die vermeintlichen Wachstumspole konzentriert. Da so aber Schrumpfen nicht verhinderbar ist, sind eine kaputte Stadt und ein Klima der Resignation eher zu erwarten als eine konkurrenzfähige Stadtstruktur.

Schrumpfungsprozesse müssen akzeptiert und gesteuert werden. Ziel muß sein, eine Großstadtstruktur zu sichern, die sich auf niedrigerem Niveau von Bevölkerungs- und Arbeitsplatzzahlen stabilisieren kann. Das hat weitgehende Konsequenzen für den "Charakter" von Stadtpolitik.

Denn die Stadtpolitik war bisher geprägt durch die Aufgabe, Wachstumsprozesse an bestimmte Standorte zu kanalisieren, neue Flächen, neue Gebäude und Räume durch Stadterweiterung und Stadtumbau bereitzustellen. Es ging darum, Platz zu schaffen durch baulich-technische Maßnahmen für expandierende Nutzungen oder neue Aktivitätsmuster. Stadtentwicklung erschien als ein von äußeren Faktoren determinierter Wachstumsprozeß, der in den städtischen Agglomerationen an räumliche, bauliche und infrastrukturelle Schranken stieß. Planung hieß, diese Schranken zu beseitigen. Dies ist der legitime Grund für die weitgehende Gleichsetzung von Planung mit Ingenieurtätigkeit.

Dieser Typus der Stadtplanung ist weiterhin in den prosperierenden Ballungszentren dominant. In schrumpfenden Städten entwickelt sich aber eine andere Problemlage, die andere Planungsweisen notwendig macht. Statt Investitionen an die richtigen Standorte zu kanalisieren, geht es darum, Desinvestitionsprozesse zu verhindern bzw. auf bestimmte Standorte zu lenken. Statt Raum bzw. Flächen für wachsende Nutzungen bereitzustellen, geht es darum, Nutzungen für längst erschlossene Flächen und längst gebaute Gebäude zu finden. Das heißt aber, daß Stadtpolitik einen neuen, nämlich sozialen Gegenstand hat: Es geht um die Mobilisierung sozialer Gruppen, um die Verstärkung bestimmter Handlungsmuster, um das Erfinden und Fördern von Aktivitäten. Beispielsweise: Wie sind Existenzgründungen zu erleichtern? Welche Nutzungen sind für ein brachliegendes Industriegelände überhaupt noch denkbar? Welche Nutzungen für die Großsiedlungen der 70er Jahre sind auch noch in Zukunft möglich? Stadtplanung wird zur Sozialplanung im Sinne einer sozialen Entwicklungsplanung. Dazu einige Stichworte:

1. Arbeitspolitik

Gegenüber den dominanten Prozessen des Schrumpfens ist die Reichweite jeder Stadtpolitik begrenzt. Auch wenn auf die Förderung der Wachstumsindustrie nicht verzichtet und die zahlungskräftige Gruppe der Yuppies nicht unberücksichtigt bleiben kann, so ist dies doch eine Politik der Verzögerung. Je weniger das bewußt ist, desto größer sind die sozialen und stadtstrukturellen Folgekosten. Es ergibt sich das Gesamtbild einer im besten Fall langsamer schrumpfenden Stadt mit ausgeprägter sozialräumlicher und funktionaler Segregation und einer beträchtlichen Minderheit dauerhaft aus dem Arbeitsmarkt und damit auch aus anderen gesellschaftlichen Bezügen Ausgegrenzter. Diese räumlichen Segregations- und sozialen Marginalisierungsprozesse zu verhindern, ist nicht nur aus sozialpolitisch-moralischen Gesichtspunkten geboten. Ein inselartiges Nebeneinander von Zonen des Verfalls neben solchen des Luxus wird längerfristig eine Stadt als Standort für Wohnbevölkerung und für höherwertige Arbeitsplätze unattraktiv machen. Die Stadtpolitik darf sich daher nicht nur auf wenige Wachstumspole und die heute kaufkräftigen Haushalte konzentrieren, will sie nicht ihre längerfristigen Perspektiven verbauen.

Arbeitsplatz- und demographische Entwicklungen können frühestens nach dem Jahr 2000 zu einem statistisch ausgeglichenen Arbeitsmarkt führen. Die Qualifikationsanforderungen an die Arbeitskräfte werden sich voraussichtlich wesentlich ändern und erhöhen. Die moralische Verfassung und die technische Qualifikation der heute Arbeitslosen werden in 15 Jahren verfallen sein, wenn sie nicht gezielt erhalten werden. Wer heute als Jugendlicher keinen Zugang zum Arbeitsmarkt gewinnt, wird als 35-Jähriger für die dann angebotenen Arbeitsplätze schon gar nicht mehr in Frage kommen. Eine heute hingenommene strukturelle Arbeitslosigkeit kann also dazu führen, daß eine künftige Nachfrage nach hochqualifizierten Arbeitskräften einem weitgehend unqualifizierten Angebot gegenübersteht, also unbesetzbare Stellen und dauerhafte Arbeitslosigkeit. Ein dermaßen nur statistisch ausgeglichener Arbeitsmarkt würde die ökonomischen Entwicklungsperspektiven einer Stadt einschneidend beeinträchtigen. Wenn die Standortfaktoren ubiquitär sind bzw. bei der Lokalisierung von Betrieben praktisch keine Rolle mehr spielen, kann ein kreatives Arbeitskraftpotential eigentlich das einzige sein, was eine Stadt erzeugen und halten könnte.

Kommunale Strategien müssen die Qualifikation der heute jungen Arbeitslosen massiv fördern über zweite Arbeitsmärkte, Alternativbetriebe, Aus- und Weiterbildung, informelle Arbeit im Rahmen kommunaler und Haushaltsproduktion.

2. Produktive Funktionen der Privathaushalte

Wenn der Arbeitsmarkt keine ausreichende Sicherung der Haushaltseinkommen mehr garantieren kann, ist die in den Städten weitgehend perfektionierte Trennung zwischen den Orten produktiver Arbeit und des Konsums zu einer "Modernitätsfalle" geworden. Die privaten Haushalte können als Produktionseinheiten aber wieder gestärkt werden. Die Aufmunterung zu "Selbsthilfe" oder verstärkter "Eigenarbeit" genügt dafür freilich nicht: Um den privaten Haushalt als produktive Einheit zu stärken, muß seine Verfügung über Raum, Geld und Arbeitskraft gestärkt werden. Für die Wohnungspolitik hieße das, Platz zu schaffen für produktive Arbeiten (Werkstätten, Arbeitshöfe) und Verfügungsrechte über die materiellen Wohnbedingungen zu erweitern (privatrechtlich und über kollektive Verfügungsformen). Für die Sozialpolitik bedeutete dies: Abkehr von verbrauchsorientierten Zahlungen zugunsten höherer individueller Verfügbarkeit z.B. durch Kapitalisierbarkeit von Sozialhilfe, Arbeitslosengeld- und Rentenansprüchen. Für die Arbeitszeitpolitik hieße das, die individuelle Disposition über die Lohnarbeit zu stärken.

3. Stadt als Wohnort

Ein möglicherweise steigender Anteil von Transfereinkommen, die Rolle der

Wohnbevölkerung als Nachfrager, die allenfalls indirekt über die gebotene Attraktivität für hochqualifizierte Arbeitskräfte beeinflußbare Standortwahl von FEM-Funktionen legen besondere Anstrengungen zugunsten des "Wohnorts Stadt" nahe. Schrumpfungsprozesse und damit physisch wie (wenn auch sehr viel langsamer) ökonomisch verfügbarer Raum bieten auch Chancen für bessere Lebensqualität in Städten ohne negative Umverteilungseffekte.

4. Neue Urbanität

Die bisherigen Stichworte umreißen eine Strategie, die zugleich Überwinterungsprogramm und Entwicklung neuer urbaner Qualitäten sein möchte. Während unsere Gesellschafts- und Arbeitsmarktordnung den Arbeitslosen einen sozial diskriminierten Wartestand verordnet, sollen die Arbeits- und Lebensformen in einer nachindustriellen Stadt diesen Zustand überwinden helfen und sozial über diese Ordnung hinausweisen. Ausgangspunkt der Überlegungen muß die traditionelle Existenzbasis der Stadtbevölkerung sein: Lohnarbeit in der Industrie und in marktförmigen Funktionen, die von der Umlandbevölkerung bezahlt werden (Dienstleistungen, Kultur, Herrschaft). Diese Funktionen werden voraussichtlich nur auf kleinerer Basis weitergeführt werden. Notwendig ist die Entwicklung neuer Formen produktiver Existenz und eine Aufhebung der Trennung von Produktion und Konsumtion. Während in früheren Perioden die "Überbevölkerung" (aus der Sicht der marktförmigen Ökonomie) in selbstreproduktiven Verhältnissen vor allem auf dem Lande gehalten bzw. belassen wurden, sind nun Formen der Reproduktion in der Stadt zu suchen, die keine natürliche Subsistenzbasis haben. Diese muß das ökonomische System bezahlen. Solche Bereiche sind: Bildung und Ausbildung, kulturelle Betätigungen, gesellschaftlich nützliche Arbeit in selbstbestimmten Kooperationsformen. Attraktive Bildungs-, Lebens- und Arbeitsmöglichkeiten außerhalb des ökonomischen Systems können die Städte gerade für denjenigen Bevölkerungsteil attraktiv machen, dessen Abwanderung längerfristig am gefährlichsten wäre: die Jüngeren. Insofern wäre die Ausbildung einer Art Bohème (aber eben nicht als luxurierendes Nichtstun einer materiell gesicherten Schicht) eine Tendenz, die Erosion verhindert und ein Arbeitspotential erhält, das später dringend gebraucht werden könnte.

NACHBEMERKUNG

Konzeptionelle Überlegungen zu einer alternativen Stadtpolitik unterliegen unvermeidlich dem Dilemma, auf kommunaler Ebene überkommunal verursachte Probleme bewältigen zu wollen. Es sind daher von vornherein Überlegungen dazu, was das kleinere Übel sei: zum Überwintern, zum Offenhal-
ten für mögliche Entwicklungen. Der Grat zwischen zynischer Sozialtechno-
logie und gutgemeinten, aber aussichtslosen, Ratschlägen ist schmal. Die
Rechtfertigung, dennoch aus der Position des kritischen Beobachters über-
zugehen zu konzeptionellen Überlegungen, ist leider nicht die, daß solche
Überlegungen auf der Hand lägen. Eher ist es eine negative: zum einen die
Annahme, daß die von der gegenwärtig dominierenden Stadtpolitik auf
städtischer Ebene nur noch einmal überhöhten Ausgrenzungsprozesse auf
Dauer beherrschbar sind; zum anderen die Annahme, daß diese Stadtpolitik,
wenn auch keine system-destabilisierenden, so doch eindeutig negative
Folgewirkungen hat; und drittens die Annahme, daß es solange keinen
politischen Träger für eine alternative Stadtpolitik geben wird, wie
nicht auch ein positives Bild eines anderen Lebens in den Städten, einer
"nachindustriellen Urbanität" (Niethammer) formulierbar ist. Im Fehlen
eines solchen Bildes einer anderen Stadtkultur sehen wir eine der wesentlichen Schwierigkeiten, die einer auf das Steuern von Schrumpfen ausgerichteten, sozial gerechten Stadtentwicklungspolitik entgegenstehen.

Dies dürfte aber nicht der einzige Grund für die eigentümliche Uniformi-
tät der Stadtpolitik sein, - trotz so unterschiedlicher Entwicklungsperspektiven, auf die die Ursachen des Süd-Nord-Gefälles hinweisen. Die
Stadtstaaten Bremen und Hamburg haben den Schein einer grundsätzlichen
politischen Solidarität auf der Länderebene durch ihre Klage gegen den
Finanzausgleich beim Bundesverfassungsgericht durchbrochen. Aber eine
gemeinsame politische Initiative jener Städte, die vom Strukturwandel
ähnlich negativ betroffen sind, für eine Sicherung ihrer Lebensgrundlagen
ist nicht in Sicht. Diese müßte das System sozialer Sicherung (garantier-
tes Mindesteinkommen), die Arbeitszeitregelungen und die Umverteilung des
gesellschaftlichen Reichtums zum Thema machen. Nach einer 1000-jährigen
Geschichte, in der die Städte immer auf Reichtum gebettet waren, fällt
es den politischen Repräsentanten offensichtlich schwer, den Rollenwech-

sel überhaupt wahrzunehmen.

Das Schlagwort vom Süd—Nord—Gefälle erfüllt dabei eine wichtige Funktion, weil es ein wirtschaftspolitisches Versagen der stagnierenden Regionen suggeriert - und solange diese Definition die herrschende bleiben kann, werden sich die Städte im "Bürgermeisterwettbewerb" weiterhin gegenseitig Konkurrenz machen. Eine sozialorientierte Schrumpfungspolitik erschiene demgegenüber als "Ausstieg" und Versagen. Solange München und Gelsenkirchen als gleichartige Entwicklungstypen gelten, haben alternative Ansätze keine Chance.

Dieter Läpple

„Süd-Nord-Gefälle"
Metapher für die räumlichen Folgen einer
Transformationsphase:
Auf dem Weg zu einem post-tayloristischen
Entwicklungsmodell?

1. VORBEMERKUNGEN

Die Diskussion über das "Süd-Nord-Gefälle" in der Bundesrepublik Deutschland verweist nicht nur auf eine unterschiedliche Entwicklungsdynamik in
den süddeutschen und norddeutschen Regionen, sondern vor allem auf die
Herausbildung eines neuen Phänomens in der Stadt- und Regionalentwicklung: die Tendenz zu einer Polarisierung des interstädtischen Systems im
Rahmen der nationalen Siedlungsstruktur. In der ökonomischen Expansions-
phase der Nachkriegsentwicklung war die Diskussion räumlicher Disparitäten noch im wesentlichen an dem traditionellen Stadt-Land-Gegensatz
orientiert, wobei als einzige Modifikation der Raumtyp der sogenannten
"altindustrialisierten Regionen" eingeführt wurde. Die großen Städte
galten als die Zentren ökonomischer und gesellschaftlicher Dynamik, deren
Probleme allenfalls Wachstums- und Randwanderungsprobleme waren.

In ihrer Studie über städtische Entwicklungsprozesse in Europa verweisen
Van den Berg et al. darauf, daß in der Stadt- und Regionalpolitik in den
verschiedenen Ländern Westeuropas die großen städtischen Agglomerationen
gemeinhin mit Prosperität und Expansion identifiziert wurden: "Up till
today it has been assumed that the larger urban areas were the
prosperous regions par exellence, and that any measure aimed at slowing
down their growth would benefit not only the urban regions themselves
but also other regions, for they would be the recipients of the urban
areas' overspill. What was mostly overlooked were basic factors already
at work in the larger agglomerations, factors that would justify their
being listed among the 'potentially depressed' rather than among the
'prosperous' regions." (Van den Berg et al., 1982: XVII)

Noch Mitte der 60er Jahre vertrat der amerikanische Stadtökonom Thompson mit seiner These von der "urban size ratchet" die Auffassung, daß Städte, die eine bestimmte Mindestgröße von 100.000 bis 200.000 Einwohnern erreicht haben, eine autonome ökonomische Wachstumskraft besitzen. Nach der "urban size ratchet"-These garantiert die Bevölkerungskonzentration mit ihrer internen Nachfrage einen ständigen endogenen Wachstumsimpuls, wodurch eine strukturelle Schrumpfung dieser Städte verhindert wird. Angesichts der heute offensichtlichen, direkten Abhängigkeit vor allem der großen städtischen Agglomerationen von weltwirtschaftlichen Entwicklungsprozessen erscheint eine derartige isolierte, nachfrageorientierte Begründung städtischer Entwicklung geradezu naiv. Obwohl der Verfall ehemaliger "boom-towns" wie zum Beispiel Manchester, der ersten großen Industriestadt, die Disraeli 1844 noch "the most wonderful city of modern times" (Jacobs, 1972:88) nannte, eine allgemein bekannte Erfahrung war, erschien in der Nachkriegsperiode ein derartiger Umschlag des städtischen Entwicklungsprozesses wenig wahrscheinlich und war somit auch kein Thema für die Stadtforschung. Erst Anfang der 70er Jahre wurde der Zusammenhang von Expansion und Schrumpfung städtischer Agglomerationen u.a. durch Rust für die amerikanischen Städte thematisiert und systematisch analysiert. Rust, der sich in seiner Untersuchung vor allem auf die Bevölkerungsentwicklung in den Perioden 1960-1970 und 1970-1973 konzentrierte, kam dabei zu dem Ergebnis, daß nahezu alle städtischen Agglomerationen mit Stagnationserscheinungen früher "boom-towns" waren. "The older ones boomed on coal, iron, rail-roads, cotton or beef, the younger ones on petroleum, defense or aerospace. Most were dominated by a single industry in their growth phase, and many by a single firm." (Rust, 1975:8) Ein weiteres Kennzeichen dieser stagnierenden Stadtregionen war nach Rust ihre Größe. Es handelte sich vor allem um mittlere Städte, die dazu noch einen wenig differenzierten Dienstleistungssektor hatten.

Das Phänomen einer ökonomischen Stagnation und Schrumpfung großer städtischer Agglomerationen mit einer differenzierten Industrie- und Dienstleistungsstruktur bei gleichzeitiger Expansion anderer städtischer Agglomerationen wurde erst nach Beginn der ökonomischen Krise der 70er Jahre ebenfalls zunächst in den USA thematisiert. Die dabei gebrauchte Formel von der Polarität zwischen den "sunbelt boomtowns" und den "declining snowbelt cities" (Perry & Watkins, 1978) wurde die entscheidende Inspirationsquelle für die einige Jahre später in der Bundesrepublik beginnende Diskussion über das "Süd-Nord-Gefälle". In der Folge der Weltwirtschaftskrise der 70er und frühen 80er Jahre hat sich in den verschiedenen hochentwickelten kapitalistischen Gesellschaften ein tiefgreifender ökonomischer und sozialer Umstrukturierungsprozeß durchgesetzt, der offensichtlich auch zu neuen Problemen der Stadt- und Regionalentwicklung, wenn nicht gar zu einem Trendbruch der räumlichen Entwicklung der Nachkriegsperiode geführt hat. Vergleichbar mit den Schlagworten vom "Süd-Nord-Gefälle"und der "sunbelt-snowbelt"-Polarität sind auch in anderen Ländern im Zusammenhang mit "Krise" und "ökonomische und technologische Umstrukturierung" Metaphern für die Indikation neuer Probleme und Tendenzen der Stadt- und Regionalentwicklung entstanden.

In den Niederlanden ist unter dem Einfluß der Krise und der seit 1978 sprunghaft gestiegenen Arbeitslosigkeit in den großen Städten an die Stelle der traditionellen Formel von der Polarität zwischen der zentralen städischen Agglomeration, der 'Randstad', und den peripheren Regionen das Schlagwort vom "Verfall der 'Randstad'" getreten, womit die gesamte stadt- und regionalwissenschaftliche Diskussion verändert wurde.

In Frankreich wurde das Schlagwort "Paris et le désert francais" der 60er und 70er Jahre abgelöst von der Metapher "La France à deux vitesses", wobei allerdings die Scheidelinie nicht zwischen Nord- und Südfrankreich zu suchen ist, sondern diagonal von Nordwest (Brest) nach Südost (Nizza) verläuft (vgl. Stoleru, 1982, sowie den Beitrag von Neef in diesem Band).

In Italien, dessen Raumentwicklung seit seiner Gründung durch die Polarität zwischen den Industriestädten des Nordens und dem ländlichen unterentwickelten Mezzogiorno bestimmt war, sind heute in den Städten des Nordens die meisten Arbeitslosen konzentriert. Gleichzeitig entwickelt sich, unter dem Begriff des sogenannten "dritten Italiens", zwischen Bologna und Venedig eine expandierende Industrieregion, die auf einem flexiblen Netz kleiner und mittlerer Firmen mit einer handwerklichen Tradition basiert. Der amerikanische Sozialwissenschaftler Sabel sieht in der industriellen Organisation dieses "dritten Italiens" eine

Geographisches Institut
der Universität Kiel
Neue Universität

mögliche Alternative zu der sich in einer Krise befindenden tayloristischen Massenproduktion der norditalienischen Städte (vgl. Sabel, 1982). Soweit einige Illustrationen zur veränderten räumlichen Entwicklungsdynamik in anderen Ländern, die deutlich machen sollen, daß die dem "Süd-Nord-Gefälle" zugrundeliegenden räumlichen Disparitäten keine Besonderheit der Raumentwicklung der Bundesrepublik sind, obwohl sie in ihrer spezifischen Erscheinung natürlich in starkem Maße durch die historisch gegebenen Raumstrukturen bestimmt werden.

Vor dem Hintergrund der Skizze von Raumentwicklungstendenzen in anderen Ländern erscheint es mir ebenfalls angebracht, darauf zu verweisen, daß die mit dem Schlagwort vom "Süd-Nord-Gefälle" angesprochenen Probleme, insbesondere die Polarisierung städtischer Entwicklungsprozesse, nicht reduzierbar sind auf Branchenstrukturprobleme. So ist auch in verschiedenen empirischen Studien über die Raumentwicklung der Bundesrepublik nachgewiesen worden, daß die Branchenstruktur als solche – mit Ausnahme des Montansektors und des Werftbereiches – eine relativ geringe Bedeutung für die Erklärung regionaler und städtischer Entwicklungsunterschiede hat (siehe u.a. Gräber, Spehl et al., 1986). Viel wichtiger für eine Erklärung räumlicher Disparitäten erscheinen dagegen die funktionale Spezialisierung (Bade, 1984), die Betriebsklassenstruktur, die Kontrollverflechtungen (Gräber, Spehl et al., 1986), das Entwicklungsniveau, die entwicklungsgeschichtliche Tradition (vgl. den Beitrag von Sinz & Strubelt in diesem Band) und die innovative Dynamik der regionalen und städtischen Wirtschaftsstrukturen.

Zur Charakterisierung des Begriffs des "Süd-Nord-Gefälles" und der in den verschiedenen anderen Ländern verwendeten Bezeichnungen der veränderten Raumstrukturentwicklung habe ich bewußt von "Schlagworten" und "Metaphern" gesprochen, da meiner Ansicht nach bisher keine systematischen Analysen und Erklärungen der veränderten räumlichen Entwicklungsprozesse und Disparitäten vorliegen. Außerdem ist es selbst fraglich, ob aufgrund der sich gegenwärtig abzeichnenden Erscheinungsformen bereits eine systematische Erklärung und eine Beurteilung zukünftiger Tendenzen der Stadt- und Raumentwicklung möglich ist, oder ob wir es nicht viel eher noch mit Vorformen eines viel tiefergreifenden Umstrukturierungs-

prozesses zu tun haben, dessen Konturen noch nicht deutlich erkennbar
sind. Die gegenwärtige ökonomische und ökologische Krise des Paradebei-
spiels der "sunbelt boomtowns", des Silicon Valley (siehe u.a. Rügemer,
1985), und die These vom "sunbelt in sunset" (Macdonald, 1984) könnte
man als Argumente für die zweite Möglichkeit interpretieren.

Deutlich ist allerdings, daß wir angesichts der viel komplexer gewordenen
Probleme die traditionellen Analyse- und Erklärungsansätze der Stadt-
und Regionalwissenschaften kritisch überprüfen müssen. Der französische
Stadt- und Regionalwissenschaftler Aydalot schreibt zu diesem Problem:
"With the crisis has come a period of challenge. Theoretical models once
rigorously worked out as to correspond to past realities are now sudden-
ly unable to explain this striking new situation." (Aydalot, 1984:4) Für
die Ausarbeitung einer Erklärung der dem "Süd-Nord-Gefälle" zugrundeliegenden räumlichen Entwicklungsprozesse scheint mir zunächst eine tie-
fere Einsicht in die aktuellen ökonomischen und technologischen
Umstrukturierungsprozesse unserer Gesellschaft eine unabdingbare Voraussetzung zu sein.

Bei einer näheren Betrachtung der aktuellen sozioökonomischen und technologischen Veränderungsprozesse wird deutlich, daß sich gegenwärtig sehr
unterschiedliche Restrukturierungstendenzen abzeichnen. Da sich diese
Restrukturierungstendenzen jedoch gegenseitig überlagern und gleichzeitig
unterschiedliche Auswirkungen zum Beispiel auf die Beschäftigungssituation haben können, werden wir bei ihrer Analyse mit einem schwierigen
methodischen Problem konfrontiert. Denn für ihre empirische Analyse sind
uns, soweit wir auf Datenmaterial der amtlichen Statistik zurückgreifen,
nur aggregierte Daten und Indikatoren verfügbar, die uns keinen direkten
Rückschluß auf die unterschiedliche Dynamik und Wirkungsweise dieser
Prozesse ermöglichen. Vergleichbare Probleme sind mit der Analyse der
Entwicklungsniveaus räumlich-ökonomischer Prozesse verbunden, da wir aus
den zu ihrer Analyse verfügbaren quantitativen Daten und Indikatoren
nicht direkt schließen können, ob sie beispielsweise das Resultat "ex-
tensiver" oder "intensiver" Kapitalentwicklung sind.

Voraussetzung für die Ausarbeitung eines sinnvollen Forschungsansatzes einer quantitativ-empirischen Analyse der dem "Süd-Nord-Gefälle" zugrundeliegenden Prozesse ist demnach zunächst eine qualitative Einsicht in die komplexen Probleme ökonomischer Strukturveränderung. (1) In meinen folgenden Ausführungen will ich mich konzentrieren auf den Versuch einer Konzeptualisierung der gegenwärtigen Restrukturierungsprozesse von Wirtschaft und Gesellschaft konzentrieren und einige Thesen zu deren räumlichen Folgen formulieren.

2. RESTRUKTURIERUNGS- UND INNOVATIONSPROZESSE VON WIRTSCHAFT UND GESELLSCHAFT

Für die Ausarbeitung einer Konzeptualisierung der gegenwärtigen Umstrukturierungsprozesse erscheinen mir die Diskussionen der folgenden drei aktuellen Forschungsschwerpunkte ein fruchtbarer theoretischer Kontext:

- die ökonomische Diskussion über die "lange Wellen" und "Innovationszyklen";

- die Diskussion über die Krise des Taylorismus und des "Fordismus" und die Diskussion über neue "Produktionskonzepte", die sowohl von Sozialwissenschaftlern, als auch von Ingenieuren geführt wird;

- die Diskussion über neue Managementstrategien und Logistik-Konzepte.

2.1 Lange Wellen und Innovationszyklen

Bei der Durchsetzung ökonomischer und gesellschaftlicher Strukturveränderungen und Innovationen nehmen die meist zyklisch verlaufenden Krisenprozesse eine zentrale Rolle ein. Dabei sind mit verschiedenen Krisen auch jeweils unterschiedliche Strukturveränderungen verbunden. Das heißt Strukturveränderungen können, abhängig von der Art der Krise, entweder den Charakter einer mehr quantitativen Strukturverschiebung haben oder aber auch einen Strukturbruch bewirken, also die Herausbildung neuer Strukturelemente und Strukturbeziehungen.

Mit dem traditionellen "business cycle", also dem fünf- bis siebenjährigen Juglar-Zyklus, vollziehen sich hauptsächlich proportionale Verschiebungen zwischen den tradierten ökonomischen Strukturelementen. Es verschiebt sich also beispielsweise das relative Gewicht zwischen den industriellen Branchen und zwischen den verschiedenen Sektoren der Wirtschaft, und innerhalb der Branchen setzen sich z.B. neue technologische Produktionsverfahren durch.

Umstrukturierungen und Innovationen im Bereich der Infrastrukturen vollziehen sich hauptsächlich in längeren Zyklen. Isard hat dafür einen ungefähr 25-jährigen Transport- und Gebäude-Zyklus nachgewiesen (Isard, 1942), der weitgehend mit dem "long swing" von Kuznets (1953) übereinstimmt. Tiefgreifende ökonomische und gesellschaftliche Veränderungen werden dagegen von vielen Wirtschafts- und Sozialwissenschaftlern mit den sogenannten langen Wellen, also den Kondratieff-Zyklen, und den Innovationszyklen von Schumpeter (1961) in Verbindung gebracht.

Die seit Mitte der 70er Jahre anhaltende Krisen- und Stagnationsphase hat zu einer Renaissance der theoretischen Diskussion über die Kondratieff-Wellen und Schumpeters Innovationszyklen geführt (Mensch, 1975; van Duijn, 1979, 1983; Mandel, 1980; Freeman, 1984; Kleinknecht, 1984). In dieser theoretisch und empirisch geführten Diskussion wird insbesondere auf den Zusammenhang von sogenannten Basisinnovationen, der Herausbildung neuer "dominanter" Sektoren und tiefgreifenden strukturellen Veränderungen eingegangen. Dabei herrscht weitgehende Übereinstimmung darüber, daß die Krisen- und Stagnationsphase der 70er und 80er Jahre als eine sogenannte Transformationskrise zu interpretieren ist, die nach Autoren wie Wallerstein (1982) und Altvater (1983) einen strukturellen Bruch des Entwicklungsmodells der Nachkriegszeit markiert.

Diese Transformationskrise gilt als Depressionsphase des 4. Kondratieff-Zyklus. Für den "upswing" des 5. Kondratieff wird in neueren Studien der Zeitraum von ungefähr 1982 bis 1995 angegeben.

Sollte diese These vom Beginn einer neuen langen Welle richtig sein, so würde dies bedeuten, daß wir am Beginn einer tiefgreifenden ökonomischen

und gesellschaftlichen Transformation stehen, in der die Basisinnovationen der Informationstechnologie und der Biotechnologie eine zentrale
Rolle spielen werden. Im Gegensatz zu früheren Innovationszyklen werden
dabei diese Basisinnovationen nicht nur zur Herausbildung neuer "leading
sectors" (Kuznets) führen, sondern auch die bestehenden Bereiche gesellschaftlicher Produktion tiefgreifend verändern.

Durch die Basisinnovationen der Informationstechnologie wird das dem
gegenwärtigen Industrialisierungsprozeß zugrundeliegende Mensch-Maschi-
nen-System grundlegend verändert. Bisher bestanden Mensch-Maschinen-
Systeme im wesentlichen aus einer Kombination von Energie und Werkzeugmaschinen. Durch die neue Informationstechnologie und die damit verbundene
Entwicklung von Maschinenintelligenz und Expertensystemen können die
traditionellen Mensch-Maschinen-Systeme durch die systematische Integration von Informationsmaschinen erweitert werden. Dadurch ist es sowohl
möglich, sich selbst regulierende und kontrollierende Fertigungssysteme
zu realisieren, die sich flexibel an veränderte Bedingungen anpassen
können, als auch bisher noch nicht rationalisierbare Formen von Dienstleistungsarbeit und Kopfarbeit zu apparatisieren und zu industrialisie-
ren. Hirsch spricht in diesem Zusammenhang von einer Tendenz zur "Hyperindustrialisierung": "Dienstleistungsrationalisierung als Ersatz lebendiger Arbeit durch (mikroelektronische) Maschinerie könnte zu der entscheidenden Basis einer Hyperindustrialisierung werden" (Hirsch, 1985:329f).
So undeutlich die Perspektiven einer Industrialisierung von Dienstlei-
stungsfunktionen noch sind, so wahrscheinlich ist es doch, daß mit einer
derartigen Entwicklung den Theorien der postindustriellen Gesellschaft,
die auf der Voraussetzung einer unterdurchschnittlichen Produktivitäts-
entwicklung von Dienstleistungsarbeit aufgebaut sind, die empirische
Basis entzogen wird.

Die Basisinnovationen der Bio-Industrie, die vor allem auf Dechiffrierung
und bewußte Manipulation der Informationsstrukturen von Stoffwechselpro-
zessen gerichtet sind, werden nach Junne (1985) weitreichende Implikationen für die zukünftige Raumentwicklung haben. Junne verweist dabei vor
allem auf die Tendenz zu einer "Dematerialisierung" der Produktion durch
energiesparende Prozesse und Recycling-Technologien, die bessere Verwen-

dung lokaler Ressourcen (u.a. durch "bacterial leaching") und die Entwicklung von Rohstoff-Substituten (Junne, 1985:63ff).

2.2 Krise des Taylorismus und des "Fordismus" und die Herausbildung neuer Produktionskonzepte und flexibler Automatisierung

Wenn im Zusammenhang mit der ökonomischen Krise von einer "Krise des
Fabriksystems" (Spur, 1983) gesprochen wird, so ist damit in erster
Linie eine Krise des mit dem Namen Taylor verbundenen Produktionskonzep-
tes gemeint. Das tayloristische Produktionskonzept baut auf dem Babbage-
Prinzip auf, demzufolge die Durchsetzung einer systematischen Arbeitsteilung die Produktion verbilligt und menschliche Arbeitskraft auf einfache
Weise austauschbar macht. In diesem Produktionskonzept wird menschliche
Arbeit vor allem als möglicher Störfaktor und Schranke der Produktion
gesehen. Es wird darum versucht, menschliche Arbeit so weit wie möglich
durch Maschinen zu ersetzen und die verbleibende kontrollier- und plan-
bar zu machen (siehe u.a. Braverman, 1977). Diese Strategie des Taylorismus im Hinblick auf die menschliche Arbeit ist (oder war) eingebettet in eine Produktionsstrategie der Massenproduktion, wobei versucht
wird, den Profit vor allem durch Massenproduktionsvorteile ("economies
of scale") zu erhöhen oder zu stabilisieren.

Die Verbindung von tayloristischer Arbeitsorganisation und Massenproduktion führt zum sogenannten Fordismus (siehe Aglietta, 1979), dessen wesentliche Kennzeichen die Teilautomatisierung und die Integration der
einzelnen Produktionssegmente in ein relativ starres Maschinensystem
sind. Die Profitabilität derartiger Produktionssysteme hängt damit auch
stark von einer Kontinuität der Produktion und damit letztlich von einer
Kontinuität des Absatzes ab.

Das auf industrieller Massenproduktion und tayloristischer Arbeitsorganisation aufgebaute "fordistische Industrialisierungsmodell" ist deshalb an
zwei wesentliche gesellschaftliche Voraussetzungen gebunden, die sich in
der Folge der Weltwirtschaftskrise der 30er Jahre herausbildeten und sich
in der Nachkriegsperiode in den kapitalistischen Industrieländern allge-

mein durchsetzten:

- ein <u>System staatlicher Globalsteuerung</u> (Keynesianismus) und die Institutionalisierung und Verrechtlichung des Verhältnisses von Lohnarbeit und Kapital, wodurch u.a. die Lohnentwicklung an die Zuwachsraten der Arbeitsproduktivität gekoppelt werden konnte;

- ein der Massenproduktion entsprechender <u>Lebens- und Konsumtionsstil</u> ("mode of consumption"), der vor allem geprägt ist durch: den Massenkonsum von nicht unmittelbar lebensnotwendigen dauerhaften Konsumgütern; die Automobilisierung und Mechanisierung der Haushalte; eine flächenextensive und energieintensive Siedlungsweise, deren wichtigste Elemente der private Wohnungsbesitz und der private Autoverkehr mit den dazu notwendigen Straßenverkehrssystemen sind.

Mit der Weltwirtschaftskrise der 70er und 80er Jahre ist der Fordismus, das Entwicklungsmodell der Nachkriegsperiode, an seine immanenten Grenzen gestoßen. Dadurch sind auch seine drei komplementären "Systemelemente", die tayloristische Massenproduktion, das Massenkonsummodell und das keynesianische Regulierungssystem in eine Krise gekommen und gegenwärtig einem Prozeß der Deregulierung, Flexibilisierung und Neuformierung unterworfen. Heute wird allgemein von einer Krise des Taylorismus als Produktionskonzept (siehe u.a. Kern & Schumann, 1984), der Massenproduktion als Produktionsstrategie (Piore & Sabel, 1984) und des Fordismus als Form gesellschaftlicher Regulation (Hirsch, 1985) gesprochen.

Als eine der wesentlichen Ursachen für die Krise des tayloristischen Produktionskonzepts wird in der Regel auf die ab Mitte der 60er Jahre wieder verstärkt auftretende Zyklizität der ökonomischen Entwicklung und die daran anschließende Stagnationsphase verwiesen. Durch das Prinzip der starren Automation sind derartige Produktionssysteme äußerst empfindlich gegenüber Kapazitätsschwankungen, da die hohen Fixkosten nur eine geringe Anpassung der laufenden Kosten an Absatzschwankungen ermöglichen.

Die Mitte der 60er Jahre einsetzende <u>Tendenz der De-Industrialisierung</u>

kann als erste Reaktionsform auf die Widersprüche des tayloristischen Produktionskonzepts und des Fordismus interpretiert werden. Dabei wurden die Probleme des Taylorismus gewissermaßen mit den Mitteln des Taylorismus bekämpft. Das Prinzip der Fragmentation und Aufteilung von Funktionen und Tätigkeiten wurde nun auch verstärkt auf den gesamten Betrieb angewendet. Es wurden sowohl Teile der Produktion als auch tertiäre Funktionen aus dem Gesamtzusammenhang des Unternehmens herausgelöst und an geographisch unterschiedlichen Standorten angesiedelt. Diese funktionale Fragmentation und räumliche Relokation, wodurch zugleich die sektorale räumliche Arbeitsteilung in eine funktionale räumliche Spezialisierung transformiert wurde (siehe u.a. Bade, 1984), erfolgte vor allem unter der Perspektive der weiteren Reduzierung der Stücklohnkosten.

Die auf der Basis der tayloristischen Arbeitsorganisation standardisierbaren Produktionsfunktionen wurden unter Anwendung des Babbage-Prinzips in einem "filtering-down"-Prozeß zur Peripherie verlagert; zuerst in periphere Regionen innerhalb des Landes, dann "South of the border" und schliesslich in die Länder der Dritten Welt (siehe Läpple, 1985). Die tertiären Funktionen wurden dagegen in der Form von Entscheidungs- und Verwaltungszentren in den städtischen Agglomerationen der Zentrum-Länder zusammengefaßt.

Das sogenannten "worldwide sourcing" wurde in dieser Phase der verstärkten Internationalisierung der Produktion zur vorherrschenden Managementstrategie. Es bezeichnet eine transnationale Produktionsorganisation, wobei auf der Basis des Babbage-Prinzips traditionelle Produktionszusammenhänge so fragmentiert und mondial relokalisiert werden, daß die in den verschiedenen Ländern vorherrschenden Produktionsbedingungen und gesellschaftlichen Verhältnisse im Sinne einer multinationalen Profitstrategie optimal ausgebeutet werden können (siehe Fröbel et al., 1977).

Das Resultat dieser Entwicklung war eine starke Verschiebung der Beschäftigten vom sekundären zum tertiären Sektor und zugleich der Abbau und teilweise das Verschwinden ganzer Branchen in den entwickelten Industrieländern. Solange die freigesetzten Arbeitskräfte in dem noch expandierenden tertiären Sektor absorbiert wurden, schienen diese Strukturveränderungen unproblematisch; mit der Anfang der 70er Jahre beginnenden ökonomischen Stagnationsphase zeigte sich jedoch der Zusammenhang zwischen De-Industrialisierung und Arbeitslosigkeit. In der Stadt- und Regionaldiskussion wurden diese mit der De-Industrialisierung verbundenen Prozesse - unter Ausblendung der internationalen Zusammenhänge - oft als Tendenz zum Ausgleich der Entwicklungsunterschiede zwischen städtischen und ländlichen Regionen und zur Herausbildung einer "nach-industriellen" Gesellschaft mißinterpretiert.

Ehe ich weiter auf die räumlichen Konsequenzen des bis heute anhaltenden De-Industrialisierungsprozesses eingehe, zunächst noch einige Ausführungen zur Diskussion über neue Produktionskonzepte und flexible Fertigungssysteme. Kann die De-Industrialisierung als Resultat des Versuchs, die Probleme des tayloristischen Produktionssystems mit den Mitteln des Taylorismus zu bekämpfen, interpretiert werden, so geht es bei den neuen Produktionskonzepten um die Entwicklung eines post-tayloristischen Industrialisierungstyps.

Die neuen Produktionskonzepte sind nach Kern & Schumann (1984) das Resultat eines grundlegend erweiterten Rationalisierungswissens, das nach Ansicht dieser beiden Autoren erst in den 80er und 90er Jahren voll angewendet wird. Charakteristisch für die neue Qualität dieser Produktionskonzepte sind vor allem zwei Momente:

a) die Flexibilisierung des Produktionsprozesses und die Integration des gesamtbetrieblichen Geschehens durch den Einsatz neuer Informationstechnologie (CAD/CAP/CAM/CIM-Systeme (siehe auch Spur, 1983));

b) einen grundlegenden Wandel in der Nutzung der verbleibenden lebendigen Arbeit; Kern & Schumann sprechen in diesem Zusammenhang auch von einem "arbeitspolitischen Paradigmenwechsel in den Betrieben" (1984:24).

Parallel zu der mehr industriesoziologischen Forschung über neue Produktionskonzepte entwickelte sich eine ingenieur- und arbeitswissenschaftliche Diskussion über flexible bzw. programmierbare Fertigungssysteme (Spur, 1983; Bilderbeek et al., 1985; Miller, 1983). Unter derar-

tigen Fertigungssystemen versteht man die Integration von rechnergesteu-
erten Bearbeitungsmaschinen, Industrierobotern, automatischen Förderungs-
und Transportsystemen und Prozeß-Steuerungssystemen. Das traditionelle
Fertigungssystem, das aus einer "starren" Kombination von Kraft- und
Werkzeugmaschinen besteht, wird auf der Basis der systematischen Einbeziehung der Informationsmaschine zu einem flexibel programmierbaren und
selbst regulierenden Maschinensystem.

Außer der flexiblen Anpassung der Produktion an veränderte Marktverhält-
nisse (und zwar sowohl in Quantität als auch in Qualität) ermöglichen
flexible Fertigungssysteme vor allem die Automatisierung von Klein- und
Mittelserienfertigung. Spur verweist außerdem noch auf die Möglichkeit
eines Modells von dezentralen Produktionssystemen mit unterschiedlichem
Dezentralisierungsumfang (Spur, 1983:21).

Der entscheidende ökonomische Vorteil flexibler Fertigungssysteme liegt
in den "economies of scope". An die Stelle der Massenproduktionsvorteile
("economies of scale") tritt der Vorteil des flexiblen Einsatzes derartiger Fertigungssysteme für die Produktion unterschiedlicher Produkte.
Über den Umweg des flexiblen Einsatzes von Fertigungssystemen und der
damit verbundenen "economies of scope" können allerdings auch wieder
Massenproduktionsstrategien erfolgreich angewendet werden, wenn dies der
Markt zuläßt.

Im Hinblick auf die Realisierung und den praktischen Einsatz derartiger
Fertigungssysteme muß allerdings einschränkend gesagt werden, daß bisher
nur hybride Vorformen zu finden sind. In den nächsten Jahren geht es also
nicht um die Einführung der unbemannten Fabrik, sondern um die moduläre
und hybride Einführung rechnerunterstützter Fertigungssysteme, wobei
Arbeitskräften mit einer hohen Fachqualifikation (die also nicht durch
eine tayloristische Arbeitsorganisation ausgehöhlt oder zerstört ist)
eine zentrale, strategische Rolle zukommen wird.

2.3 Neue Managementstrategien und Unternehmenskonzepte

Die einflußreichsten Ansätze für eine Neuorientierung von Managementstrategien und Unternehmenskonzepten auf die Möglichkeiten und Erfordernisse
neuer Produktionstechnologien kamen in den letzten Jahren aus Japan.
Zentrale Aspekte sind dabei Flexibilisierung, Mobilisierung, Qualitäts-
kontrolle und De-Regulierung verrechtlichter Arbeitsbeziehungen und des
Systems kollektiver Arbeitsverträge.

Bei der aktuellen industriellen Reorganisation spielen vor allem die
japanischen Managementstrategien "just-in-time" (JIT)-production, "zero-
stock-principle" und "total-quality-control" (TQC) (Schonberger, 1982)
eine zentrale Rolle. Inzwischen gibt es eine ganze Reihe europäischer
Betriebe, die diese Strategien mit Erfolg anwenden. Der strategische
Ansatzpunkt für eine Rationalisierung der Produktion sind nicht mehr die
Stücklohnkosten – wie dies z.B. bei der "amerikanischen" Strategie des
"worldwide-sourcing" der Fall ist –, sondern die maximale Reduktion der
sogenannten toten Kosten und eine Reduktion des fixierten Kapitals.

Sehr weitgehende Konsequenzen hat die Anwendung der "just-in-time"-Stra-
tegie. Bei dieser Produktionsstrategie wird nicht nur eine zeitliche
Synchronisierung der verschiedenen Produktionsphasen und damit verbunden
eine Überwindung der Zwischenlagerung angestrebt, sondern auch eine direkte Kopplung des Material- und Produktionsflusses an die Erfordernisse
des Marktes. Diese Strategie ist deutlich darauf ausgerichtet, daß sich
der Markt von einem "sellers market" in einen "buyers market" verändert
hat. Das mit der "just-in-time"-Strategie verbundene Prinzip des "zero-
stock" verstärkt bei den Unternehmen den Versuch, auch eine "zero-
strike"-Situation durchzusetzen (Siehe die geplante Änderung des §116 des
Arbeitsförderungsgesetzes, die als ein Versuch der Untergrabung gewerk-
schaftlicher Interessenvertretung und einer Deregulierung der verrecht-
lichten Arbeitsverhältnisse gesehen werden muß).

Für die Stadt- und Regionalentwicklung sind diese neuen Produktionsstra-
tegien besonders bedeutsam, da sie auf eine räumliche (Re-) Konzentration
von Produktionszusammenhängen in der Form sogenannter Produktions-Cluster

ausgerichtet sind und somit die in den 60er und 70er Jahren befolgte Strategie einer räumlichen Dezentralisierung von Produktionsfunktionen, bzw. von sogenannten operativen Funktionen prinzipiell in Frage stellen.

Bei der Herausbildung derartiger räumlich integrierter Produktions-Cluster spielt die Beziehung zwischen sogenannten Kernbetrieben und von ihnen abhängigen Zulieferungsbetrieben eine zentrale Rolle. Die letzteren werden meist in der Form eines "sub-contracting"-Systems auf den Produktionsrhythmus und die Qualitätserfordernisse des Kernbetriebes ausgerichtet. Sie werden also vertraglich verpflichtet, die Auslieferung von Zwischenprodukten möglichst produktionssynchron und entsprechend dem Qualitätsstandard des Kernbetriebes durchzuführen.

Durch ein derartiges System eines hierarchisch organisierten und räumlich konzentrierten Produktions-Clusters kann der Kernbetrieb das ökonomische Risiko der Produktion und einen Teil der toten Kosten auf die abhängigen Zulieferungsbetriebe abwälzen. Die "physische" Verbindung zwischen Kern- und Zulieferungsbetrieben erfolgt dabei vorzugsweise über ein sogenanntes "trucking-system", dem die Funktion eines rollenden Zwischenlagers zukommt (siehe Vreeman, 1984). Diese Form der Flexibilisierung der Produktion kann – im Unterschied zur "internen Flexibilität" flexibler Fertigungssysteme – als "externe Flexibilität" bezeichnet werden.

Beim Logistik-Konzept ist die Optimierung des Umschlags des Gesamtkapitals eines Unternehmens von zentraler Bedeutung. Über die Beherrschung von Informationsströmen wird eine optimale Integration von Produktion, Lagerhaltung, Zirkulation und Verkauf angestrebt (siehe Tixier et al., 1983). Nach Olle (1986:312) "enthält die 'neue' Logistik, die in die deutschen Industrieunternehmen Einzug zu halten beginnt, einen ganzheitlichen Rationalisierungsansatz, der erst durch die modernen Informationstechnologien möglich wurde und der sich a priori auf eine Gesamtoptimierung der kompletten logistischen Kette vom Zulieferer über Rohmateriallager, Fertigung, Teilelager, Montage, Fertigwarenlager, Warenverteilung bis hin zum Abnehmer erstreckt, d.h. auf den gesamten zwischen- und innerbetrieblichen Materialfluß."

Die zentrale Bedeutung dieses Konzeptes liegt in einer Umkehrung des Verhältnisses von Produktion und Markt. Steht in traditionellen Unternehmenskonzepten der Produktionsprozeß an erster Stelle, so ist das Logistik-Konzept völlig auf den Markt ausgerichtet. Es wird dabei versucht, ausgehend von den Informationen des Marktes eine optimale Integration von interner und externer Organisation des Unternehmens zu erreichen. Im Hinblick auf die räumlichen Konsequenzen kann festgestellt werden, daß die konsequente Anwendung einer Logistik-Strategie vom Zugang zu hochwertigen Infrastruktur-Netzwerken abhängig ist, die eine Integration von regionalen, nationalen und internationalen Informations- und Materialströmen ermöglichen.

3. DIE PROZESSE DER DE-, RE- UND NEO-INDUSTRIALISIERUNG

Vor dem Hintergrund der obigen Ausführungen lassen sich im Hinblick auf die gegenwärtige Restrukturierung von Wirtschaft und Gesellschaft im Prinzip drei unterschiedliche Industrialisierungs-Typen unterscheiden:

De-, Re- und Neo-Industrialisierung.

Den Typ der De-Industrialisierung habe ich bereits charakterisiert und seinen Entstehungszusammenhang mit der Krise des Taylorismus und Fordismus aufgezeigt. Der Prozeß der De-Industrialisierung hat demnach bereits Mitte der 60er Jahre begonnen. Er hatte seinen Höhepunkt ungefähr in der Periode von 1975 bis 1981 und setzt sich auch heute noch weiter durch. Die meisten vorliegenden Studien zu räumlichen Strukturveränderungen konzentrieren (bzw. beschränken) sich auf die Auswirkungen dieses Prozesses (Bade, 1984; Bluesone & Harrison, 1982; Massey & Meegan, 1982).

Der Prozeß der Re-Industrialisierung begann als Reaktion von Politik und Wirtschaft auf die fatalen Auswirkungen der De-Industrialisierung auf die entwickelten Industriegesellschaften. Er ist Ausdruck der Wiederbesinnung auf die produktive Basis der nationalen Ökonomien: die industrielle Produktion. Die Politik der Re-Industrialisierung vermischt sich mit korporativistischen Forderungen zur Erhaltung traditioneller Sektoren der Industrie und Versuche der Deformalisierung und Flexibilisierung der Arbeitsverhältnisse. Rothwell & Zegveld (1985) charakterisieren diesen Industrialisierungstyp als "industrial regeneration" von "end-of-cycle" Industrien. Zentrales Kennzeichen dieses Industrialisierungsprozesses ist die Strategie einer "externen" Flexibilisierung. Dabei werden zwar moderne Produktionstechnologien, wie z.B. Roboter, eingesetzt; diese haben aber den Charakter von "stand-alone"-Technologien. Das tayloristische Produktionskonzept wird bei diesem Industrialisierungstyp nicht überwunden. Re-Industrialisierungsprozesse sind vielfach verbunden mit der Reduktion der Produktionstiefe von Stammbetrieben in Verbindung mit einer verstärkten Auslagerung von Produktionsfunktionen zu kleinen oder mittleren Betrieben. Im Gegensatz zum De-Industrialisierungsprozeß, wo die Auslagerung vor allem in der Form einer "splitting-up"-Strategie erfolgt, also vor allem über die Gründung von firmeneigenen Zweigbetrieben, erfolgt hier die Auslagerung in der Form des "putting-out", d.h. der Verlagerung von Teilen der Produktion zu selbständigen, vielfach kontraktgebundenen Kleinbetrieben. Diese "putting-out"-Strategie erklärt nicht nur den überproportionalen Anteil von Kleinbetrieben an der Schaffung neuer Arbeitsplätze, sondern auch die bewußte Förderung der Gründung von Kleinbetrieben durch große Konzerne (vgl. die Diskussion über "local enterprise agencies" und "local enterprise trusts" bei Boekema & Verhoef, 1983).

Den Typ der Neo-Industrialisierung grenzen Kern & Schumann (1984:24) wie folgt gegenüber der Re-Industrialisierung ab: Neo-Industrialisierung ist der Ausdruck einer "an die Substanz gehenden Neufassung des Begriffs kapitalistischer Rationalisierung. Der Prozeß, den wir damit benennen wollen, meint nicht Restitution von Bekanntem, sondern Eindringen in Neuland - neue Produktionskonzepte auch und gerade durch einen anderen Umgang mit der lebendigen Arbeit." Ich schließe mich dieser Charakterisierung weitgehend an; im Gegensatz zu Kern & Schumann will ich jedoch noch die Notwendigkeit einer Einbettung der neuen Produktionskonzepte in ein neues Unternehmenskonzept entsprechend dem Logistik-Konzept betonen.

Die entwickelteste zukünftige Form der Neo-Industrialisierung kann auch als "on-line-production" oder "Echtzeit"-Produktion charakterisiert wer-

den, die direkt an die Marktinformationen gekoppelt ist. Neo-Industrialisierung ist also das Resultat einer Kombination von Prozeß-, Produkt- und
Organisationsinnovationen, die wiederum tiefgreifende soziale Innovationen zur Voraussetzung haben. Wie ich bereits im Hinblick auf die flexiblen Fertigungssysteme – den technologischen Kern der Neo-Industrialisierung – betont habe, ist dieser Industrialisierungstyp bisher nur in
hybriden und modulären Formen entwickelt.

Eine weitere Anmerkung erscheint mir in diesem Zusammenhang noch angebracht. Durch die gedrängte Darstellung der neuen technologischen Entwicklungen und der damit verbundenen Managementstrategien könnte der
Eindruck entstehen, als seien die zukünftigen Entwicklungen weitgehend
determiniert durch die "technologischen Trajekte" (Nelson & Winter, 1977)
der neuen Basisinnovationen und der darauf ausgerichteten Unternehmens-
strategien. Es wäre in diesem Zusammenhang sicherlich treffender, von
"technologischen Korridoren" zu sprechen, innerhalb deren durchaus flexibler Bandbreite eine ganze Reihe alternativer Anwendungen möglich sind.
Die Realisierung der jeweiligen Alternativen hängt jedoch von den gesellschaftlichen Kräfteverhältnissen, den konkreten Einflußmöglichkeiten und
wohl auch von der innovativen Kraft einer sozialorientierten, alternativen Technologie-, Wirtschafts- und Raumpolitik ab.

4. THESEN ZUR RÄUMLICHEN DURCHSETZUNG DER GEGENWÄRTIGEN
   RESTRUKTURIERUNGSTENDENZEN

Die gegenwärtigen Umstrukturierungsprozesse werden nicht nur die räumlichen Disparitäten zwischen den verschiedenen siedlungsstrukturellen Raumtypen weiter verstärken, sondern vor allem auch die Unterschiede in den
Arbeits- und Lebensverhältnissen zwischen und innerhalb der städtischen
Agglomerationen vergrößern.

Durch die verstärkte internationale Konkurrenz werden sich die Widersprüche zwischen der Logik industrieller Entwicklungsprozesse, den räumlichen Wohn- und Lebensverhältnissen und tradierten regionalen Wirtschaftsstrukturen weiter verstärken. Die historisch gewachsenen territorialen

Strukturen kollidieren dabei mit der funktionalen und sektoralen Umstrukturierungsdynamik des Weltmarktes. Dabei wird sich eine Hierarchisierung und Fragmentierung der bisher noch relativ ausgeglichenen städtischen und regionalen Strukturen ergeben.

Im Hinblick auf die räumliche Entwicklung der industriellen Produktion muß zunächst die Tendenz zur Herausbildung neuer, räumlich integrierter Produktions-Cluster betont werden. Dabei werden sich nicht nur die räumlichen Kontrollstrukturen grundsätzlich verändern, sondern wahrscheinlich auch sehr heterogene Arbeitsverhältnisse herausbilden. Die Stammbelegschaft der Kernbetriebe wird dabei an der Spitze eines hierarchisch aufgebauten Produktionskonglomerats stehen, das durch unterschiedliche Arbeitsbedingungen und Entlohnungen gekennzeichnet sein wird und sich bis in den deformalisierten Bereich der neuen Heimarbeit erstrecken kann.

Die wohl wichtigste Frage im Hinblick auf das Problem des Süd-Nord-Gefälles ist die Frage nach den räumlich selektiven Durchsetzungsprozessen der Vorformen neo-industrieller Entwicklung. Eine interessante Position nimmt dazu Peter Hall in seinem Artikel "The geography of the Fifth Kondratieff" mit seiner Metapher von dem "Upas tree" (Hall, 1985:4) ein. Der Upas-Baum hat ein weit ausgebreitetes, dichtes Laubwerk, so daß in seinem Schatten jede Vegetation eingeht. In Halls Metapher steht der Upas-Baum für die dominante Branche, die die Wirtschaftsstruktur einer Region oder Stadt bestimmt und die nach Ablauf der Boomphase mit ihrem ökonomischen Verfall weiterhin diese Stadt oder Region dominiert. Die Monostruktur hat alle alternativen Ansätze unterdrückt und wirkt auch nach ihrem Verfall - oder vielleicht gerade wegen ihres Verfalls - abschreckend gegenüber der Ansiedlung neuer, dynamischer Betriebe. Dieser "Upas-Baum-Effekt" mag eventuell für Montanindustrieregionen eine gewisse Plausibilität haben; für eine Erklärung der dem Süd-Nord-Gefälle zugrundeliegenden Prozesse erscheint er mir jedoch zu simpel.

Eine differenziertere Position nehmen dagegen Piore & Sabel (1984) ein: Sie gehen nicht von einem Branchenansatz aus, sondern von einer kritischen Analyse der Krise tayloristischer Massenproduktion. Neue industrielle Dynamik und die Herausbildung post-tayloristischer Produktionsstrukturen muß ihrer Ansicht nach dort gesucht werden, wo sich noch handwerkliche Qualifikations- und Produktionsstrukturen zumindest teilweise erhalten haben. In derartigen Regionen findet man nicht nur die qualifizierten Arbeitskräfte, die "ganzheitlichere Arbeitsfunktionen" (Kern & Schumann, 1984) ausführen und technologische Innovationen (wie zum Beispiel die Werkstattprogrammierung von CNC-Maschinen) weiterentwickeln können, sondern derartige Regionen bieten auch das notwendig differenzierte und flexible Produktionsmilieu zur Entwicklung technologischer Innovationen und neuer Organisationsformen der Produktion.

Hier muß meiner Ansicht nach auch der Kern für eine Erklärung des Süd-Nord-Gefälles gesucht werden. Die hybriden und modulären Zwischenformen der Neo-Industrialisierung entwickeln sich in Industrieregionen mit Rudimenten handwerklicher Tradition und einer auch größenmäßig differenzierten Produktionsstruktur sehr viel besser und innovativer als in Industrieregionen, die durchdrungen sind von der tayloristischen Massenproduktion, die man vielleicht den "Upas-Baum" des Süd-Nord-Gefälles nennen könnte.

ANMERKUNG

(1) Ein Teil der folgenden Überlegungen stützt sich auf die Zwischenresultate eines Forschungsprojekts über räumliche Folgen ökonomischer Strukturveränderungen, das unter meiner Leitung am Forschungszentrum R.O.V der Reichsuniversität Leiden durchgeführt wird.

Jürgen Friedrichs

Komponenten der ökonomischen Entwicklung von Großstädten 1970 – 1984
Ergebnisse einer Shift-Share-Analyse

1. PROBLEM

Der ökonomische Wandel von einer güterproduzierenden zu einer Dienstlei-
stungs- und speziell informationsverarbeitenden Gesellschaft wirkt sich
ungleich auf die Großstädte aus. Die damit verbundenen Veränderungen in
der ökonomischen Struktur der Städte lassen sich in einen strukturellen
und einen dynamischen Aspekt zerlegen. Der erstere bezeichnet die ökonomische Struktur einer Stadt, u.a. die Art der Industrien, den Branchenmix, die Verteilung der Beschäftigten nach Branchen. Hierbei ist die
Frage, inwieweit eine Großstadt zahlreiche Unternehmen jener Branchen
aufweist, die sich als niedergehende kennzeichnen lassen. Der Wandel der
Stadt – "Schrumpfen oder Wachsen?", wie Häußermann & Siebel in ihrem
Beitrag fragen – wäre unter dieser Bedingung nur eine Folge ihrer jeweils
vorhandenen Branchenstruktur. So wäre die Stadt "das Opfer" einer nieder-
gehenden Werft-, Stahl- oder Bergbauindustrie, weil sich die Nachfrage
verringert hat oder die Produktion aufgrund der Lohnkosten in Länder der
Dritten Welt verlagert wurde.

Der zweite Aspekt bezieht sich auf die Maßnahmen und Programme der Städte, um diese Entwicklung zu beeinflussen, sei es durch das Halten bestehender oder das Anwerben neuer Betriebe. Hierzu gehören Subventionen
(auch solche des Bundes), steuerliche Vergünstigungen, Beratungszentren
etc. Es sind also Programme, um die Entwicklungschancen einer Stadt zu
erhöhen. Es könnte demnach gegenwärtig (noch) kein Süd–Nord–Gefälle bestehen, sich aber abzeichnen.

Die Frage lautet daher, ob es unterschiedliche Entwicklungstypen unter
den Großstädten gibt (vgl. die Beiträge von Friedrichs, Häußermann &
Siebel, sowie Häußermann & Siebel in diesem Band).

2. METHODE UND DATEN

Um die Annahmen zu überpüfen, wurden acht Städte in der Bundesrepublik ausgewählt. Sie repräsentieren eine geographische Süd-Nord-Verteilung. Wichtiger ist, daß sie hinsichtlich der Branchenstruktur, der Beschäftigtenentwicklung, des Ausländeranteils und der Arbeitslosenquoten variieren, wie die Daten in Tab. 1 zeigen.

Tabelle 1: <u>Merkmale der ausgewählten acht Großstädte</u>

Stadt	% Besch. Verarb.Gew. 1984	Verändg. Beschäft. 1970-84	% Ausländer 1984	Arbeitslosenquote* 1984	Sozialhilfeausgaben pro Einw. DM 1983**
Bremen	29,2	-33,7	6,4	11,6	265
Hamburg	21,4	-40,0	9,6	10,0	177
Düsseldorf	27,4	-36,0	12,8	7,7	185
Duisburg	42,0	-36,2	11,6	14,3	177
Frankfurt	25,3	-42,4	21,4	4,1	187
Saarbrücken	25,2	-32,7	7,2	11,0	k.A.
Stuttgart	35,1	-30,4	17,6	4,0	92
München	28,5	-25,7	16,0	5,3	72
67 Großstädte	31,3	-33,1	10,2	8,9	162
BRD	38,5	-20,1	7,1	9,7	90

* Berechnet wurde die Vergleichsquote (vgl. Koller, 1984).

** Hilfe zum laufenden Lebensunterhalt.

<u>Quellen</u>: Stat. Jahrb. Deutscher Gemeinden, div. Jahrg.; ANBA, div.

       Jahrg.; Sonderauswertungen der Bundesanstalt für Arbeit

Die Rangfolge der acht hier untersuchten Großstädte nach dem Anteil der
Beschäftigten im sekundären Sektor verändert sich zwischen 1970-80 und
1980-84 praktisch nicht, die Reihenfolge bleibt: Duisburg, Stuttgart,
Bremen, München, Düsseldorf, Frankfurt, Saarbrücken, Hamburg. Wie sich
weiter erkennen läßt, besteht keine Kovariation mit den sonst in der
Diskussion über das Süd-Nord-Gefälle meist verwendeten beiden Indikatoren, der Arbeitslosenquote und den Ausgaben für Sozialhilfe pro Einwohner. Dies bestätigt ein Befund einer früheren Studie, in der für alle 67
Großstädte 1980 die Korrelation zwischen dem Anteil der Beschäftigten im
sekundären Sektor und der Arbeitslosenquote r= -.18 betrug (Friedrichs,
1985c).

Die acht Städte werden jeweils mit den 67 Großstädten (Städte mit mindestens 100.000 Einw. am 1.1.1980) und der BRD verglichen. Die Daten beziehen sich nur auf sozialversicherungspflichtig Beschäftigte. Verglichen
werden die Entwicklungen 1970-80 und 1980-84. (1) Die Periode 1979-80 ist
keineswegs durch eine gleichförmige wirtschaftliche Entwicklung gekennzeichnet. Erhebliche Einflüsse hatten die Ölkrise 1973/74 und eine ver-
ringerte Investitionstätigkeit im Bergbau und Teilen des Verarbeitenden
Gewerbes (vgl. Heuer, 1985:38f). Dennoch läßt sich anhand des Indikators
"Arbeitslosenquote" diese Periode zusammenfassen und der Periode 1980-84
gegenüberstellen - ungeachtet der Einflüsse veränderter Erwerbsquoten auf
die Arbeitslosigkeit.

Bei den nachfolgenden Analysen werden die einzelnen Wirtschaftsabteilungen mit ihren Kurzformen aufgeführt. Bei den Interpretationen der Ergebnisse ist demnach zu berücksichtigen, daß z.B. "Bergbau" auch "Energie
einschließt, "Handel" den Groß- und Einzelhandel, "Verkehr" auch die
Nachrichtenübermittlung (also u.a. Bahn und Post), "Recht" auch Architekten, Ingenieure, Werbung.

Um die regionalen Entwicklungsunterschiede zu untersuchen, wurde das
regionalökonomische Verfahren der Shift-Share-Analyse angewendet. Dabei
wird die Gesamtveränderung der Beschäftigten auf der Ebene von Großstädten oder Regionen mit den Veränderungen in einem größeren Aggregat, der
Nation (dem Strukturwandel), verglichen (Dunn, 1980; Jackson et al.,

1981; Klemmer, 1973; Müller, 1983). Die nachfolgende Darstellung orientiert sich an Dunn; es wurde auch seine Version der Berechnung der Struktur- und Standortkomponente von Esteban-Marquillas (1972) übernommen (Dunn, 1980:188ff).

Die Veränderung in der Zahl der Beschäftigten G zwischen zwei Zeitpunkten in der Wirtschaftsabteilung (Branche) i und der Region (Stadt) j lässt sich in drei Komponenten oder "Effekte" zerlegen:

$$Gij = Nij + Kij + Rij.$$

Hierbei bezeichnen:

Nij = normalisierter nationaler Wachstumseffekt, d.h. die Veränderung der Beschäftigtenzahl in einer Stadt, die zu erwarten wäre, hätte die Stadt j sowohl die gleiche Branchenstruktur als auch die gleiche Wachstumsrate wie die Nation (normiert auf das Ausgangsjahr).

Kij = Share-Komponente oder Struktureffekt, der auf die Branchenstruktur in der Stadt j zurückzuführen ist. Die Veränderung der Beschäftigtenzahl in einer Stadt und Branche wird durch die Differenz von Branchenanteil im Ausgangsjahr und dem nationalen Anteil der Branchen an den Beschäftigten insgesamt normiert. Demnach bezeichen positive Werte entweder einen überproportionalen Anteil wachsender oder einen unterproportionalen Anteil schrumpfender Branchen in einer Stadt.

Rij = Shift-Komponenente oder Standorteffekt mißt die Differenz zwischen dem Wachstum der einzelnen Branchen in der Stadt im Vergleich zum Wachstum in der Nation. Positive Werte bezeichnen eine relative Zunahme einer wachsenden Branche in der Stadt j, die auf die Wettbewerbsfähigkeit der Stadt zurückgeht. Der Standorteffekt ist im Grunde eine Residualgröße und läßt sich daher unterschiedlich interpretieren, z.B. als Steuervorteile, Investitionsklima, Ansiedlungspolitik.

Die Summe von Struktur- und Standorteffekt wird als Gesamteffekt bezeichnet: Dij = Kij + Rij.

3. ERGEBNISSE

3.1 Die Entwicklung 1970 bis 1984

Die ökonomische Transformation der Gesellschaft von der Güterproduktion
zu Dienstleistungen und Informationsverarbeitung ist mit beträchtlichen
Verlusten von Arbeitsplätzen verbunden, insbesondere 1980-84. Insgesamt
verlor in der BRD 1970-84 das Verarbeitenden Gewerbe 1.945.468 Beschäftigte. Diese Verluste konnten nur teilweise durch Gewinne in den Dienstleistungen kompensiert werden.

Diese Transformation traf die Großstädte - insbesondere jene mit mehr als
500.000 Einwohnern - sowohl 1970-80 als auch 1980-84 stärker als die
Nation. Hatten die 67 Großstädte 1970 noch 49,4 % der damals rd. 20,336
Mio sozialversicherungspflichtig Beschäftigten, so waren es 1984 nur noch
44,7 % der 20,040 Mio Beschäftigten. Insbesondere im Produzierenden
Gewerbe gingen 1970-84 in den Großstädten 33,1 % der Arbeitsplätze verloren, in der BRD insgesamt nur 20,1 % (rd. 1,9 Mio).

In beiden Perioden verloren außer dem Verarbeitenden Gewerbe auch noch
das Baugewerbe und den Handel. In drei weiteren Wirtschaftsabteilungen
nahm die Zahl der Beschäftigten 1970 bis 80 noch zu: Banken/Versicherun-
gen (59,4%), Gebietskörperschaften (12,6 %) und Verkehr (4,9%), in der
folgenden Periode 1980-84 jedoch ab. Die beträchtlichen Zuwächse in den
Dienstleistungen zwischen 1970-80 - vor allem im Gesundheitswesen, den
Gaststätten/Hotels, Kunst/Wissenschaft und Rechtswesen - reichten zumindest, um nicht zu einer hohen Arbeitslosenquote zu führen. Das ändert
sich in den folgenden Jahren: Nun sind die Zuwächse in den Dienstlei-
stungen sehr viel geringer, die Verluste im Verarbeitenden Gewerbe, dem
Baugewerbe und dem Handel setzen sich fort, und zusätzlich verlieren
Verkehr und Banken/Versicherungen Arbeitsplätze. Entsprechend sind die
Nettoverluste an Arbeitsplätzen in den 67 Großstädten mit rd. 530.000
Beschäftigten in der kurzen Periode 1980-84 ebenso hoch wie im gesamten
Zeitraum 1970-80.

Während in der BRD 1970-80 die Zahl der Beschäftigten um 3,0% zunahm,

Tabelle 2: Veränderungen der Beschäftigten in ausgewählten Großstädten, nach Wirtschaftsabteilungen, 1970-1980, in Prozent

Wirtschafts-abteilung	Bre-men	Ham-burg	Düs-seld.	Duis-burg	Frank-furt	Saar-brück	Stutt-gart	Mün-chen	67 Groß.	BRD
Landwirtschaft	193,1	45,5	106,2	57,1	42,5	32,7	37,0	156,7	-62,4	261,8
Bergbau, Energie	1,4	24,4	28,8	151,1	-13,7	25,0	-5,6	11,0	0,1	-3,3
Verarb. Gewerbe	-23,9	-30,8	-29,7	-22,7	-22,6	-34,5	-24,1	-16,4	-23,6	-10,7
Baugewerbe	-28,9	-22,4	-32,7	-33,5	-26,7	-46,0	-26,4	-26,1	-25,2	-11,3
Handel	4,5	-5,3	-9,1	-20,8	-13,4	-37,4	-6,5	18,8	-7,9	3,3
Verkehr, Nachr.	-13,1	6,4	5,3	-9,8	19,8	-31,8	-8,1	32,9	4,9	12,9
Versg., Banken	16,7	16,7	16,8	7,1	17,2	-32,0	17,2	28,4	59,4	26,0
Dienstl.: Gast.	38,5	49,2	20,5	-28,7	42,4	-8,9	51,7	84,1	32,3	38,5
Dienstl.: Wäsche	11,8	22,7	-18,7	-28,3	-11,8	-43,1	33,7	13,7	4,9	19,5
Dienstl.: Wiss.	11,4	5,2	-28,7	38,9	-31,1	144,4	-15,1	14,0	24,8	39,9
Dienstl.: Gesundh.	49,0	35,0	45,7	47,1	64,3	-29,1	1,5	57,9	44,4	47,2
Dienstl.: Recht	31,7	30,9	16,7	-25,0	-28,5	-23,9	43,5	53,6	25,8	44,9
Dienstl.: Sonst.	37,9	15,7	28,2	33,3	37,6	-32,3	42,7	48,4	28,9	45,2
Org. o. Erwerbsch.	93,4	61,4	34,4	-22,1	35,5	39,6	246,0	195,3	56,3	32,9
Gebietskörpersch.	7,8	15,2	33,6	-11,2	47,2	-34,4	54,4	9,3	12,6	20,5
Insgesamt	-6,8	-5,6	-9,8	-11,4	-5,6	-29,3	-6,8	6,9	-5,3	3,0

Quellen: Sonderauswertungen der Bundesanstalt für Arbeit; eigene Berechnungen.

Tabelle 3: Veränderungen der Beschäftigten in ausgewählten Großstädten, nach Wirtschaftsabteilungen, 1980-1984, in Prozent

Wirtschafts-abteilung	Bre-men	Ham-burg	Düs-seld.	Duis-burg	Frank-furt	Saar-brück	Stutt-gart	Mün-chen	67 Groß.	BRD
Landwirtschaft	-8,5	-10,8	15,4	-27,5	-0,1	-9,9	4,4	-8,9	-0,6	4,5
Bergbau, Energie	-3,5	-2,2	-1,8	-37,6	-1,0	-13,4	8,7	33,1	-0,1	-0,7
Verarb. Gewerbe	-12,8	-13,5	-9,0	-17,5	-13,1	-12,2	-8,2	-11,1	-12,4	-10,6
Baugewerbe	-24,2	-10,4	-3,9	-14,5	-14,0	-13,3	-8,0	-10,0	-10,7	-8,7
Handel	-7,6	-10,6	-6,9	-10,4	-12,8	-12,6	-6,4	-4,8	-9,0	-5,1
Verkehr, Nachr.	-11,7	-11,1	1,3	-12,9	-2,9	-5,0	-4,5	-4,7	-5,7	-3,6
Versg., Banken	-0,2	-0,8	-0,8	1,5	2,9	1,0	0,2	-0,9	-1,3	4,8
Dienstl.: Gast.	-4,7	-7,2	13,0	6,6	-2,8	-4,6	1,9	8,9	2,8	6,1
Dienstl.: Wäsche	-3,3	-0,6	8,7	13,3	13,4	-9,3	-2,7	2,1	1,7	3,0
Dienstl.: Wiss.	2,3	4,4	1,9	-2,9	-1,0	-1,1	8,1	-1,1	0,4	0,5
Dienstl.: Gesundh.	4,3	3,1	9,9	7,3	2,3	5,4	12,8	8,3	9,2	10,6
Dienstl.: Recht	14,7	17,1	15,7	27,1	7,5	10,0	18,1	16,0	11,8	17,0
Dienstl.: Sonst.	-4,3	-1,1	-7,7	0,5	-0,6	3,7	-3,8	3,1	1,2	6,1
Org. o. Erwerbsch.	24,8	8,6	2,0	20,3	1,6	18,5	16,5	8,9	10,4	12,7
Gebietskörpersch.	-2,1	2,4	-2,0	2,1	-3,9	0,0	-2,3	1,0	-0,3	1,9
Insgesamt	-8,1	-6,8	-3,5	-13,8	-6,6	-6,5	-3,4	-3,7	-5,7	-4,4

Quellen: Sonderauswertungen der Bundesanstalt für Arbeit; eigene Berechnungen.

verloren sieben der untersuchten Großstädte Beschäftigte, nur in München nahmen sie um 6,9% zu. Die Verluste waren in Saarbrücken (-42.054 Beschäftigte) und Bremen prozentual am höchsten (vgl. Tab. 2). Wachstumsbranchen mit einem nationalen Zuwachs an Beschäftigten über 30% waren Gaststätten/Hotels, Kunst/Wissenschaft, Gesundheitswesen, Rechtsberatung und die Sonstigen Dienstleistungen. Nur drei Städte haben in allen diesen Branchen Beschäftigte gewonnen: München, Hamburg und Bremen; hingegen hat Saarbrücken in allen (bis auf Kunst/Wissenschaft) verloren.

Das Ausmaß der Veränderungen der Beschäftigtenanteile in den 67 Großstädten zwischen 1980 und 1984 zeigt Tab. 3. Am meisten verloren haben das Verarbeitende Gewerbe (-13,0%), das Baugewerbe (-10,7%) und der Handel (-9,0%). Ein Wachstum weisen - wie zu erwarten war - die Dienstleistungen insgesamt auf; hierbei speziell die Wirtschaftszweige Wissenschaft etc. (+11,8%) und Gesundheitswesen (+9,2%), sowie schließlich die Organisationen ohne Erwerbscharakter (+10,4%). Allerdings ist das Wachstum im tertiären Sektor nicht gross genug gewesen, um die Verluste im sekundären Sektor zu kompensieren. Es war auch geringer als in einer Vielzahl nordamerikanischer Städte (vgl. Kasarda & Friedrichs, 1985).

Ebenso wie die 67 Großstädte - und die BRD insgesamt - haben die hier näher untersuchten acht Städte Beschäftigte verloren. Die Verluste waren in Stuttgart, Düsseldorf und München am niedrigsten, am höchsten in Duisburg, gefolgt von Bremen.

Sowohl Duisburg als auch Stuttgart weisen mit 42,0% und 35,1% noch 1984 einen über dem Durchschnitt der 67 Städte (31,4%) liegenden Anteil der Beschäftigten im Verarbeitenden Gewerbe auf. Die hohen Verluste gehen auf einen hohen Anteil der Beschäftigten 1970 und 1980 in dieser Wirtschaftsabteilung zurück. Bei der insgesamt sinkenden Beschäftigung in dieser Wirtschaftsabteilung ist zu vermuten, daß sich in beiden Städten die Verluste fortsetzen werden. Wenngleich alle untersuchten Städte Beschäftigte im Verarbeitenden Gewerbe verloren haben, so waren die Verluste doch in Duisburg (-17,5%), Hamburg (-13,5%), Frankfurt (-13,1%) und Bremen (-12,8%) besonders hoch. Am geringsten waren sie in Stuttgart. Die Ursachen für die Verluste sind vielfältig: In Bremen und Hamburg sind sie vor allem auf die Krise des Schiffbaus und Abwanderungen von Betrieben und Beschäftigten in das Umland, in Duisburg auf die Stahlindustrie zurückzuführen. Duisburg hat zwischen 1980 und 1984 mehr als ein Drittel seiner Beschäftigten im Bergbau verloren (8.296 Beschäftigte). Obgleich München 1980 einen vergleichbar hohen Anteil von Beschäftigten in Verarbeitenden Gewerbe hatte wie Bremen, hat es weniger verloren. Dennoch sind die absoluten Werte beträchtlich: Bremen verlor 9.894 Beschäftigte, München 22.644. Um diese Ergebnisse genauer interpretieren zu können, ist es erforderlich, die Struktur des Verarbeitenden Gewerbes in den Städten eingehender zu untersuchen.

Die Verluste im Verarbeitenden Gewerbe sind in keiner der hier untersuchten Städte von den Gewinnen in den Dienstleistungen kompensiert worden. Relativ hohe Zuwächse erzielten nur Stuttgart (+4,8%), München (+4,5%) und – unvermutet – Duisburg mit 5,3%.

3.2 Einzelne Städte

Die Tabellen 4 und 5 enthalten die Ergebnisse der Shift-Share-Analyse. Sie werden im folgenden für jede Stadt dargestellt. Hierbei werden auch die Ergebnisse der Shift-Share-Analysen für die einzelnen Wirtschaftsabteilungen herangezogen. Aufgrund ihrer geringen Bedeutung wird dabei auf die Landwirtschaft nicht eingegangen.

Bremen

Wie alle Städte, so hat auch Bremen im Verarbeitenden Gewerbe, dem Baugewerbe, vor allem aber im Verkehr und in Kunst/Wissenschaft ein geringeres Wachstum bzw. höhere Verluste, als nach der nationalen Entwicklung zu erwarten war. Das Problem der Stadt in der Dekade 1970-80 war, negative Standorteffekte für fast alle Branchen aufzuweisen: bei Dienstleistungen insgesamt, bei Kunst/Wissenschaft, Gaststätten, Rechtsberatung, aber auch den Gebietskörperschaften. Positiv war die Entwicklung nur im Handel und

Tabelle 4: Shift-Share-Analyse der acht Großstädte, absolute und
relative Werte für die Effekte, alle Branchen, 1970-80

Stadt	Gesamt	Erwartete Verändg.	---------- Effekt ---------		
			Standort	Struktur	Gesamt
a) Absolute Werte					
Bremen	-18.199	8.196	-27.983	1.588	-26.395
Hamburg	-45.250	24.698	-117.026	47.078	-69.948
Düsseldorf	-37.104	11.511	-59.765	11.150	-48.615
Duisburg	-28.491	7.618	-36.312	203	-36.109
Frankfurt	-25.509	14.742	-55.036	14.785	-40.251
Saarbrücken	-42.054	4.360	-43.798	-2.616	-46.414
Stuttgart	-26.369	11.836	-35.905	-2.300	-38.205
München	42.344	18.784	5.377	18.182	23.560

b) Relative Werte (%)*

Stadt	Gesamt	National	Standort	Struktur
Bremen	-6,75	3,04	-10,38	0,59
Hamburg	-5,57	3,04	-14,40	5,79
Düsseldorf	-9,80	3.04	-15,78	2,94
Duisburg	-11,37	3,04	-14,49	0,08
Frankfurt	-5,26	3,04	-11,35	3,05
Saarbrücken	-29,31	3,04	-30,53	-1,82
Stuttgart	-6,77	3,04	-9,22	-0,59
München	6,85	3,04	0,87	2,94

* Absolute Werte, dividiert durch die absoluten Werte 1980.
Durch Rundungsfehler ergeben die summierten Effekte nicht immer
exakt den Wert für den Gesamteffekt.

Tabelle 5: Shift-Share-Analyse der acht Großstädte, absolute und
relative Werte für die Effekte, alle Branchen, 1980-84

| | | Erwartete | ---------- Effekt --------- | | |
Stadt	Gesamt	Verändg.	Standort	Struktur	Gesamt
a) Absolute Werte					
Bremen	-20.337	-10.963	-10.762	1.389	-9.374
Hamburg	-52.120	-33.455	-28.204	9.539	-18.665
Düsseldorf	-11.975	-14.894	951	1.969	2.919
Duisburg	-30.588	-9.689	-13.007	-7.895	-20.902
Frankfurt	-30.208	-20.034	-18.470	8.297	-10.174
Saarbrücken	-6.626	-4.421	-3.537	1.332	-2.205
Stuttgart	-12.161	-15.828	1.871	13.944	15.816
München	-23.985	-28.792	-1.789	6.596	4.807

b) Relative Werte (%)*

Stadt	Gesamt	National	Standort	Struktur
Bremen	-8,08	-4,36	-4,28	0,55
Hamburg	-6,76	-4,36	-3,68	1,24
Düsseldorf	-3,51	-4,36	0,28	0,58
Duisburg	-13,77	-4,36	-5,85	-3,55
Frankfurt	-6,57	-4,36	-4,02	1,81
Saarbrücken	-6,54	-4,36	-3,49	1,31
Stuttgart	-3,35	-4,36	0,51	0,50
München	-3,65	-4,36	-0,27	1,00

* Absolute Werte, dividiert durch die absoluten Werte 1980.
Durch Rundungsfehler ergeben die summierten Effekte nicht immer
exakt den Wert für den Gesamteffekt.

bei den Organisationen ohne Erwerbscharakter; beide weisen positive Standort- und Struktureffekte auf.

Diese Entwicklung setzt sich auch 1980-84 fort. Bremen weist eine hohe Abnahme der Beschäftigten auf und hat – gemessen an der nationalen Veränderung – verloren. Die Verluste sind nicht nur auf die Branchenstruktur, sondern auch auf den Standort zurückzuführen. Die im Vergleich zur nationalen Entwicklung besonders hohen Verluste traten im Verarbeitenden Gewerbe, dem Baugewerbe und einigen Dienstleistungen (Gesundheit, Recht) auf. Die Standorteffekte waren insbesondere für das Baugewerbe und die Dienstleistungen insgesamt (hierbei Gaststätten, Gesundheit, sonstige Dienstleistungen) sehr hoch.

Hamburg

Neben Verlusten in jenen Branchen, in denen die Städte ohnehin Verluste aufwiesen, hatte Hamburg schon in in der Periode 1970-80 ein zu geringes Wachstum in den Branchen Handel, Kunst/Wissenschaft, Gesundheitswesen, Sonstige Dienstleistungen und Gebietskörperschaften. Erstaunlich ist jedoch, daß Hamburg von allen acht Städten die insgesamt höchsten positiven Struktureffekte aufweist – also einen sehr günstigen Branchenmix – aber mittelhohe negative Standorteffekte. Dieser Gegensatz läßt sich an einigen Wirtschaftsabteilungen besonders gut belegen: dem Verkehr, Banken/Versicherungen und den Dienstleistungen insgesamt.

Zusätzlich bestehen negative Struktur- und Standorteffekte bei Kunst/Wissenschaft, dem Gesundheitswesen und einem traditionellen Hamburger Wirtschaftszweig, dem Handel. Offenbar war bereits in dieser Dekade von der Krise der Werften auch ein Teil des Handels betroffen. (Hamburg behauptete sich nur bei Banken/Versicherungen.) Diese Entwicklung deutet darauf hin, daß Hamburg seine positive Wirtschaftsstruktur nicht durch eine geeignete Standortpolitik nutzen konnte.

Auch die Entwicklung in den folgenden Jahren ist durch negative Standorteffekte gekennzeichnet. Hamburg hatte einen Beschäftigtenverlust von 6,8% (BRD: -4,4%), der sowohl auf die disproportionale nationale Entwicklung als auch auf die Standorteffekte zurückgeht. Hingegen weist die Branchenstruktur positive Effekte auf, so für Versicherungen/Banken, Dienstleistungen insgesamt und Organisationen ohne Erwerbscharakter. Der negative Standorteffekt hat sich vor allem im Verarbeitenden Gewerbe, in einigen Dienstleistungen (Gaststätten, Gesundheit) ausgewirkt. Die Stadt konnte demnach, trotz eines in vielen Branchen überdurchschnittlichen Wachstums, die Standortnachteile nicht kompensieren.

Hamburgs hohe Verluste im Verarbeitenden Gewerbe, insbesondere dem Schiffbau und hafenbezogenen Industrien, sind kein Problem des Branchenmix, sondern des Standortes. So ist für das Verarbeitende Gewerbe der Struktureffekt sehr positiv, der Standorteffekt jedoch hoch negativ. (Ein negativer Struktureffekt liegt im übrigen bei Verkehr vor.) Hierfür dürften sowohl eine zu spät einsetzende Ansiedlungspolitik als auch die (nicht verhinderte) Abwanderung in das Umland verantwortlich sein. Wie bei den Dienstleistungen insgesamt, ist die Standortkomponente negativ, dies geht insbesondere auf den hoch negativen Wert von -12,5 bei Gaststätten/Hotels zurück; im Vergleich Düsseldorf: +5,7.

Auch in der Wirtschaftsabteilung Handel, für die Hansestadt wohl kennzeichnend (mit 18,9% aller Beschäftigten im Jahre 1984 hat Hamburg den höchsten Wert aller Städte), sind beide Komponenten negativ - also auch die Struktureffekte. Der Grund ist wahrscheinlich, daß die Handelsbetriebe zum Teil auf den Hafen orientiert waren und mit dessen Niedergang ebenfalls Umsätze und Beschäftigte verloren haben. Hamburg ist hier in einer schlechteren Position als Düsseldorf. Gewonnen hat die Stadt vor allem in der Wirtschaftsabteilung Kunst/Wissenschaft. Auf die möglichen Gründe hierfür wird im Abschnitt 4 und vor allem in dem Beitrag von Dangschat & Krüger in diesem Band eingegangen.

Düsseldorf

Düsseldorf hat 1970-80 insgesamt keine sehr positive Entwicklung zu verzeichnen. Wie bei den anderen Städten ist das Wachstum im Verarbeitenden Gewerbe, Baugewerbe, Handel, Kunst/Wissenschaft und Gesundheitswesen unter den national zu erwartenden Werten geblieben, doch lagen sie für Transport, Banken/Versicherungen, Sonstige Dienstleistungen, Organisationen ohne Erwerbscharakter und Gebietskörperschaften über diesen.

Bei einem insgesamt niedrigen positiven Struktureffekt weist die Stadt einen insgesamt negativen Standorteffekt auf. Dieser negative Standorteffekt ist niedrig für die Wirtschaftsabteilungen Handel und Banken/Versicherungen, hoch für Kunst/Wissenschaft, Gesundheitswesen, Rechtswesen, Sonstige Dienstleistungen - wenngleich für einige dieser Branchen ein positiver Struktureffekt vorliegt.

Im Gegensatz zu Hamburg hat Düsseldorf in der folgenden Periode 1980-84 eine positive Entwicklung genommen. Zusammen mit München weist es die geringsten negativen Gesamteffekte auf. Obgleich die Standort- und die Brancheneffekte insgesamt positiv sind, hat Düsseldorf - gemessen an der BRD - ein zu geringes Wachstum gehabt. Dies gilt vor allem für das Verarbeitende Gewerbe, das Baugewerbe und den Handel. Eine positive Entwicklung, vorwiegend aufgrund hoher positiver Standorteffekte, weisen fast alle Dienstleistungen auf.

Im Vergleich zu den anderen Städten hat Düsseldorf für das Produzierende Gewerbe und für das Baugewerbe sowohl einen positiven Struktur- als auch Standorteffekt. Auch im Handel ist seine Position nur unwesentlich schlechter als die von München und Stuttgart. Bei den Dienstleistungen besteht ein hoher positiver Standorteffekt für die Wirtschaftsabteilungen Verkehr, Recht und Gaststätten/Hotels, ein niedriger bei den Sonstigen Dienstleistungen.

Insgesamt weist Düsseldorf neben Stuttgart und München die günstigste Entwicklung in den Beschäftigten und die günstigsten Standorteffekte auf. Die alte Konkurrenz mit Köln scheint zugunsten Düsseldorfs auszugehen.

Duisburg

Die ökonomische Krise von Duisburg zeichnet sich bereits in der Dekade
1970-80 ab. Bis auf die Wirtschaftsabteilung Bergbau/Energie liegt die
Entwicklung der Beschäftigten in allen Branchen unter den national zu
erwartenden Werten.

Noch deutlicher belegen dies die durchweg negativen Standorteffekte,
insbesondere für Handel, Banken/Versicherung, Dienstleistungen insgesamt,
Kunst/Wissenschaft und Gebietskörperschaften. Zudem gibt es kaum positive
Struktureffekte; nur das Baugewerbe, der Handel und die Gebietskörperschaften bilden eine Ausnahme. Damit ist Duisburg nach Saarbrücken von
den acht untersuchten Großstädten die Stadt mit der schlechtesten
Struktur und den unvorteilhaftesten Standorteffekten.

1980-84 hat Duisburg dann von allen acht Städten die höchsten Verluste
erfahren. Sie gehen zu annähernd gleichen Teilen auf alle drei Effekte
zurück, am meisten noch auf Standortnachteile. Der Bergbau, einige
Dienstleistungen (Gaststätten, Recht), Organisationen ohne Erwerbscharakter und die Gebietskörperschaften hatten unterproportional am nationalen Wachstum teil. Hingegen sind die negativen Standorteffekte im Bergbau, bei Banken/Versicherungen, Kunst/Wissenschaft und den Sonstigen
Dienstleistungen besonders hoch. Dennoch weisen die Dienstleistungen
insgesamt ein über den anderen Städten liegendes Wachstum auf, was sich
vermutlich als Nachholeffekt interpretieren läßt.

Die extrem hohen Verluste an Beschäftigten im Verarbeitenden Gewerbe sind
jedoch weniger auf Struktur- als auf Standorteffekte zurückzuführen. So
haben in dieser Zeit die großen Stahlwerke (Mannesmann-Röhren, Berzelius-
Hütte, August-Thyssen-Hütte) Arbeitskräfte entlassen. Ferner sind zahlreiche Ausländer fortgezogen, was zu einem sinkenden Ausländeranteil
führte; im weitgehend von Ausländern bewohnten Stadtteil Mündelheim stehen Wohnungen leer. Die Standorteffekte erklären die Verluste im Baugewerbe und im Handel – in beiden Wirtschaftsabteilungen sind die
Struktureffekte positiv. Hier sind offensichtlich nicht rechtzeitig Anpassung durch Investitionen, Rationalisierung und Orientierung auf neue

Märkte vorgenommen worden. Ferner weist die Stadt, wie kaum anders zu erwarten, einen hoch negativen Struktureffekt im Bergbau auf.

Demgegenüber verzeichnet Duisburg nur geringe Verluste bei den Dienstleistungen. Sowohl die Standort- als auch die Struktureffekte sind nur gering negativ. Sehr gegensätzlich sind die hoch negativen Struktureffekte bei zugleich hoch positiven Standorteffekten bei den professionellen Dienstleistungen wie der Rechtsberatung.

Frankfurt

Die Entwicklung der Branchenstruktur verlief in den Jahren 1970-80 sehr uneinheitlich; sie ist insgesamt – ähnlich wie Hamburg – durch negative Standorteffekte bei positiven Struktureffekten gekennzeichnet. Frankfurt wies nicht nur ein unter dem national zu erwartenden Niveau liegendes Wachstum im Verarbeitenden Gewerbe und dem Baugewerbe, sondern auch im Handel, Kunst/Wissenschaft und dem Rechtswesen auf.

Besonders hoch sind die negativen Standorteffekte im Baugewerbe, dem Handel, Kunst/Wissenschaft. Dem steht als Vorteil eine überproportionale Zunahme der Beschäftigten in der Wirtschaftsabteilung Banken/Versicherungen (nur niedrige negative Standorteffekte, aber hoch positive Struktureffekte) und im Verkehr gegenüber. Frankfurt hat also seine Position in den zwei Branchen ausgebaut, die seine Spezialisierung im Rahmen der funktionalen Arbeitsteilung der deutschen Großstädte ausmachen.

Diese Entwicklung verstärkt sich in der folgenden Periode 1980-84. Die Stadt weist erhebliche Verluste in den Wirtschaftsabteilungen Handel (-12,5%), Verarbeitendes Gewerbe (-13,1%) und dem Baugewerbe (14,0%) auf. Gemessen an der nationalen Entwicklung hat es zu geringe Gewinne in den Branchen Gaststätten und Gesundheitswesen gegeben. In jenem Bereich, der Frankfurt als Spezialisierung zugeschrieben wird, Banken/Versicherungen, liegt der Zuwachs über dem national zu erwartenden. Zudem ist auch der Standorteffekt nur gering negativ und der Struktureffekt am höchsten von allen acht Städten. Die Spezialisierung dürfte demnach erfolgreich gewesen sein.

Allerdings weist Frankfurt für die Dienstleistungen insgesamt den höchsten negativen Standorteffekt auf: -5,11 (im Vergleich Stuttgart: -1,24). Es kann hier nicht entschieden werden, inwiefern diese Verluste auf eine Suburbanisierung der Arbeitsplätze vor allem in das Gebiet zwischen der Kernstadt und dem Flughafen zurückgehen.

Saarbrücken

Von allen acht untersuchten Städten verlor Saarbrücken 1970-80 mit 29,3% die meisten Beschäftigten. Es hat insgesamt den höchsten negativen Standorteffekt (-30,5 %; zum Vergleich Duisburg: -14,5 %) und als einzige Stadt auch einen negativen Struktureffekt.

Fast alle Branchen sind unter den national zu erwartenden Werten geblieben. Ausnahmen bilden nur der Bergbau, das Baugewerbe und Kunst/Wissenschaft. Für mehrere Branchen weist die Stadt die höchsten negativen Standorteffekte von allen acht Städten auf: dem Verarbeitenden Gewerbe, dem Baugewerbe, dem Handel, dem Verkehr und den Dienstleistungen insgesamt. Zusätzlich sind dabei, bis auf das Verarbeitende Gewerbe, auch die Struktureffekte negativ. Die Entwicklung wäre wohl noch schlechter verlaufen, wären nicht im Bergbau und im Verarbeitenden Gewerbe die Struktureffekte positiv. Bis auf den positiven Standorteffekt bei Kunst/Wissenschaft ist dies eine außerordentlich negative Entwicklung.

In den Jahren 1980-84 ändert sich die Entwicklung, vor allem im Vergleich zu den anderen sieben Städten: Der Struktureffekt ist nun insgesamt positiv, und die insgesamt zwar weiterhin negativen Standorteffekte sind niedriger als die von Bremen, Hamburg, Duisburg und Frankfurt. Das unter dem nationalen Wert liegende Wachstum von Saarbrücken geht hauptsächlich auf den nationalen Effekt zurück. Auch der Standorteffekt ist negativ, der Struktureffekt hingegen positiv. Im Vergleich zur BRD niedergehende Industrien sind nur das Verarbeitende Gewerbe und das Baugewerbe - obgleich hier positive Standorteffekte vorliegen. Saarbrücken, oft mit dem Problem des Stahlkonzerns ARBED verbunden, weist negative Standort- und Strukturefffkte im Bergbau auf. Ungünstige Standorteffekte bestehen auch für das Baugewerbe, den Handel und mehrere Dienstleistungsbranchen, wie auch die Dienstleistungen insgesamt.

Die Beschäftigtenverluste gehen auch nicht nur auf den sekundären Sektor, sondern auch auf den Dienstleistungsbereich zurück. Saarbrücken hat negative Standorteffekte im Handel, Gaststätten/Hotels, Gesundheitswesen, Wäscherei und Recht – also vor allem in Branchen, in denen national die Zahl der Beschäftigten zugenommen hat.

Stuttgart

Die Mitte der 80er Jahre so positive Beurteilung der ökonomischen Situation von Stuttgart läßt sich für die Entwicklung in den Jahren 1970 bis 1980 kaum belegen. Die Stadt liegt unter der national zu erwartenden Entwicklung im Verarbeitenden Gewerbe, dem Handel, Kunst/Wissenschaft und dem Gesundheitswesen, darüber bei Banken/Versicherungen, Rechtswesen, Sonstige Dienstleistungen, Organisationen ohne Erwerbscharakter und den Gebietskörperschaften. Insgesamt sind die Standorteffekte gering negativ, die Struktureffekte nahe Null (– 0,59%).

Eine genaue Analyse der Branchen führt auf eine sehr gegensätzliche Entwicklung. Die negativen Standorteffekte gelten für den Verkehr, die Banken/Versicherungen, Kunst/Wissenschaft und vor allem das Gesundheitswesen. Hingegen hat Stuttgart trotz negativer Struktureffekte den höchsten positiven Standorteffekt für die Dienstleistungen insgesamt sowie hohe Werte für Organisationen ohne Erwerbscharakter und die Gebietskörperschaften aufzuweisen. Im Gegensatz zu Hamburg haben in Stuttgart die Beschäftigten in den Dienstleistungen insgesamt stärker zugenommen (34,5% vs. 21,0%), wobei die in jeweils gleicher Höhe liegenden Struktureffekte in Stuttgart negativ, in Hamburg positiv sind, aber die ebenfalls gleich hohen Standorteffekte in Stuttgart positiv, in Hamburg hingegen negativ sind. Dies läßt sich wahrscheinlich nur durch unterschiedliche politische Programme erklären.

In der folgenden Periode 1980–84 verbessert sich die Position Stuttgarts.

Die Gesamtverluste sind mit -3,4% die geringsten von allen acht Städten.
Wie alle anderen Städte auch, verlor Stuttgart 1980-84 im Verarbeitenden
Gewerbe und Baugewerbe (-8,2% bzw. -8,0%), wenngleich weniger als zu
erwarten und daher unter dem nationalen Durschnitt. Die Spitzenposition,
die Stuttgart unter den acht untersuchten Städten einnimmt, läßt sich auf
positive Standorteffekte des Verarbeitenden Gewerbes, Bergbau/Energie
und des Baugewerbes zurückführen. Diese Stadt hat insgesamt keineswegs
die günstigste Struktur, wohl aber die höchsten Standortvorteile.

Bei den Dienstleistungen insgesamt sind die Standorteffekte leicht negativ, insbesondere in den Branchen Banken/Versicherungen, Gaststätten/Ho-
tels, Wäscherei und den Sonstigen Dienstleistungen. Dafür weist Stuttgart
von allen acht Städten den höchsten Standorteffekt für das Gesundheitswesen und Kunst/Wissenschaft auf.

Was die Stadt demnach kennzeichnet, sind die meist positiven Standorteffekte in allen Branchen und mittlere Struktureffekte. Die Stadt ist kaum
spezialisiert, am ehesten noch auf das Verarbeitende Gewerbe. Sie ist
offenbar so wettbewerbsfähig durch mittelmäßige Gewinne bzw. Verluste in
allen Branchen. Daher ist es auch nicht möglich, Stuttgart im Rahmen der
sich verstärkenden Arbeitsteilung unter den großen Großstädten durch eine
Branche zu beschreiben, wie z.B. Düsseldorf durch den Handel.

München

Von den untersuchten Städten schneidet München in der Periode 1970-80 am
besten ab. Es hat als einzige Stadt einen Zuwachs an Beschäftigten
(6,9%), zudem liegen auch die Veränderungen in jenen Branchen, in denen
die anderen Städte verlieren (Verarbeitendes Gewerbe, Baugewerbe), nur
geringfügig unter den national zu erwartenden Werten. Als einzige Stadt
weist München einen insgesamt positiven Standorteffekt (wenngleich mit
0,87% sehr niedrig) bei einem niedrigen positiven Struktureffekt auf.

Diese günstige Entwicklung geht auf zwei Arten von Veränderungen zurück.
Zum einen weist die Stadt nur niedrige negative Standorteffekte bei

ansonsten positiven Struktureffekten in jenen Branchen auf, die bei den
anderen Städten für die Verluste verantwortlich waren: Bergbau/Energie
und Verarbeitendes Gewerbe. Zum anderen liegen hohe positive Standorteffekte für Handel, Verkehr, Banken/Versicherungen, vor allem die höchsten
Standort- und Struktureffekte für die Dienstleistungen insgesamt vor.
Auch in einzelnen Branchen der Dienstleistungen sind hohe positive Standorteffekte nachweisbar, z.B. Gaststätten, Gesundheits- und Rechtswesen,
sonstige Dienstleistungen.

München hat somit von den acht Städten die beste Position. Wie Stuttgart
zeichnet es sich nicht durch eine Spezialisierung in einer Branche aus
(am ehesten den Dienstleistungen insgesamt), sondern durch relativ geringe Verluste und über die Branchen relativ gleichmäßig verteilte Gewinne
aus, die zudem auf meist positive Struktur- und Standorteffekte zurückgehen.

Diese Position hat München im zweiten Untersuchungszeitraum 1980-84 nicht
halten können, sondern an Stuttgart abgegeben. Die Verluste sind gering;
sie gehen fast ausschließlich auf den nationalen Effekt, d.h. ein im
Vergleich zur BRD zu geringes Wachstum, zurück. Dies gilt insbesondere
für das Verarbeitende Gewerbe, das Baugewerbe, den Handel, sowie Trans-
port/Verkehr. Geringe negative Standorteffekte bestehen für die
Dienstleistungen insgesamt, bei diesen speziell bei Wissenschaft/Kunst,
Gesundheit und den sonstigen Dienstleistungen; jedoch wachsen diese Branchen insgesamt.

Wie Stuttgart, so hat auch München keine Branche mit besonders hohen
Verlusten. Der Struktureffekt im Verarbeitenden Gewerbe ist positiv, der
Standorteffekt nur leicht negativ. Bei den Dienstleistungen insgesamt hat
es den höchsten positiven - wenngleich absolut niedrigen - Struktureffekt
(0,67); geringe positive Standorteffekte weisen die Wirtschaftsabteilungen Handel und Gaststätten auf.

Auch in München sind es nicht die hohen Zunahmen oder Standorteffekte in
einzelnen Branchen, sondern die geringen Verluste in vielen Branchen, die
seine gute Position ausmachen.

3.3 Zusammenfassung

Die Analysen zeigen, daß die hier untersuchten acht Städte ein unter dem nationalen Wert liegendes Wachstum aufweisen. Die Verluste gehen insbesondere auf das auch national niedergehende Verarbeitende Gewerbe, das Baugewerbe und – im Falle von Duisburg und Saarbrücken – den Bergbau zurück. Deshalb sind die Veränderungen in den Dienstleistungen von besonderer Bedeutung, zumal sich auch hier die meisten Arbeitsplätze mit höheren Qualifikationen befinden. Allen Prognosen zufolge sind es gerade die Arbeitsplätze mit hohen Qualifikationen, die nicht wegfallen, sondern zunehmen werden.

Die Shift-Share-Analyse führt – neben den zahlreichen Einzelbefunden – zu vier wichtigen Schlüssen: Erstens, es ist kein Süd-Nord-Gefälle erkennbar; Düsseldorf und Frankfurt passen nicht zu einer solchen Annahme. Zweitens erweisen sich von den acht untersuchten Städten Stuttgart, Düsseldorf und München als diejenigen mit den relativ geringsten Beschäftigtenverlusten, niedrigsten Arbeitslosenquoten, sowie den relativ günstigsten Struktur- und Standorteffekten. Auch nach der Entwicklung der Dienstleistungen und der Zunahme an informationsverarbeitenden Arbeitsplätzen beurteilt, haben sich diese drei Städte am besten an den ökonomischen Strukturwandel angepasst, Duisburg am schlechtesten. Die Ergebnisse für Hamburg, Saarbrücken und auch Bremen zeigen vor allem die Schwächen der Standortpolitik.

Drittens geht die gute Position von Stuttgart, Düsseldorf und München nicht so sehr auf besonders hohe Gewinne in einzelnen Branchen zurück; auch die Struktur- und Standorteffekte sind keineswegs sehr hoch. Es sind vielmehr die geringen Verluste in einzelnen Branchen, die diese Städte auszeichnen. Bremen, Hamburg, Duisburg, Frankfurt und Saarbrücken haben in ihren traditionellen Branchen stark verloren (das "upas tree-Phänomen", wie es Läpple in seinem Beitrag nennt), zumeist im Verarbeitenden Gewerbe und dem Handel. Sie sind "Opfer" eines Strukturwandels geworden, auf den zu spät mit Programmen zur Verbesserung der Wirtschaftsstruktur reagiert wurde – was nun die negativen Standorteffekte anzeigen.

Viertens sind die nationalen Effekte 1970-80 noch positiv, 1980-84 jedoch negativ. Die ökonomische Entwicklung (gemessen über die Beschäftigtenzahl) ist nicht in den Großstädten, sondern im Umland (vgl. Gatzweiler & Schliebe, 1982) und in den kleineren Gemeinden besser gewesen. Insgesamt ist es nur begrenzt möglich, von der Entwicklung 1970-80 auf die 1980-84 zu schließen. Die Rangfolge der Städte nach den Struktureffekten ist etwas stabiler als die nach den Standorteffekten. Auffällig ist, daß die Städte zu beiden Perioden fast alle positive Strukturbedingungen aufweisen. Hierbei sind zwei größere Verschiebungen beachtlich: Saarbrücken verbessert, Hamburg verschlechtert seine Position. Nach den Standorteffekten variiert die Rangfolge der Städte in beiden Perioden stärker; hier

Abbildung 1: Lage der Städte auf den Achsen Struktureffekt (Kij)
und Standorteffekt (Rij)

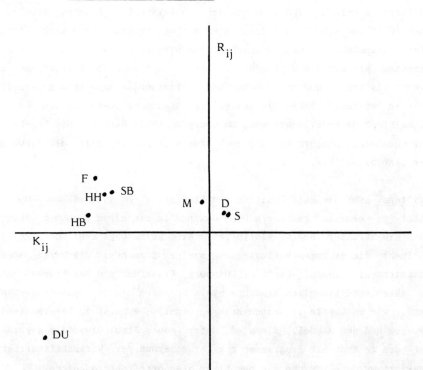

verbessert Düsseldorf seine Position erheblich, während Bremen seine verschlechtert. Es sind demzufolge ganz überwiegend die Standorteffekte, die die ökonomische Position einer Großstadt ausmachen. Die Position jeder Stadt für die Periode 1980-84 ist nochmals in Abb. 1 dargestellt. Hier wurden die Werte jeder Stadt für den Struktureffekt (Kij) und den Standorteffekt (Rij) als Koordinaten verwendet.

Im Vergleich zu den an Arbeitslosenquoten orientierten Diskussionen über das Süd-Nord-Gefälle sind die Positionen Bremens und Saarbrückens besser, die Hamburgs schlechter. Fraglos ändert sich dieses Ergebnis, wenn man Arbeitslosenquoten und Sozialhilfeempfänger hinzunimmt. Dennoch rechtfertigen die hier dargestellten Ergebnisse es nicht, von einem Süd-Nord-Gefälle zu sprechen, wenngleich erhebliche Unterschiede zwischen den Städten und ihren Arbeitsmärkten bestehen.

4. STANDORTEFFEKTE: EINE NICHT-ÖKONOMISCHE ERKLÄRUNG

Die vorangegangene Analyse hat die jeweiligen Standorteffekte nur begrenzt aufklären können. Hierzu sind spezielle Untersuchungen erforderlich; für die Städte Hamburg, Duisburg, Stuttgart und München geben die Fallbeispiele im letzten Teil des Bandes bereits nähere Aufschlüsse.

Hier soll nun eine andere Erklärung formuliert werden. Sie richtet sich auf den Zusammenhang von Spezialisierung und Elitenbildung in einer Stadt. Die Städte Bremen, Hamburg, Duisburg, Frankfurt und Saarbrücken sind vermutlich auch deshalb in Anpassungsschwierigkeiten geraten, weil sie stärker spezialisiert waren als Stuttgart, Düsseldorf und München, sei es im Schiffbau, der Stahlindustrie, dem Bergbau oder dem Handel. Die Spezialisierung hat eine ökonomische Tradition in diesen Städten geschaffen, die auch das Selbstbild der Stadt und deren Politik prägen. Hieraus resultiert vermutlich eine geringere Flexibilität für wirtschaftliche Veränderungen. Haller (1985) hat dies in einem Aufsatz für Bremen beschrieben. Er fragt, ob Bremen das Schicksal der Stadt Brügge nehmen könne, wo die Kaufleute das langsame Versanden ihres Hafens ignorierten und sich zu lange auf die - noch - blühende Wirtschaftskraft der Stadt

beriefen, bis es zu spät und der wirtschaftliche Niedergang der Stadt
nicht mehr aufzuhalten war.

Ähnliches kann für die hier untersuchten Städte vermutet werden. Die
Spezialisierung auf einen Industriezweig verschafft der Stadt eine gute
Wettbewerbsposition und Reichtum. Neben diesen ökonomischen Faktoren
schafft sie eine Identität (z.B. "Hafengeburtstag", "Schaffermahlzeit")
und Eliten, die sich aus dem überwiegenden Wirtschaftszweig rekrutieren.
Der Niedergang des dominanten Wirtschaftszweiges hat dann nicht nur
ökonomische Folgen, sondern auch soziale: einen Verlust der Identität und
der Stellung der Eliten, deren Ansehen ja von der Prosperität des dominanten Wirtschaftszweiges abhängt.

So ist für Hamburg – und analog Bremen – zu vermuten, daß der Niedergang
des Hafens und des hafenbezogenen Handels den Status der traditionellen
Elite der Stadt, der Kaufleute, verändert hat. Der traditionellen "Hafen-
elite" steht als neue Gruppe die "Medienelite" (u.a. Verlage, Studio
Hamburg) gegenüber, die in den letzten 15 Jahren die Stadt zunehmend
prägte und deren Unternehmen sich durch wirtschaftliches Wachstum auszeichnen. Da aber zwischen diesen beiden Eliten wenig Beziehungen bestehen, muß sich die Politik des Senats und speziell der Wirtschaftsbehörde
an einer der beiden Industrien – und damit einer der beiden Eliten –
orientieren. Dabei dürfte das Gewicht der traditionellen Elite größer
sein, die ökonomischen Entscheidungen des Senats stärker beeinflussen als
die "Medienelite", somit den ökonomischen Anpassungsprozeß der Stadt
verlangsamen oder gar behindern.

Unter diesen Annahmen läßt sich schließlich weiter vermuten, daß Städte
mit einer geringeren Dominanz einer Industrie (wie Stuttgart und München)
es leichter haben, sich an veränderte ökonomische Bedingungen durch
politische Programme und eine flexiblere Ansiedlungspolitik anzupassen.
Sie werden nicht durch eine dominante Elite behindert.

141

ANMERKUNG

Der Aufsatz ist Teil des Forschungsprojektes "Demographisch-ökonomische Disparitäten in den Städten der Bundesrepublik und den USA", das von der Deutschen Forschungsgemeinschaft und der National Science Foundation gefördert wird. Mitarbeiter am deutschen Teil des Projektes sind Dipl.- Soz. Kay E. Ehlers und Marec Bela Steffens; ihnen und Michael Irwin, Dept. of Sociology, University of North Carolina, danke ich für ihre Unterstützung.

(1) Dabei traten Schwierigkeiten in der Vergleichbakeit der Daten auf. So mußten die nicht-sozialversicherungspflichtig Beschäftigten aus den amtlichen Angaben der VZ 1970 herausgerechnet werden. Ferner war es erforderlich, die Klassifikation der Wirtschaftabteilungen von 1970 an die von 1980 anzupassen, da hier geringfügige Veränderungen vorgenommen worden waren. Schließlich enthielten die Sonderauswertungen der Bundesanstalt für Arbeit für das Forschungsprojekt im Falle Stuttgarts in der Wirtschaftsabteilung "Verarbeitendes Gewerbe" 1984 nicht die aufgrund des Streiks ausgesperrten Beschäftigten. Sie wurden von uns hereingerechnet.

Detlev Ipsen

Neue urbane Zonen – Raumentwicklung und Raumbilder

1. SOZIALGEOGRAPHISCHE BEOBACHTUNGEN

In verschiedenen Ländern Europas sowie in den Vereinigten Staaten entwik-
kelt sich möglicherweise ein neuer Typus der Raumnutzung, der im bisher
bekannten Sinn weder städtisch noch ländlich ist. In England ist es die
Zone "M4", genannt nach dem "motorway", der London mit Südwales verbindet. In Frankreich ist es die (neu gebildete) Region Rhone-Alpes, insbe-
sondere aber der Raum um Grenoble sowie der Raum Nizza, in den Vereinigten Staaten die Region nordwestlich von Los Angeles und das bekannte
Silicon Valley, in der Bundesrepublik die Räume südlich von München und
Stuttgart (siehe Auziag, 1983; Breheny & Quaid, 1985; Castells, 1983;
Goddard & Champion, 1983). Die Definitionen zur Bestimmung derartiger
Zonen sind zum einen die typischen sozioökonomischen Wachstumsindikatoren
(Zunahme an Bevölkerung, Zunahme von Arbeitsplätzen, Bautätigkeit, wach-
sendes Inlandsprodukt etc.), zum anderen Definitionsversuche, die sich
auf das technologische Niveau der Arbeitsplätze beziehen. Die Zunahme von
Arbeitsplätzen in der Computerindustrie, der Flug- und Raumtechnik sowie
der Informationstechnologie gelten als Indikatoren für eine Hi-Tech-Region (siehe Hall & Markusen, 1985).

Die genannten geografischen Räume sind in ihrer historischen Entwicklung,
den Entwicklungstendenzen und der aktuellen sozialen und ökonomischen
Struktur durchaus unterschiedlich. Objektiv gemeinsam ist ihnen eine
Affinität zur modernen Rüstungsindustrie oder anderen erheblichen staatlichen Investitionen sowie das gleichzeitige Engagement großer Konzerne
und kleiner innovativer Unternehmen. Gemeinsam ist ihnen auch ein Image,
das Landschaftsbezug und Urbanität, qualifizierte Arbeit und anspruchs-
volle Freizeitgestaltung, materiellen Wohlstand und einen auf "Qualität"
bezogenen Lebensentwurf zu einem Bild vereint. Die folgenden Thesen
beziehen sich nicht auf die Frage, ob und in welchem Maß das Bild der
Wirklichkeit entspricht, sondern nehmen das "Bild" als eine Dimension
sozialer Wirklichkeit. Gegenstand der Überlegungen ist es, den gesell-

schaftlichen Charakter des Raumbildes zu erfassen, indem es in den Prozeß der Klassenformierung und der Raumproduktion eingebunden wird.

2. VORERFAHRUNG

Wenige Kilometer südlich von Kassel – bei Felsberg – liegt einer der nördlichsten Weinberge Europas. Der Weinberg zieht sich den Talhang bis zu dem Winzerhaus mit Gaststätte hoch. Von der Terrasse aus gleitet der Blick über die eigenartige Vulkanlandschaft Nordhessens. Weinstube und Terrasse sind in der Regel leer, auch an Wochenenden. Einige Kilometer südlich von München liegt ein Kloster mit Bierausschank auf einem Moränenhügel. Der Blick von der Terrasse der Gaststätte weist nicht in die südliche beginnende Voralpenlandschaft, sondern auf die auslaufende Münchner Schotterebene. Gaststätte und Terrasse sind in der Regel voll, auch werktags.

Vor einigen Wochen stand in der Kasseler Lokalzeitung eine kleine Notiz: Die Ingenieure der in Kassel ansässigen Firma Henschel, die sich mit der Entwicklung eines Schnellbahnsystems befassen und momentan in einem Entwicklungsbüro in München arbeiten, hätten sich geweigert, zum Stammsitz der Firma nach Kassel zu kommen. Die Firma habe daraufhin ihren Plan wieder fallen lassen und werde die Entwicklungsabteilung in München aufrechterhalten.

Zu Räumen bestehen offensichtlich und relativ unabhängig von dem objektiven Angebot unterschiedlich intensive Nutzungsbeziehungen und symbolische Bindungen. Es gibt Räume, die gelten als wertvoll, andere als "Abfall". Die Beziehung zwischen Wert und Abfall unterliegt dabei einem Prozeß historischer Transformation. Aus Abfall kann Wert werden, Wertvolles kann entwertet werden. So wird in Großbritannien zum ersten Mal seit dem Gesetz von 1949, das die Ausweisung von Nationalparks ermöglichte, ein Gebiet in Ostengland als Park ausgewiesen – bislang galten nur Hügel und Berge als schützenswert und wertvoll. Verändert sich der Wert eines Landschafts- oder Stadtbildes, so bedeutet dies meistens, daß Kriterien und Dimensionen wechseln, die die Grundlage der Bewertung bilden. Der

144

Wechsel der Bewertungskriterien und -dimensionen ist selbstredend ein sozialer Prozeß. Der Wert eines Raumes bestimmt sich mit und aus dem Prozeß sozialer Differenzierung. Bestimmte soziale Gruppen differenzieren sich von anderen durch eine spezifische Bewertung. Die Macht der Gruppe bestimmt dann die Diffusion und eventuelle Dominanz ihrer Bewertung (Thompson, 1981).

3. IRGENDETWAS TUT SICH: DIE THESE EINES ANSTEHENDEN FORMATIONSWECHSELS

Nachdem die Soziologie jahrelang die Legitimations- und Entwicklungskrise des Kapitalismus diagnostiziert hat, die nun nicht, noch nicht oder nicht wie erwartet eingetreten ist, schärft sich nunmehr der Blick für Transformationen der westlichen Gesellschaften. Die Begrifflichkeit ist dabei nicht befriedigend entwickelt: Post-Fordismus, post-industriell, postmodern verweisen mehr darauf, daß sich etwas ändert, doch läßt sich ein Muster noch nicht begreifen. Allerdings gibt es eine Reihe für unsere Überlegungen wichtiger Hypothesen:

- Auf der Ebene der Ökonomie verliert die Schwerindustrie und tendenziell die industrielle Produktion von Gütern des Massenkonsums an Bedeutung. Es kommt zur regional konzentrierten De-Industrialisierung. Zugleich gewinnen andere Sparten an Breite und Bedeutung und melden auch subjektiv den Führungsanspruch an (Bluestone & Harrison, 1982; Funke, o.J.).

- Auf der Ebene des Arbeitsmarktes kommt es zur Professionalisierung der Kopf- und Handarbeit. Zugleich nehmen die Anteile geringer qualifizierter Arbeit ab und werden sozial und ökonomisch schärfer segregiert. Das Modell der industriellen Arbeit (nicht unbedingt die reale Verbreitung) ist nicht mehr die Massenfertigung, die Corbusier noch zu Ausrufen des Entzückens verleitete, sondern das Spezialprodukt (Piore & Sobel, 1985; Schumann & Wittemann, 1985).

- Auf der Ebene des Staates gerät die sozialstaatliche Regelung ökonomisch und sozial verursachter Probleme in die Krise. Auch hier scheint es weniger die reale Funktionsfähigkeit dieser Institution zu sein,

sondern die utopische Energie, die verlustig geht. Man liebt sie nicht
(mehr), die Institutionen sozialer Sicherheit, die bürokratische
Durchdringung der Lebenswelt wird als Fessel empfunden (Habermas,
1985).

- Auf der Ebene der Werte und Ideologien geraten die Aufklärer in eine
für sie neue Ratlosigkeit, der Zeitgeist dagegen ist eher postmodern.
An Krisen und Kriege hat man sich gewöhnt, keiner glaubt an eine heile
Welt von morgen und sucht statt dessen im Mikrokosmos sozialer Netze
Abwechslung, Genuß und Geborgenheit (Bermann, 1982).

Einige Autoren sehen in diesen (und einigen anderen) Thesen und den
entsprechenden empirischen Materialien Hinweise auf einen Formationswechsel in der Entwicklung des Kapitalismus (Hirsch, 1985). Die Vorstellung eines Formationswechsels ist eng mit der Beobachtung langer Zyklen
verbunden: Langfristige Auf- und Abstiegsphasen begründen sich mit der
Entwicklung einer Basisinnovation, der Entwicklung von spill-off- und
spill-over-Effekten, und schließlich der allmählichen Vernutzung, die das
Ende eines Zyklus anzeigt. Die These eines Formationswechsels beinhaltet
diese Vorstellung, ist jedoch komplexer: Es wird nicht nur eine Veränderung der Technik und damit der Branchenstruktur angenommen, sondern
ebenso eine Veränderung im Modell der Arbeit und der staatlichen Organisationen, in der Zusammensetzung der sozialen Klassen und der Ausdiffe-
renzierung spezifischer Lebensstile. Die Argumentationslogik ist hierbei
in einem einfachen Sinne deduktiv. Ausgangspunkt ist der Wechsel von
Techniken zentraler Bedeutung, der schließlich über verschiedene Schritte
vermittelt zur Veränderung der Klassenstruktur und damit zum Wechsel in
der ökonomischen und sozialen Struktur der Gesellschaft führt. Nun gibt
es in der Tat historisch zahlreiche Beispiele, die die enorme Bedeutung
eines Wechsels in der Technik deutlich werden lassen: Nehmen wir nur als
ein Beispiel die Entwicklung der Eisenbahn, in deren Gefolge sich vom
Zeitbegriff (die Entstehung der Standardzeit), über die Territorialent-
wicklung und den Umbau zahlreicher Städte bis hin zu veränderten Wahrneh-
mungsdispositionen (das Sehen im Panorama) gesellschaftlicher Wandel
durchgesetzt hat (Schivelbusch, 1977). Gleichwohl ist gegenüber einer zu
glatt deduzierten These Skepsis angebracht. Wie die Analyse der Klassen-

bildung zeigt, ist die Selbstherstellung der Klasse als Organisation einer eigenständigen Lebenswelt durchaus unabhängig gegenüber objektiven Bedingungen der Klassenformierung. Es ist darüberhinaus die These formuliert worden, daß sich der Zusammenhang zwischen der Stellung im Produktionsprozeß und der Form der Reproduktion zunehmend lockere, oder anders ausgedrückt: Der Lebensstil werde weniger als bisher durch die Zugehörigkeit zu einer bestimmten Schicht oder Klasse bestimmt (Beck, 1983).

4. DIE PROFESSIONELLEN

Es gibt eine Reihe von Hinweisen darauf, daß im Zusammenhang mit den eben thesenhaft angesprochenen Entwicklungen in allen westlichen Industrieländern eine neue Klassenfraktion entsteht: eine Klasse professioneller Kader. Die These der (allmählichen) Herausbildung einer neuen Klassenfraktion hängt zum einen mit der sektoralen Entwicklung zusammen. Mit der zunehmenden Verschiebung der Beschäftigten vom ersten in den zweiten und schließlich dritten Sektor nimmt der Anteil der formal höher qualifizierten Beschäftigten zu. Mit der potentiellen Entwicklung eines vierten Sektors (Kommunikation) wird der Qualifizierungstrend verstärkt. Dieser Trend wird verstärkt, wenn die Arbeitskraft teuer ist, da dann unqualifizierte Arbeit rationalisiert und automatisiert wird. Er verlangsamt sich, wenn die Arbeitskraft billig ist. Entsprechende Beobachtungen über eine aktuelle Ausweitung unqualifizierter Arbeit im Dienstleistungssektor der den USA lassen sich damit erklären.

Zum anderen kommt es in jedem Sektor selber zu zunehmenden Spezialisierungen, die erhöhte Anforderungen an formale Qualifikation begründen. Für die Bundesrepublik lassen sich beide Tendenzen nachweisen. Die Ausweitung des gehobenen Bildungssektors, der im Moment 20-25% eines Jahrgangs umfaßt, war die Antwort des Staates auf Modernisierungsanforderungen sowohl in der öffentlichen Verwaltung selber als auch in den industriellen und der Industrie vor- und nachgelagerten Dienstleistungsbereichen. Eine Rückkehr der Qualifizierung der Arbeit wird auch in deutschen industriesoziologischen Studien festgestellt.

Die Bedingung zur Konstituierung einer eigenen Klassenfraktion als Professionelle sind einmal in der "Eigenverwaltung" und Autonomie von Professionsnormen zu sehen, zum zweiten in einem erheblichen Dispositionsspielraum am Arbeitsplatz. Mit beidem verbunden ist eine deutlich privilegierte Stellung auf dem Arbeitsmarkt mit entsprechend gehobenen Einkommen. Schließlich – und dies scheint mir für den Prozeß der Klassenformierung mit am wichtigsten zu sein – kommt es zur allmählich erkennbaren Herausbildung einer eigenen Lebenswelt und zur Produktion kultureller Deutungsmuster, die zumindest den Anspruch auf Dominanz entwickeln. Kennzeichnend dafür scheint mir die Kombination von Berufsorientierung bezogen auf die Qualität der Leistung (weniger die Loyalität gegenüber dem Vorgesetzten) mit einem hedonistischen Lebensentwurf. Eine Soziologie der Geschmacksbildung wird zudem Spezifitäten vom Kleidungsstil bis zur Möbeleinrichtung, vom Urlaubsort bis zur Geschmacksrichtung des Essens herausarbeiten können (Bourdieux, 1985).

Empirisch zu beobachten ist eine Konzentration der Professionellen in und auf bestimmte Räume. In einer Studie über den Raum Grenoble werden ein traditionelles Quartier und eine "neue urbane Zone" verglichen. Im traditionellen Quartier leben zu 52,4% Arbeiter, in Meylan, der neuen urbanen Zone, 15%. Professionelle im eigentlichen Sinn befinden sich im traditionellen Quartier zu 4,4%, in Meylan zu 31,3%. Bei mittleren Kadern lauten die entsprechenden Werte 10,8 und 21,8% (Ferrand, 1982). Für die Bundesrepublik liegen meines Wissens entsprechende Studien noch nicht vor. Doch ist zu vermuten, daß der Raum südlich von München oder Stuttgart entsprechende Konzentrationen von Professionellen aufweist.

5. RAUMGESTALT UND KONSUMTION

Die Klasse der Professionellen lebt nicht nur – wie alle Klassen – mehr oder weniger räumlich konzentriert, sie hat auch ein spezifisches Verhältnis zum Raum. Es gibt bei ihr keinerlei primäre Beziehung zu Raum und Landschaft, wie dies bei Bauern notwendig, bei Arbeitern noch häufig ist. Bei primären Beziehungen wird dem Raum durch Arbeit abgerungen, was man braucht oder vermarkten kann. Das emotionale Verhältnis zur Landschaft ist ambivalent, da sich das Gefühl der Abhängigkeit mit instrumentellen Einstellungen und dem Haß auf unkontrollierte "Natürlichkeit" verbindet. Die Verrohrung der Dorfbäche ist der materialisierte Haß gegenüber der Unkontrollierbarkeit des Wassers. Die Ambivalenz der psycho-sozialen Beziehung dieser Klassen zum Raum ist um so ausgeprägter, als Modernisierungsprozesse die Ökonomisierung dieser Beziehung vorangetrieben haben. Diese These werde ich im nächsten Punkt noch einmal aufgreifen. Hier jedoch ist das ganz und gar gegenteilige Verhältnis zur Landschaft bei der Klasse der Professionellen zu betonen. Ihre Distanz zum erlebbaren Stoffwechsel zwischen Mensch und Natur läßt sie Landschaft als ein Konsumgut betrachten, für das man über die Kosten des Wohnstandortes zu zahlen hat. Die Verwertung der Landschaft ist ihnen ein Greuel, da sie die Konsumtion irritiert.

6. DIE NOTWENDIGE VERZAUBERUNG VON RAUM UND ZEIT

Die Professionellen sind ein Ergebnis derjenigen Rationalisierungsprozesse, die die industrielle Welt insgesamt kennzeichnen. Ausdruck dieser Rationalisierung ist der abstrakte Raum und die abstrakte Zeit, als notwendige Voraussetzung flexiblen und zugleich diszipliniert zielgerichteten Handelns (Hahn, 1977). Die These ist, daß die hiermit verbundene Entzauberung der Welt nur bis zu einem bestimmten Maß handlungsproduktiv ist. So wie es ganz allgemein einen Widerstand gegen die Rationalisierung der Lebenswelten gibt, so gilt dies dann besonders dort, wo der Durchgriff am perfektesten ist: bei den Professionellen. Freilich kann ein Widerstand gegen die "Überrationalisierung" nicht im beruflichen Bereich erfolgen. Zumindest nicht im Kern der beruflichen Tätigkeit, wohl in der Mythologisierung des Berufsimages (siehe Hi-Tech). Dementsprechend neigt der Professionelle zu einer Lebenswelt, die ihm die Dimensionen Zeit und Raum dort und dann verzaubern, wenn eine rationale Durchdringung funktional nicht erforderlich ist. Der Biergarten oder das Café als Institution des Zeitvertuns, die Aussicht, bei Föhn sich dem Raum verbunden zu fühlen, sind, wenn schon nicht notwendige, so doch angenehme Entlastungen gegenüber der kalten Abstraktheit des beruflichen Kerns der eigenen Lebenswelt. Bestimmte Regionen eignen sich für diese Bedürfnisse

besonders, wobei wir uns weniger auf naturbürtige Faktoren beziehen (z.B.
die Vielfältigkeit der Moränenlandschaft) als auf den sozialen Gebrauch
der Landschaft. Sowohl Bayern als auch Savoyen galten als rückständig.
Die Landbewirtschaftung war und ist extensiv, störende Nutzungen relativ
selten. Doch nicht nur die Kulturlandschaft eignet sich besonders zu
Konsumtion und Verzauberung. Auch die Einheimischen selber realisieren
noch in Teilen, was den Professionellen fehlt. Sie leben den Regionalis-
mus als Erlebnis des konkreten Raums und sehen die Welt und ihre Aneig-
nungsmöglichkeit als "limited good" (Shanin, 1971), das Akkumulation
ausschließt. Dies macht ein lineares Zeitverständnis überflüssig. So wird
die Modernisierung der autochtonen Bevölkerung bewußt oder unbewußt verlangsamt, da die Ungleichzeitigkeit funktional ist.

7. HYPERREALITÄT

Über die Stabilität dieser Verhältnisse lassen sich nur schwer Thesen
wagen, doch muß man nicht unbedingt davon ausgehen, daß es sich nur um
ein kurzfristiges Übergangsphänomen handelt. Zum einen wird das Image der
Kombination von Verzauberung und Effizienz auch politisch gepflegt, zum
anderen sind die lokalen und regionalen Widerstände gegen Modernisierungen, die das "schöne Land zerstören" gerade in Regionen wie Oberbayern
beträchtlich, so daß gerade oppositionelle Kräfte zu einer realen Stabilität mit beitragen. Es geht lediglich darum, die Beziehungen zu Raum und
Zeit unüberprüfbar zu machen, damit zwischen Inszenierung und Realität
nicht mehr unterschieden werden kann. U. Eco entwickelt den Begriff der
Hyperrealität in einem Essay über Kalifornien. In Bezug auf Ripley's
Museum "Believe it or not", das Wunder der Welt vom einbalsamierten
Schrumpfkopf bis zu einem Kalb mit zwei Köpfen enthält, schreibt er "...
neu ist bei ihm nur die absolute Irrelevanz des Einzelstückes oder genauer, die ungenierte Eskamotierung des Echtheitsproblems. Die reklamier-
te und angepriesene Echtheit ist nicht historisch, sie ist zu sehen.
Alles sieht aus wie echt und ist daher echt ..." (Eco, 1985). Die Auflösung der Grenzen zwischen echt und unecht findet in der Architektur neuer
urbaner Zonen einen leicht zu begreifenden Niederschlag. In Swindon,
westlich von London, ließen die Betreiber eines "sauberen" Parks für

Geographisches Institut
der Universität Kiel
Neue Universität

Gewerbe und Forschung eine echte Windmühle am unechten Ort errichten, die in der Spiegelfassade des zentralen Gewerbebaus reflektiert. Allerdings sei es durchaus möglich, daß im Mittelalter hier eine Mühle gestanden habe, reklamiert der Manager als Echtheitsbeweis für die doppelte Illusion. Schwieriger zu entwickeln ist die These für den Sachverhalt einer allmählichen Auflösung der Echtheit historisch echter Situationen. Für den Raum um München scheint es mir möglich, eine derartige These zu wagen. Historisch kann die Auflösung der Echtheit an der Verzauberung des Bayerischen Königshauses anknüpfen. In Imitationen venezianischer Lastschiffe ging Herzog Albrecht V. seinen Vergnügungen auf dem Starnberger See nach. Ständige Realität bleibt der mysteriöse Tod Ludwigs II. und seines Arztes Professor von Gudden bei Berg. Zu überprüfen ist aktuell, inwieweit die Konnotationen von Architektur, Stadtraum und Landschaft Assoziationen hervorrufen, die eine scheinbare Realität unterstellen, deren Echtheit sich auflöst. Sicher ist dies der Fall für die bayerische Volkskultur, und zu beobachten ist es auch für die Qualitäten des Wohnstandortes München.

8. KLASSENFORMIERUNG, RAUMENTWICKLUNG UND IMAGEPRODUKTION

Wie sicherlich jedem deutlich ist, bewegt sich mein Beitrag zur Frage des oder eines möglichen Süd-Nord-Gefälles, der unterschiedlichen Entwicklungen in "sunbelt und frostbelt", auf einer spekulativen Ebene. Die Sammlung harter und weicher Beobachtungen steht erst am Anfang. Resümiert man die Thesen, so werden die Probleme des bislang skizzierten Forschungsprogramms in theoretischer und empirischer Hinsicht deutlich.

1. Ausgangspunkt der Überlegungen war die Beobachtung "neuer urbaner Zonen", doch wie lassen sich diese Zonen bestimmen? Zum einen scheinen sie sich unter dem Gesichtspunkt von Dezentralisierungen in längerfristig wirksame Stadtentwicklungsmuster einzuordnen. Nach einer Phase der Suburbanisierung könnte nun eine der Exurbanisierung folgen, die sich zwar an den Agglomerationsraum anlehnt, jedoch eine räumliche und funktionale Distanz bewahrt. Zugleich gibt es den Versuch, in existierenden Stadträumen neue urbane Zonen zu installieren. Ein Beispiel dafür

wäre "La Défense" als Bürostadt in Paris oder die Entwicklung der Docks um eine neu festgelegte Unternehmenszone in London. Die Definition neuer urbaner Zonen muß offensichtlich zugleich räumliche, städtebauliche und sozioökonomische Elemente enthalten.

2. Die Entwicklung der neuen urbanen Zonen wird in Zusammenhang mit einem allmählichen Formationswechsel in den kapitalistischen Industriestädten gesehen. Empirisch steht dies in Bezug zur Entwicklung neuer Techniken, die jedoch in sich äußerst heterogen sind. Computertechnologie, Lasertechnik und Genforschung haben kaum Gemeinsamkeiten und verteilen sich darüberhinaus auch räumlich unterschiedlich. Während die Computertechnologie in England im Südwesten von London eine Häufung von Betrieben aufweist und in engem Zusammenhang mit Rüstungsinvestitionen zu sehen ist, häufen sich Einrichtungen der Genforschung und Biotechnologie im Norden und Osten von Londen und stehen in einem Zusammenhang mit der Universität Cambridge. Der Zusammenhang von Branchenstruktur und Raumentwicklung lockert sich darüberhinaus dadurch, daß eine "Hi-Tech-Region" eine Vielzahl von Betrieben anzieht, die in keinerlei Bezug zu diesen Technologien und Forschungseinrichtungen stehen. So füllt sich der Stadtraum von Reading in der Zone M4 mehr und mehr mit den Büros von Rechtsanwälten, Versicherungsvertretern und Architekten, die den Kostenvorteil der dort im Vergleich zu London noch preiswerten Büroflächen mit dem (angenommenen) Konkurrenzvorteil des Standortimages verbinden.

3. Die Bildung einer neuen Klassenfraktion der Professionellen wird in Zusammenhang mit Entwicklungen der Technik und Branchenstruktur gesehen. Zum einen ergeben sich nicht unerhebliche Schwierigkeiten, diese Klassenfraktion, so es sie gibt, theoretisch und empirisch zu bestimmen. Die Höhe des formalen Bildungsabschlusses ist sicherlich kein befriedigendes Kriterium, da es alle gehobenen Positionen umfaßt. Gegenstand der Arbeit, Arbeitsorganisation und die Herausbildung eines abgrenzbaren Lebensstils sind erst noch zu untersuchen. Zum anderen ist es wahrscheinlich, daß sich die Selbstdeutungen, Zurechnungen und Außendarstellungen im Lebensstil verselbständigen und damit von objektiven Bestimmungen der Klassenlage lösen. Die zunehmende Auflösung enger Klassen- und Schichtgrenzen läßt Lebensstile zu subjektiven Inszenierungen der Lebenswelt werden, die

man annehmen und ablegen kann. Es ist wahrscheinlich, daß gerade der Lebensstil "erfolgreicher" Klassenfraktionen imitiert wird, um sich eine symbolische Teilnahme an dem "Erfolg" zu sichern.

4. Für die Raumbilder, die einer bestimmten Region anhängen oder angehängt werden, muß aus systematisch ähnlichen Gründen eine Unschärfe angenommen werden. Zum einen werden diese Bilder als Images produziert und reproduziert, sie werden instrumentell eingesetzt. Die Zone M4 wird als "lovely landscape" bezeichnet, was für einen außenstehenden Beobachter schwer nachzuvollziehen ist. In recht beliebiger Weise greift die Imageproduktion Attribute auf, die sich den Eigenschaften der Region gegenüber abstrahieren. "... historisch, Landstädtchen, Parklandschaft, Fernblicke ..." Wenn aber die Attribute unspezifisch werden, sich nicht mehr an der Verteilung von Werten in einem konkreten Raum festmachen, dann wird aus dem Raumbild ein Stereotyp, das nicht mehr zur Differenzierung taugt. Zum anderen lösen sich die Raumbilder von einer bestimmten sozialen Schicht in einem Raum, je "erfolgreicher" ein Bild ist. Eine mögliche kausale Verknüpfung zwischen einer bestimmten Schicht oder Klassenfraktion und einem bestimmten Raumbild in einem definierten Raum läßt sich dann nicht mehr nachweisen.

5. Welche Rolle spielen schließlich die Raumbilder für die Raumentwicklung? Initiieren die Bilder eine Entwicklung, sind sie akzelerierend oder einfach sekundär? Eine Frage, die empirisch recht schwierig zu überprüfen ist. Vergleichende Untersuchungen zwischen Regionen unterschiedlicher Entwicklungsdynamik können lediglich korrelativ Zusammenhänge nachweisen. Die Frage der Notwendigkeit eines Bildes für die Enwicklung einer Region und die Handlungsstrategien und Perspektiven einzelner Klassenfraktionen läßt sich wohl nur qualitativ beantworten.

Fragen zu stellen ist oft angenehmer, als Antworten zu geben; zumindest, wenn es sich um wissenschaftliche Antworten handelt, die sich Regeln unterwerfen müssen, die den Fragen oft nicht angemessen sind. Und dennoch: Der Aufenthalt in Platos Höhle, in der sich die Realität nur in ihren Schattenbildern zeigt, ist auf die Dauer zu kühl.

Rainer Neef

Raumentwicklung, Wirtschaftsbewegung und die Wirkungen der Krise in Frankreich

1. EINIGE BESONDERHEITEN DES LANDES

1.1 Wirtschaft

Frankreich war noch Mitte des 19. Jahrhunderts die zweitgrößte Industriemacht Europas. Schon damals war seine bis in die Gegenwart fort-
erhaltene wirtschaftsräumliche Grundstruktur entstanden: Paris als
Zentrum politischer und ökonomischer Herrschaft und überragende Ballung
der weiterverarbeitenden Industrie; ein von Schwer-, Textil- und einigen
spezielleren Industrien bestimmter Gürtel von der Kanalküste über Lothringen und das Elsaß bis zum Raum Lyon-St. Etionne-Le Creusot; die agrarische und kleingewerbliche Provinz Zentral-, Süd- und Westfrankreichs.
Nach 1871 fiel das Land ökonomisch beträchtlich zurück und machte im
Schutz von Zollmauern eine stark auf die Kolonien bezogene eher langsame
Wirtschaftsentwicklung durch. Erst die Öffnung zu EWG und Weltmarkt und
der damit verbundene Verlust des geschützten Binnen- und Kolonialmarktes
seit 1958 - von der Gaullistischen Staatsbürokratie gegen den Widerstand
des bis dahin vorherrschenden mittelständischen Unternehmertums und zum
Nutzen und zur Vorherrschaft von Großkonzernen der Wachstumsindustrien
und der Finanzwelt durchgesetzt - brachte dem Land rasche wirtschafts-
strukturelle Veränderungen. Von den 60er bis Mitte der 70er Jahre erreichte die französische Wirtschaft nach Japan die höchsten Wachstumsraten der westlichen Welt - aber es wurde auch wie kein anderes großes
kapitalistisches Land von ausländischen Waren und Kapitalen durchdrungen
und behielt erhebliche Strukturschwächen bei. Das hängt mit drei Besonderheiten zusammen:

1. Mehr als in vergleichbaren kapitalistischen Ländern stehen sich eine
   Welt moderner Großkonzerne und kleinbetrieblicher Wirtschaft gegenüber:

- In der Landwirtschaft reicht die Palette von einer Minderheit moderner Betriebe mit relativ hohem Einkommen und Produktionsleistungen, vor allem im Pariser Becken, bis zur Masse der eher ärmlichen Kleinbauernhöfe mit Subsistenzwirtschaft im Süden und Westen. Der Anteil der Bauernschaft an der Bevölkerung ist trotz rapiden Abbaus seit den 60er Jahren erheblich größer als in allen vergleichbaren europäischen Industrieländern.

- Der sogenannte Dienstleistungssektor war an Beschäftigten schon immer größer als der sekundäre Sektor. Er hat diesen heute auch leistungsmäßig überflügelt und wächst ständig weiter. Noch heute herrschen hier die eher archaischen Gewerbeformen vor: Kleinbetriebe des Handels, des Handwerks und der persönlichen Dienstleistungen, in denen noch wie vor 50 Jahren gewirtschaftet wird, beherrschen noch das Feld, obwohl immer mehr von ihnen aussterben. Daneben wachsen die modernen sogenannten betrieblichen Dienstleistungen, die staatlichen Institutionen, die hochkonzentrierte Bank- und Versicherungswirtschaft und der großbetriebliche Einzelhandel rasch an.

- Die Industrie ist geprägt vom Gegensatz zwischen modernisierten und vielfältig verflochtenen Konzernen vor allem im Produktionsgüter- und Transportmittelsektor und einem rückständigen Bereich kleinbetrieblicher Zuliefer-, Bau- und Konsumgüterindustrien.

2. Stärker als bei vergleichbaren Ländern beruht seine Weltmarktposition zunächst auf Produkten schwacher Wirtschaftsbereiche: Nahrungsmittel, Textilien und Lederwaren. Von wachsender Bedeutung, aber nicht tragend, ist der Export von Waren vereinzelter dynamischer "Wettbewerbs-Pole": vor allem Fahrzeugbau, Spezial-Chemie, Glasindustrie, Rüstungswirtschaft. Zugleich ist die französische Wirtschaft vom Import wichtiger, im Inland nicht produzierter Produktionsgüter abhängig. Frankreich hat also ein lückenhaftes Industrienetz; in wichtigen Bereichen sind keine zusammenhängenden Produktionsketten vom Vorprodukt bis zur Fertigware entstanden.

3. Das hängt vor allem mit der spezifischen Form von Wirtschaftskon-

zentration und -modernisierung zusammen: Sie beschränkte sich fast ausschließlich auf den Bereich der Produktions- und Transportmittelindustrie und Teile der Zwischengüterindustrie - zurück blieben vor allem fast die gesamte Konsumgüterindustrie und die enorme Zahl von Klein- und Mittelindustrien. Die Regierung förderte dies systematisch in der Hoffnung auf eine Erneuerung und Komplettierung der nationalen Industriestruktur durch der ausländischen Konkurrenz vergleichbare Großkonzerne. Tatsächlich fanden sich große Unternehmensgruppen zusammen, aber sie sind überwiegend Finanz-Konglomerate: Es entstanden kaum integrierte Produktionskomplexe: Profitable Produktionsteile dieser Konzerne werden modernisiert und konzentriert, weniger profitable Bereiche stillgelegt.

1.2 Staatlicher Bereich

Ein wesentliches Instrument der Industriepolitik ist der Sektor der nationalisierten Wirtschaft. Verstaatlicht wuren 1936/37 (Volksfrontregierung) Eisenbahnen und Rüstungsindustrie, 1944-47 (Regierung der Nationalen Einheit - Gaullisten, bürgerliche Mitte, Sozialisten und KPF) der gesamte Kohlebergbau und die Energieversorgung, ein beträchtlicher Teil des Flugzeug- und Automobilbaus (Renault), ein Teil der Handelsmarine und fünf Großbanken. Bis 1981 wurde in diesem Bereich, der 11-13% der Wertschöpfung und Beschäftigten umfaßte, eine gezielte Politik der Schaffung günstiger allgemeiner Verwertungsbedingungen für die Entwicklung der privaten Großindustrie verfolgt (niedrige Transport- und Energiekosten, günstige Investitionsfinanzierungen). Die Verstaatlichungen 1982 steigerten den Anteil des staatlichen Sektors auf 20% der Beschäftigten, 30% des Umsatzes und 60% der Forschungs- und Entwicklungsleistungen der Industrie. Sie dienten teils der Modernisierung und "Gesundschrumpfung" wichtiger Krisenindustrien (Eisen- und Stahlerzeugung, Elektrobau, Basischemie u.ä.), teils der Neustrukturierung führender Wachstums- und Exportindustrien (Chemie, Pharmazie, Industrieelektrik und -elektronik, Kommunikationsindustrie u.ä.). Inzwischen sind die Nationalisierungen von 1982 rückgängig gemacht worden, und selbst die Großbanken werden im Zeichen neoliberaler Wirtschaftspolitik reprivatisiert (Angaben nach Baslé et al., 1984:335ff; Steinacker & Westphal, 1985:381ff).

Seit 1947 werden im Rahmen staatlicher Planung (planification) 5-Jahres-Pläne aufgestellt. Sie binden die öffentliche Hand und die staatlichen Unternehmen, dienen der Privatwirtschaft jedoch nur als Orientierungsrahmen. In den 60er Jahren konnten Wirtschaftspolitik, Infrastrukturausbau und Sozialpolitik in einigen Bereichen koordiniert und zu einigen größeren Programmen zusammengeführt werden, wobei der soziale Bereich grundsätzlich als Stütze und Annex der Wirtschaftsentwicklung behandelt wurde. Die Planungs- und Industriepolitik der Sozialisten hat die Chance einer umfassenden gesellschaftlichen Neugestaltung vertan. Sie konzentrierte sich auf die Wiedereroberung des Binnenmarktes durch Entwicklung eines zusammenhängenden Industrienetzes und seit 1984 zunehmend nur noch auf technologische Entwicklungen zur Verbesserung der internationalen Wettbewerbsfähigkeit. Sie hat insofern einen gleitenden Übergang zu den marktwirtschaftlichen Orientierungen der nun wieder herrschenden Konservativen bewerkstelligt.

Bis 1982 war die staatliche Verwaltung auf allen Gebietsebenen zentralistisch. In den 24.000 kleinen Dörfern (bis 500 Einw.) und den 12.000 größeren Dörfern und Kleinstädten (500-5.000 Einw.) waren staatliche "externe Dienste" und die von "Paris" gesteuerte Präfektur Kontrollinstanz und wesentlichster Zugangskanal zu Finanzmitteln. In den 1.300 Klein-, Mittel- und Großstädten standen ihnen Gemeinderat und Bürgermeister als relativ ebenbürtige Instanz mit eigenen Befugnissen und Mitteln gegenüber. Das ganze System funktionierte durch informellen Interessenausgleich zwischen örtlichen Honoratioren und zentralen Bürokratien und hatte einen starken Hang zum Klientelismus. Seit 1982 wurden im Zuge der Dezentralisierung die 96 Départements und 22 Regionen neben den Gemeinden selbständige Körperschaften; lokales und regionales Sozial-, Bildungs-, Bau- und Finanzwesen und entsprechende Planungs- und Wirtschaftsförderungsbefugnisse sind ihnen zugeordnet. Umfangreiche Mittel und Kompetenzen zur Verwaltung der Krise (Sozialhilfe; Förderung lokaler Beschäftigung) wurden an lokale Instanzen abgegeben. Insofern scheinen die Gemeinden und Départements eher die sozialen und die Regionen eher die ökonomischen Bereiche der Politik zu bearbeiten. Freilich blieben die größeren

gesellschaftspolitischen Projekte, von der Beschäftigungspolitik bis zur
Sanierung regionaler Krisenindustrien, in der Hand der Regierung (vgl.
Thoenig, 1982; Molis & Rondin, 1985). In diesem Sinne behält die neue
Regierung die Dezentralisierung bei.

1.3 Regionen

Seit Ende der 50er Jahre haben starkes Wirtschaftswachstum sowie ein
rapider Abbau der Landwirtschaft und eines Teils des Kleingewerbes und
rasche Verstädterung das Leben der Franzosen im weiten Umland der großen
Agglomerationen, vor allem im weiteren Bereich der Region Paris, umge-
stürzt: Ehemalige Bauern fanden neue Arbeit als angelernte Arbeiter,
Frauen als unqualifizierte Arbeiterinnen oder kleine Angestellte in neuen
Industriebetrieben und modernen Verwaltungs- und Dienstleistungseinrich-
tungen (erstmals seit der Jahrhundertwende stieg in den 60er Jahren die
Frauenerwerbsquote). Ehemalige Kleingewerbetreibende oder ihre Kinder
wurden Arbeiter oder kleine Angestellte in Industrie und Verwaltung. Für
die Älteren von ihnen führte dies zumeist zu einer Pendler-Existenz. Die
Jüngeren wanderten vorwiegend in die Agglomerationsräume ab, wo sie sich
in rasch hochgezogenen Neubauvierteln (grandes ensembles) Tür an Tür mit
ehemaligen Bewohnern innerstädtischer Gebiete fanden: Facharbeiter, rui-
nierte Handwerker und Kleinhändler, Ausländer. Seit der Wirtschaftskrise
freilich geht diese Bewegung zurück. Die Bevölkerung großer Städte stagniert oder nimmt ab, nur mittelgroße Städte erhalten noch zusätzliche
Einwohner, und Teile der ländlichen Provinz bekommen neuen Zulauf.

In der Agglomeration Paris mit 11 der 54 Millionen Einwohner Frankreichs
leben ein Fünftel der Erwerbsbevölkerung, ein Drittel aller Angestellten
und "cadres", 40% aller höheren Führungskräfte, mehr als die Hälfte aller
Bank- und Versicherungsangestellten. Sie ist das überragende Zentrum der
ökonomischen und politischen Macht. Die ökonomische Konzentration der
60er und 70er Jahre hat diese Rolle von Paris noch verstärkt. Hier werden
82% des Umsatzes aller Großunternehmen verwaltet (Browaeys & Chatelain,
1984:120f). Die enorme Ausweitung des modernen tertiären Bereichs bescherte Paris große Platz-, Verkehrs- und Wohnprobleme. Mit ausgreifendem

Bau von Schnellstraßen und Vorortbahnen, mit Errichtung tertiärer Subzen-
tren wie "La Défense" (7 km westlich der Stadtmitte gelegen), und Abriß
alter Viertel für neue Büro- und gehobene Wohnkomplexe versuchte man
ihnen beizukommen. Weiterhin führte die Ausweitung zu einer umfassenden
Vertreibung von Arbeitern und kleinen Leuten aus dem Stadtinneren an die
Peripherie, wo riesige neue Wohnviertel errichtet wurden. Die "gentrification" von Paris begann schon Ende der 50er Jahre! – Gleichzeitig ist
Paris aber nach wie vor das größte Industriezentrum des Landes. Seit der
Industrialisierung bis in die 60er Jahre hat die Region mehr als ein
Drittel der Zunahme französischer Industriebeschäftigung absorbiert (1872
lebten hier ein Sechstel, 1962 ein Viertel aller Industriearbeiter (Browaeys & Chatelain, 1984:121f) – vorwiegend in Klein- und Großunternehmen
der Metallurgie, Metallverarbeitung, Maschinenbau, Autoindustrie, Elek-
tro- und chemisch-pharmazeutischen Industrie jenseits des Stadtkerns im
"roten Gürtel" einer anarchischen Industrie-Vorortentwicklung. Traditionell schlechter Wohnungszustand, Industrieemissionen, wachsende Belastung
durch Straßenverkehr und Erosion des Netzes kleiner Handels- und Dienst-
leistungsbetriebe sorgen bis heute in diesem ersten Vorortgürtel für
unterdurchschnittliche Wohn- und Lebensbedingungen. Einen gewissen Ausgleich bringen die Nähe zum Arbeitsplatz, sanierte Areale mit modernen
Sozialwohnungen und ein System gut ausgebauter kollektiver Einrichtungen,
geschaffen von den vorwiegend "linken" Gemeindeverwaltungen. Seit den
60er Jahren gab es Industriewachstum nur noch im äußersten Ring, wo seit
den 50er Jahren ganze Zonen von Großbetrieben zwischen großen Mietwohn-
komplexen und Eigenheimsiedlungen entstanden. Bis heute wachsen die modernen, zunehmend von großen Wirtschaftsgruppen beherrschten Teile des
tertiären Wirtschaftssektors bis in die Vororte hinein – seit der Wirtschaftskrise nach 1974 allerdings nur noch langsam. Seit den 60er Jahren
wurde die Industrie im ersten Vorortgürtel mit staatlicher Hilfe immer
mehr abgebaut; mit der Wirtschaftskrise hat hier der Verlust von Indu-
strie-Arbeitsplätzen dramatische Formen angenommen. Die vorhandenen In-
dustrie-Arbeitsplätze sind insgesamt noch überdurchschnittlich qualifi-
ziert, und die Löhne liegen um 20% über dem nationalen Durchschnitt.
Paris war schon immer ein Zentrum der politisch militanten und gewerk-
schaftlich hochorganisierten Facharbeiterschaft, die freilich in der
neueren Industrieentwicklung immer mehr untergeht (vgl. vor allem Adda &

Ducreux, 1979; Browaeys & Chatelain, 1974/75).

Der industrialisierte Nordosten Frankreichs und die Region um Lyon enthalten außer dem Bank-, Verwaltungs- und Industriezentrum Lyon vorwiegend
traditionelle Industriearbeiter-Regionen. Bis in die 60er Jahre waren
hier das Arbeitsplatzangebot, aber zu einem guten Teil auch die Wohnverhältnisse, die Ausbildung, selbst die Kommunalpolitik, von den großen
Unternehmern ("patrons") beherrscht. Ähnlich wie im Ruhr- und Saargebiet
mußten für die Großbetriebe der Bergbau- und Stahlindustrie seit der
Industrialisierung große Mengen auswärtiger Arbeitskräfte und, unter
Bedingungen der Bevölkerungsstagnation in Frankreich von der Jahrhundertwende bis in die 50er Jahre, auch viele Ausländer angelockt, quali-
fiziert und an den Ort gebunden werden. Werkswohnungsbau, betriebliche
Versorgungseinrichtungen, unternehmenseigene Berufsschulen (bzw. für
Frauen: Haushaltsschulen) entstanden neben den staatlichen und sonstigen
privaten Einrichtungen, und zwar nicht nur im Montanbereich, wo sie quasi
betriebsnotwendig waren, sondern auch im Umkreis von Textil- und Gummiin-
dustrie (Michelin) in der Tradition des katholischen Paternalismus der
alten Industriellen-Dynastien. Die in diesen Regionen lebende geschlos-
sene Facharbeiter-Gesellschaft mit ihrem engen sozialen und politisch-
organisatorischen Netz und den klaren Konfliktlinien gegenüber dem örtlichen Großunternehmertum wurde von der Demontage der Kohle- und Stahlindustrie und der anhaltenden Textilkrise seit den 60er Jahren nachhaltig
erschüttert. Wirtschaftskrise und staatliche Umstrukturierungspolitik be-
schleunigten den Abbau und die räumliche Konzentration der seit 1978
faktisch verstaatlichten Montanindustrie, und nach zweijährigem Zögern
wurde diese Politik auch von der sozialistischen Regierung fortgeführt.
In den Regionen Nord und Lothringen wurden vor allem bis 1974 neue Industrien angesiedelt, aber sie konnten die Arbeitsplatzverluste nicht kompensieren und boten fast durchweg gering qualifizierte Arbeitsplätze,
häufig mit dem Zwang stundenlanger Pendlerwege verbunden. Hinter den bis
heute anhaltenden schweren Konflikten um Schließungen von Stahl- und
Bergwerken steht auch der Kampf um die Erhaltung klarer Lebensperspektiven, überkommener Solidarzusammenhänge und eines Lebensniveaus, das wegen
relativ hoher Einkommen durch betriebliche Zusatzleistungen und private
Zuverdienstmöglichkeiten erheblich über dem liegt, was die neue unquali-

fizierte Industriearbeit ermöglicht. In der Region um Lyon entstehen zusätzliche Beschäftigungsmöglichkeiten in einem wachsenden modernen tertiären Sektor – den Regionen Nord und Lothringen bleibt diese Perspektive trotz starker kommunaler Förderungsversuche versagt.

Im _Frankreich der Provinz_ fanden sich die Züge einer rückständigen Gesellschaft mit überholten Arbeits- und Lebensformen am klarsten. Die größeren Hafenstädte, Konzentrationen von Handel, Hafenarbeit und Werftindustrie mit einer meist qualifizierten, stark organisierten und militanten Arbeiterschaft und einem teilweise umfangreichen Zuliefer- und Kleingewerbe blieben ohne Ausstrahlung auf das Hinterland. Dort gab es vereinzelte Städte mit spezialisierter Klein- und Mittelindustrie, oft Monopole eines einzigen Industriezweigs, und in diesen Orten hatte die alte lokale Unternehmerschaft das Sagen. Viele ihrer Arbeitskräfte lebten auf dem Land als Pendler oder Heimarbeiter(innen). Im übrigen waren die Städte vorwiegend Zentren der Staatsverwaltung und des agrarisch bezogenen Handels und Handwerks. Zwischen ihnen lag das weite Gebiet der kleinbäuerlichen Landwirtschaft, überwiegend von EWG-Konkurrenz und Abwanderung ausgezehrt. Löhne und Einkommen in diesem rückständigen Teil Frankreichs (Mitte, Süden, Westen) waren weit unterdurchschnittlich, mit Ausnahme des Südostens. Zwei Gebietstypen hoben sich hier voneinander ab:

1. Der mittlere und südliche Raum mit Bevölkerungsschwund, umfassender landwirtschaftlicher Unterbeschäftigung und Landflucht, hohen Arbeitslosigkeitsraten und einer Tradition guter Ausbildung, die vorwiegend in den öffentlichen Dienst in Städten des französischen Nordens mündete. Die Bewohner – ob Bauern, kleine Selbständige oder Arbeiter – sind stark anti-staatlich und politisch links orientiert. Tendenzen zur Industrieansiedlung waren mit Ausnahme der wenigen Hafenstädte praktisch gleich Null. Nur in Südfrankreich hat die tertiäre Wirtschaft – Tourismus, soziale Dienste, wirtschaftsbezogene Dienstleistungen und Forschungs- und Entwicklungseinrichtungen – seit den 70er Jahren stark zugenommen; hinzu kamen an einigen Standorten neue Groß- und Kleinbetriebe der "Spitzenindustrien". Die Bevölkerung wandert seitdem praktisch nicht mehr ab, vielmehr gibt es eine erhebliche Zuwanderung; so ist auch die Arbeitslosigkeit überdurchschnittlich hoch geblieben, und gleichzeitig wurde ein

relativ hohes Lohnniveau erreicht.

2. Der nördliche Westen, vor allem die Bretagne, hatte traditionell eine katholisch-konservative, kinderreiche Bewohnerschaft. Seit der Jahrhundertwende flossen die Bevölkerungsüberschüsse in den Arbeitsmarkt Paris. Bis in die 60er Jahre bestand hier ein stark kirchlich geprägtes, auf Arbeit in Haus und Hof ausgerichtetes Ausbildungssystem und ein relativ stabiles Beschäftigungssystem aus Bauernwirtschaft und ländlicher Industrie, das trotz relativ niedriger Einkommen den Bevölkerungsbestand stabil hielt. Seitdem zerbröckelt dieses System im Zuge der Modernisierung der Landwirtschaft auf EWG-Standards hin und der Erosion der Kleinindustrie. Gleichzeitig zogen immer mehr große Industriebetriebe mit unqualifizierten Arbeitsplätzen aus dem Raum Paris zu, um das örtlich niedrige Lohnniveau, das bäuerliche Arbeitsethos und die starke Bindung an Haus und Garten zu nutzen.

(Zu diesem Panorama inspirierten vor allem: Baslé et al., 1984; Browaeys & Chatelain, 1984; Menyesch & Uterwedde 1983; Steinacker & Westphal, 1985)

2. WIRTSCHAFTSBEWEGUNG BIS IN DIE KRISE DER 70ER JAHRE

2.1 Räumliche Wirtschaftsentwicklung

Die Industrie wuchs in Produktion und Beschäftigung bis 1974; dieses Wachstum verteilte sich höchst unterschiedlich über das Land, ebenso wie der seitherige Beschäftigungsrückgang. In ganz groben Zügen zeigt sich die Entwicklung in den Graphiken auf der folgenden Seite.

Die hervorstechendsten Bewegungen waren:
- 50er Jahre: Wachstum überwiegend auf die Agglomeration Paris, daneben auch auf die anderen alten Industrieregionen, vor allem Lyon, bezogen.
- 60er Jahre: im Raum Paris Verlagerung des Industriewachstums an den Rand der Agglomeration und in das Umland (Pariser Becken); ähnliche Tendenzen in bescheidenerem Umfang im Raum Lyon, vor allem in Richtung

Grenoble; Beginn einer Industrialisierung des Raums westlich des Pariser Beckens; Wachstum im Elsaß und im Raum südwestlich davon; Rückgang
in den Regionen Nord und Lothringen.

- Seit Ende der 60er Jahre bis zu Beginn der Wirtschaftskrise: De-Industrialisierung der Agglomeration Paris, verstärktes Wachstum im

Abbildung 1: <u>Industriewachstum und -krise in Frankreich, 1954-1981</u>

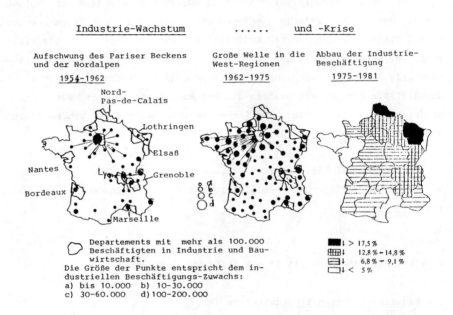

Industrie-Wachstum   ......   und -Krise

Aufschwung des Pariser Beckens   Große Welle in die   Abbau der Industrie-
und der Nordalpen   West-Regionen   Beschäftigung

1954-1962   1962-1975   1975-1981

Departements mit mehr als 100.000
Beschäftigten in Industrie und Bauwirtschaft.
Die Größe der Punkte entspricht dem industriellen Beschäftigungs-Zuwachs:
a) bis 10.000 b) 10-30.000
c) 30-60.000   d) 100-200.000

↓ > 17,5 %
↓ 12,8 % - 14,8 %
↓ 6,8 % - 9,1 %
↓ < 5 %

<u>Quellen</u>: Browaeys & Chatelain, 1984:146; Pottier, 1984:123

Umland und im Bereich westlich davon; weitere Industriezunahme im
östlichen Umland von Lyon sowie im Elsaß; beschränkte Neuansiedlung von
Industrie in den Regionen Nord und Lothringen, die aber die Arbeitsplatzverluste der dortigen Kohle-, Stahl- und Textilindustrie nicht
ausgleicht.

- Die Wirtschaftskrise führt zur Arbeitsplatzvernichtung in allen alten
Industrieregionen; extrem stark sind die Regionen Nord und Lothringen,
aber auch die alten Industriegebiete der Agglomeration Paris betroffen.
Relativ günstig war die Entwicklung in der "Provinz": Teile der dezen-

tralisierten Großbetriebe vor allem im Westen und der Klein- und Mittelindustrie vor allem im Süden hielten die Beschäftigung (vgl. besonders Browaeys & Chatelain, 1984:248ff; Flockton, 1983:111f; Pottier,
1984:123ff).

Die Dezentralisierungsbewegungen in das Umland der Agglomeration Paris,
stärker noch die zeitweiligen Betriebsverlagerungen aus dem Pariser Raum
in die nördlichen und östlichen Regionen mit Krisenindustrien – und ganz
hervorstechend die in den Westen – waren Verlagerungen von Großbetrieben
der Wachstumsindustrien. In das Pariser Becken und nach Nordosten wan-
derten vor allem Zweigwerke der Autoindustrie, nach Westen vor allem
Elektro- und Elektronikindustrie der Großserienproduktion, aber auch
Teile der Gummi- und chemischen Industrie. Der Maschinenbau und die
Metallverarbeitung bewegten sich meistens nicht über den Bereich ihrer
Hauptkonzentration (Agglomeration Paris) und ihrer weiteren Zentren (Raum
Lyon; Elsaß) hinaus. Im Bereich östlich von Lyon (Elektroenergie des
Alpenraums) entstand vor allem Aluminium-, Metall- und elektronische
Industrie mittlerer Größenordnungen.

Einige Industrieverlagerungen waren stark von materiell-räumlichen Faktoren bestimmt – z.B. der Aufbau großer Stahl- und Basischemie-Komplexe an
Hafenstandorten (vor allem Dünkirchen am Ärmelkanal, Fos bei Marseille)
oder die Ansiedlung von Aluminium-Industrie in den Alpentälern. Die
staatliche Regionalpolitik spielte mit ihren Investitionsprämien, Steuererleichterungen etc. sicherlich auch eine – freilich nachgeordnete (siehe
unten) – Rolle. Für die Mehrzahl der neuen bzw. verlagerten Betriebe war
aber die Standortsuche nach spezifischen Arbeitskraftreservoiren das
vorherrschende Motiv (dies ist offenbar eine generelle Determinante der
Industriebewegungen in entwickelten kapitalistischen Ländern. Vgl. Storper & Walker, 1983):

1. Die Industrien mit relativ hohen Qualifikationsanforderungen, z.B. der
Maschinenbau, hielten sich an die großen Facharbeitermärkte der Region
Paris sowie im geringeren Maße an die Regionen Lyon und Elsaß. In den
großen Facharbeiter-Konzentrationen der Regionen Nord und Lothringen
dagegen ließen sich praktisch keine Industrien mit hohen Qualifika-

tionsanforderungen nieder.

2. Nach Norden und Osten zogen überwiegend Industrien mit einem hohen
Anteil an Arbeitsplätzen für un-/angelernte Arbeiter(innen). Auch der
agrarisch geprägte Westen wurde fast nur von Großbetrieben mit unqualifizierter Serienarbeit besiedelt. In beiden Fällen wurden vorwiegend
junge Arbeiter, Frauen sowie im Westen ehemalige Bauern, im Nordosten
ehemalige Kohle- und Stahlarbeiter zu niedrigen Löhnen eingestellt -
aber kaum Ausländer. In beiden Gebieten haben die Unternehmen Wert
darauf gelegt, "bodenständige" Arbeitskräfte mit guter Arbeitshaltung
(z.B. ehemalige Bauern oder Bergleute) aus sozial eng verflochtenen
Gemeinschaften, möglichst mit Eigenheim, zu rekrutieren.

Beispiel Touraine: In dieser Landschaft südwestlich der Region Paris
mit ärmlicher Landwirtschaft und von Handel, Kleinindustrie (Leder;
Textil/Bekleidung) und Tourismus geprägten Klein- und Mittelstädten
siedelten sich in den 60er und frühen 70er Jahren mehrere große Zweig-
werke der Pariser Chemie- und Elektroindustrie sowie ein Michelin-
Betrieb an - alle im Umkreis der zentralen Stadt Tours. Neben den
Werken entstanden neue Siedlungen mit großen Blocks werksgeförderter
Wohnungen. Die Mehrheit der Arbeitskräfte waren aber Pendler, oft mit
Werksbussen aus weitem Umkreis herangeschafft, aus der stagnierenden
Landwirtschaft und den anderen Städten des Gebiets - hier bestand
Arbeitslosigkeit fort und wuchs sogar noch. Die dezentralisierten
Betriebe nutzten so die niedrigen Reproduktionskosten (billige Woh-
nungen, ländlicher Zuerwerb) für Billiglöhne. Auf den zu 70-80% unqua-
lifizierten Arbeitsplätzen wurden ehemalige Bauern, Frauen und Jugend-
liche angelernt (Coing, 1982:25ff) (vgl. auch Browaeys & Chatelain,
1984:240ff; Convert & Pinet, 1978:106ff).

3. Von den an den Rand der Agglomeration Paris gewanderten Industrien mit
Großserienproduktion und repetitiver Teilarbeit wurden zu relativ
niedrigen Löhnen viele Ausländer (bis zu 40%) sowie vor allem Frauen
und Jugendliche eingestellt - also un- und angelernte "Massenarbeiter"
aus den untergeordneten und benachteiligten Segmenten der Arbeiterschaft. Diese kamen aus den abfallenden Industrievororten oder den
großen unterausgestatteten Sozialwohnungs-Schlafstädten an der Peri-

pherie (Browaeys & Chatelain, 1974/75:48ff). "Diese Industrie konnte
am Rande der Bastionen der qualifizierten Arbeiterschaft funktionie-
ren, indem sie (für sich) eine neue subalterne Beschäftigungsstruktur
abtrennte." (Browaeys & Chatelain, 1984:252)

Nach einer ersten Bewegung in das agrarische Umland der Region Paris
setzte die zweite große Welle industrieller Dezentralisierung in weiter
abgelegene Gebiete 1970/71 ein – nach den großen Streiks 1968/69, in
denen die un- und angelernten, relativ gut bezahlten, in repetitiver
Teilarbeit mit immer kürzeren Taktzeiten eingesetzten "fordistischen
Massenarbeiter" der großen Industriezentren als besonders militant her-
vorgetreten waren. Gerade sie stritten nicht mehr nur für höhere Löhne,
sondern für menschenwürdigere Arbeitsformen. In der Folge wurden vorwiegend Großbetriebe der wesentlichsten Industriezentren erheblich ausge-
dünnt durch Auslagerung gering qualifizierter Produktionsteile (vor allem
Montage und Endfertigung), die dann zu weit abgelegenen mittelgroßen
Betrieben zusammengefaßt wurden. Dieser Versuch, "die Errungenschaften
des Arbeiter-Reformismus, die neu erreichte Unbeugsamkeit der Arbeiter-
klasse (...) (durch) Zerstörung der 'alten Industriezentren'" zu zer-
schlagen (Lipietz, 1983:91), war oft verbunden mit Experimenten neuer
Arbeitsverwaltung: erweiterte Hierarchie der Angelernten, innerbetriebli-
che Fortbildung, Job-enrichment und Job-enlargement wurden bezeichnender-
weise besonders in den neuen Betrieben in Nordfrankreich praktiziert
(Convert & Pinet, 1978:102ff; Lafont et al., 1982:226ff).

Die Auslagerung von Betriebsteilen mit einfacher Serienfertigung ins
Umland großer Industrieagglomerationen, in altindustrielle Krisenregionen
und in rückständige Agrargebiete war gleichbedeutend mit einer allgemeinen Bewegung zur Dequalifizierung der betroffenen Arbeitsmärkte. Die
höher qualifizierten Industrie- oder Betriebsbereiche dagegen verblieben
in den großen Agglomerationen, da diese ein entsprechendes Netz von Vor-
und Nachleistungen und vor allem eine entsprechende Ausstattung mit
Ausbildungs-, Forschungs- und Entwicklungs-, Marketing- und Finanzie-
rungseinrichtungen, also einen hohen Anteil moderner tertiärer Gewerbe,
boten. Für Paris, und begrenzt auch für andere Großstädte mit entsprechender Ausstattung, bedeutete dies: Höherqualifikation ihres industriel-

len Arbeitsmarktes.

Die Beschäftigung im tertiären Wirtschaftssektors nahm durchweg zu, seit
der Krise freilich mit niedrigen Wachstumsraten. In diesem Wirt-
schaftssektor sind freilich statistisch völlig unterschiedliche Wirtschaftsformen mit sehr verschiedener Entwicklung zusammengefaßt:

- das "archaische" Kleingewerbe der freien Berufe, des Einzelhandels, der
  persönlichen Dienstleistungen und des Handwerks; diese befinden sich im
  ständigen Abstieg.

- Der moderne Tertiärbereich: unternehmensbezogene Dienstleistungen,
  Finanz- und Versicherungswesen - sie haben die höchsten Wachstumsraten
  überhaupt - sowie die Großformen des Einzelhandels u.ä..

- Der "öffentliche Sektor, der vorwiegend an die Reproduktion der allgemeinen Bedingungen kapitalistischer Wirtschaftsentwicklung gebunden ist
  (Verwaltung, Ausbildung, Gesundheit etc.)" (Lipietz, 1980:34) mit
  überdurchschnittlichem Wachstum.

- Statistisch zum sekundären Sektor gezählt, aber tertiäre Funktionen
  ausübend und oft auch räumlich abgetrennt, sind die Abteilungen für
  Verwaltung, Forschung und Entwicklung u.ä. großer Produktionsbetriebe,
  die im Gegensatz zum Fertigungsbereich starkes Wachstum haben ("Tertiärisierung der Produktion").

Diese verschiedenen Teile entwickelten sich räumlich höchst unterschiedlich. Die Aktivitäten zur alltäglichen Versorgung der Bevölkerung und die
staatlichen sozialen Dienstleistungen nahmen in allen Städten zu, mit
höherer Rate und Konzentration freilich nur in zentraleren Orten. Die
wirtschaftsnahen Abteilungen des tertiären Sektors mit ihren in Arbeits-
qualifikation und Spezialisierung höherwertigen Bereichen konzentrierten
sich sehr stark auf die Agglomeration Paris, im geringeren Maße noch auf
die regionalen Hauptstädte (vor allem Lyon); das gilt auch für die tertiären Bereiche der Großindustrie. Einen Aufschwung der Dienstleistungen
ohne Führungsfunktionen und von mittlerer bis höherer Qualifikation -
Forschung und Entwicklung, Marketing u.ä. - erlebte der Raum östlich von
Lyon (um Grenoble) und besonders stark Südostfrankreich (Provence, Côte
d'Azur), wo sich auch der Tourismus und die sozialen Versorgungseinrichtungen (Mittelmeergebiet als Altersruhesitz) stark vergrößerten (Lipietz,

1980:38ff; St. Julien & Pumain, 1985:107ff).

Diese Hierarchisierung des modernen tertiären Sektors ist zunächst Folge der raschen Wirtschaftskonzentration seit den 60er Jahren. Dadurch wuchsen die Industrieverwaltungen in Paris als Zentrum finanzieller und politischer Macht ganz besonders schnell; für den Südost-Raum entstand die Finanzmetropole Lyon als Subzentrum. Aber auch die innere Hierarchie moderner tertiärer Aktivitäten hat eine räumliche Entsprechung: Je größer die Stadt, desto höher der Anteil leitender und disponierender Angestellter (Führungskräfte, Techniker). Die Qualifikation der Angestellten mit ausführenden Funktionen ist allerdings von der Stadtgröße unabhängig – Ausnahme ist Paris, wo auch diese ein höheres Qualifikationsniveau haben (St. Julien & Pumain, 1985:108).

Für die zitierten Autorinnen wachsen Qualifikationsniveau und Grad der Tertiärisierung schlicht mit der Größe der Stadt; hier zeige sich der Einfluß des Stadtsystems auf den Arbeitsmarkt. Bei genauerem Hinsehen allerdings gibt es regionale Unterschiede, die so einfach nicht erklärbar sind. Nach Lipietz' Untersuchung der räumlichen Polarisierung im tertiären Sektor haben die hochverstädterte Region Nord und die relativ gering verstädterte Region Centre, westlich an die Region Paris anschließend, einen besonders niedrigen Anteil tertiärer Beschäftigter, welche wiederum ein besonders niedriges Qualifikationsniveau haben – in beiden Gebieten wurden auch besonders viele Zweigwerke der Industrie aus Paris bzw. dem Raum Lyon mit niedrigem Qualifikationsniveau angesiedelt. Die Region Provence – Côte d'Azur mit einer relativ geringen Verstädterung hat einen besonders hohen Anteil tertiärer Beschäftigter und ein Qualifikationsniveau, das fast an das der Region Paris heranreicht (Lipietz, 1980a:36ff). Hier deutet sich also eine Entwicklung zu räumlicher Arbeitsteilung auch im tertiären Sektor an: Aus modernen tertiären Großunternehmen werden Funktionen an Arbeitsmärkte mit der jeweils günstigsten Kombination von Lohnkosten und Qualifikationen ausgelagert. "So erlebte der Banksektor eine starke Konzentration, mit der die Revolution der Informatik einherging, wodurch betriebliche Leitung über weite Distanz hinweg ermöglicht wurde, und damit auch die Spezialisierung von Operationen in größerer Entfernung vom Hauptsitz" (Aydalot, 1978:252).

Offenbar bilden sich auch im modernen tertiären Sektor heraus:

- große städtische Führungszentren mit gehobenem Einkommens- und Qualifikationsniveau;
- Auslagerung und Konzentration spezieller Funktionen in wenige Regionen mit mittlerem Einkommens- und Qualifikationsniveau; sowie
- Bereiche der Provinz mit niedrigem Qualifikations- und Einkommensniveau.

Hauptziel staatlicher Raumordnungspolitik war von den 50er bis Ende der 70er Jahre die Dezentralisierung der Wirtschaft aus dem Raum Paris. Während jeder Ansatz einer politischen Dezentralisierung bis 1981 an der Zählebigkeit der lokal-zentralstaatlichen Interessenverflechtungen scheiterte, konnten Stadtpolitik und staatliche Raumordnung die Ansätze ökonomischer Dezentralisierung seit den 60er Jahren verstärken - sie entwickelten aber keine eigenständigen Wirkungen:

- Die industrielle Expansion der Agglomeration suchte man zu bremsen, indem nur wenige neue Flächen ausgewiesen wurden, und ihre Nutzung wurde mit wachsenden Gebühren belegt. Gleichzeitig wurde allerdings die Ausweitung des tertiären Sektors mit großen Sanierungs- und Umnutzungsprogrammen in der Innenstadt und mit dem Bau neuer Bürozentren am Stadtrand vorangetrieben.

- In die Provinz sollte neue Wirtschaft, vor allem in Form industrieller Großbetriebe, gelockt werden, und zwar mit Hilfe von ausgiebigen Flächenausweisungen, Ansiedlungsprämien, günstigen Kredite der staatlichen Banken, Steuererleichterungen und einem Ausbau der Infrastruktur. Die Förderungsschwerpunkte folgten weitgehend der räumlichen Wirtschaftsbewegung und den hierdurch geschaffenen Problemen: Industrialisierungsanreize für rückständige Agrargebiete und die absinkenden Schwerindustrie-Regionen im Norden und Osten in den 60er Jahren, für Westfrankreich und ländliche Gebiete überhaupt in den 70er Jahren, für Paris seit Ende der 70er Jahre; Förderung von Neuansiedlungen tertiärer Betriebe in sechs Regionalhauptstädten (als Ausgleich für Paris) in den 60er Jahren, in allen Mittelstädten seit den 70er Jahren. Die staatlichen Bürokratien selbst freilich wurden vorwiegend im Raum Paris ausgebaut (Aydalot, 1978:245ff; Flockton, 1983:107ff).

Letztlich entstanden nur Mitnahmeeffekte, die Branchenentwicklungen und lokale Standortfaktoren verstärkten, so daß vorwiegend Zweigwerksauslagerungen von Großkonzernen gefördert wurden. Die Hälfte der zwischen 1955 und 1974 mit staatlicher Dezentralisierungsförderung geschaffenen 451.000 Arbeitsplätze lag in den an den Raum Paris angrenzenden Regionen. Dort, wo Marktkräfte ausblieben, zogen auch staatliche Prämien und Kredite nicht, und die aufwendig erschlossenen Gewerbegebiete blieben Brachland (Aydalot, 1978; Pascallon 1981:75). Seit Mitte der 70er Jahre verschärfte sich sprunghaft die ökonomische und soziale Krise in den Problemregionen – aber regionale Wirtschaftsplanung und -förderung wurden stückweise demontiert. "Seit 1973 galt die Parole: Rationalisierung zwecks Herstellung der internationalen Wettbewerbsfähigkeit; Einschränkungen der Möglichkeit von Firmen, wettbewerbsfähig zu werden, wurden als Hindernis für Frankreichs Anpassung an die Weltwirtschaft gesehen." (Flockton, 1983:20)

2.2 Zwei Erklärungsansätze

Von vielen französischen Sozialwissenschaftlern wird die räumliche Wirtschaftsbewegung auf eine generelle Polarisierungstendenz des kapitalistischen Wirtschaftssystems zurückgeführt. Die Analysen gehen dabei meist vom produzierenden Sektor aus, erklären aus dessen Entwicklung auch die besondere Art der Vereinnahmung rückständiger Regionen durch das kapitalistische System und leiten auch die räumliche Entfaltung des tertiären Sektors aus den an der Untersuchung der Industriebewegung gewonnenen Ansätzen ab.

Lipietz (1983) geht aus von der historisch entstandenen Disparität von Industriezentren und agrarischen Regionen. Er begründet diese aus einem der Dritte-Welt-Forschung entlehnten Zentrum-Peripherie-Ansatz: Auch in Ländern des entwickelten Kapitalismus existieren verschiedene Produktionsweisen nebeneinander in für jede Region charakteristischen verschiedenartigen Kombinationen: feudale sowie häusliche Produktionsweise, einfache - vor allem bäuerliche - Warenproduktion und kapitalistische Produktionsweise. Letztere beherrscht und durchdringt die anderen, indem sie sie als Produktlieferanten, Arbeitskräftereservoire, neue Absatzmärkte oder Anlagefelder für Kapital nutzt. Dies geschieht zuerst von außen her: Vorkapitalistische Wirtschaftsformen, die auf Selbstversorgung ausgerichtet waren, beginnen, zu entsprechend niedrigen und nur ihre einfache Reproduktion sichernden Preisen für den kapitalistischen Markt zu produzieren. Ausbreitung der Geldwirtschaft und Rückgang der Selbstversorgung machen den Kauf kapitalistisch produzierter Waren notwendig. Soweit die regionale Bevölkerung wächst, ist sie zur Abwanderung in Lohnarbeitsverhältnisse gezwungen; die Löhne am Ort liegen unter dem Wert der Arbeitskraft, da sich noch außerkapitalistische Zuverdienstmöglichkeiten erhalten haben. Das zieht kapitalistische Niedriglohnbetriebe an, welche überwiegend ungelernte Arbeitskräfte beschäftigen können: die Region mit einstmals hauptsächlich vorkapitalistischen Produktionsweisen wird zunehmend integriert. Die aus den kapitalistischen Zentren in rückständige Regionen ausgelagerten Industrien bleiben an auswärtige Kapitale und Produktionsketten angeschlossen. Am Ort stehen sie unverbunden nebeneinander, wobei jede für den "Export" aus der Region produziert - Teil einer überregionalen Arbeitsteilung, die der Region keine Entwicklungsmöglichkeit aus eigenen Mitteln erlaubt. Überschüssige Arbeitskräfte wandern in die kapitalistischen Zentren ab. Auch Extraprofite aus Niedriglöhnen und -preisen, Zinszahlungen u.ä. fließen in diese Zentren ("Wertabfluß"), welche die Entwicklung von Anfang an beherrschen: Die Region wird zur kapitalistischen Peripherie. Lipietz untersucht dies empirisch an der Kapitalisierung der französischen Landwirtschaft. Die Selbständigkeit und Akkumulationskraft der kapitalistischen Zentren ergibt sich aus der Vollständigkeit und Ausgeglichenheit ihrer internen Produktionsverflechtungen. Lipietz stellt also eine Analogie her zwischen der Industrialisierung der französischen agrarisch geprägten Provinz und der der Länder der Dritten Welt; die Stellung des Zentrums Paris entspräche dann der Stellung der kapitalistischen Metropol-Länder im Weltmaßstab. Die Positionen der entwickelten französischen Industrieregionen bleiben in diesem Konzept unbestimmt - zu ihrer Erklärung wechselt Lipietz unvermittelt auf eine andere systematische Ebene.

Der "Branchenzyklus": Lipietz geht aus von Vernons (1977) Theorie eines "Produktzyklus" in großen multinationalen Firmen, nach der neue Produktarten im Zentrum (den USA) mit teurer, hochqualifizierter Arbeitskraft und hochtechnologischem "environment" entwickelt, mit Ausweitung ihres Markts und sinkenden Preisen dann in nachgeordneten Gebieten mit billigeren qualifizierten Arbeitskräften (Europa) in Massenproduktion gebracht, und schließlich als vollstandardisierte Massengüter in Billiglohnländern (der Dritten Welt) zu Niedrigpreisen für den Weltmarkt erzeugt werden. Lipietz überträgt diesen Gedanken auf die zwischen und in einzelnen Branchen herrschende räumliche Arbeitsteilung (Branchenzyklus), indem er unterscheidet:

I. Metropolen als Zentren der Kapitalverwertung mit voller Ausstattung an Forschungs- und Entwicklungs-, Finanzierungs- und Produktionseinrichtungen und mit einem großen Angebot an teuren, hochqualifizierten Arbeitskräften: Paris.

II. Regionen mit Großindustrie, qualifizierten Arbeitskräften und durchschnittlichen Löhnen, aber unvollständiger Wirtschaftsstruktur – z.B. Nord- und Ostfrankreich.

III. Regionen mit großen Reserven an ungelernten Arbeitskräften und niedrigen Kosten der Arbeitskraftreproduktion, welche durch die Auflösung vorkapitalistischer Produktionsweisen – wie oben analysiert – oder durch das Absinken veralteter Industrien verursacht ist.

Im Stadium monopolistischer Kapitalentwicklung, also einer grundsätzlich großbetrieblichen Erschließung, können die peripheren Regionen des Typs III nur angeeignet werden, wenn ihr sozio-ökonomischer Raum in großem Maßstab umgewandelt wird. Große Mengen von Kapital sind in Infrastruktur, Wohnungsbau u.ä. zu investieren, die veraltete Grundbesitzstruktur muß verändert, alte Beschäftigungsverhältnisse müssen aufgebrochen werden. Das provoziert Auseinandersetzungen mit der ansässigen Bevölkerung und der örtlichen Bourgeoisie. Derartige materiell-juristische und politische Hindernisse kann nur der Staat beseitigen, indem er eigene Mittel investiert, legale Hemmnisse aus dem Weg räumt, Kompromisse mit den Ortsansässigen aushandelt bzw. repressiv reagiert. Gerade dadurch aber werden die Auseinandersetzungen zu einem regionalen Konflikt erhoben.

Dieser Ansatz gibt eine schlagende Erklärung für die abhängige und unvollständige Form der Industrialisierung agrarisch-kleingewerblicher Regionen, wie sie z.B. Coing (1982) am Beispiel der Touraine darstellte. Zudem ermöglicht das Konzept einer Koexistenz verschiedener Produktionsweisen bei Vorherrschaft der kapitalistischen eine sehr differenzierte Analyse von Regionstypen und -entwicklungen. Schließlich können mit der Theorie der Branchenzyklen die starken Differenzen räumlicher Wirtschaftsentwicklungen schlüssig begründet werden: Verknüpfung unterschiedlicher Formen von Produktionstechnologien und von Arbeitsteilung in einzelnen Branchen mit dem Arbeitskräfteangebot und dem materiellen und ökonomischen "environment" einzelner Regionen. - Einwände wurden gegen die Übertragung von Theorien abhängiger Entwicklung der Dritten Welt erhoben: Dauerhafte selbstverstärkende Herrschafts- und Abhängigkeitsbeziehungen entstehen nur zwischen politisch, soziokulturell und ökonomisch geschlossenen Gebieten bzw. Ländern, nicht zwischen Regionen eines Landes, so ungleich ihre Entwicklung auch sein mag. Die Annahme eines Wertabflusses von der Peripherie in das Zentrum ist theoretisch haltbar, solange vorkapitalistische Produktionsweisen und Lebensformen "unter Wert" ausgebeutet werden können - wenn und soweit es aber um die unterschiedliche regionale Entwicklung kapitalistischer Wirtschaft geht, führt die Annahme eines "Werttransfers" zu abenteuerlichen und empirisch nicht stichhaltigen Konstruktionen. Man kann dann lediglich von der Nutzung unterschiedlicher Verwertungsbedingungen (Arbeitskräfte, Lage, technologisches environment u.ä.) sprechen (vgl. Läpple, 1978:26ff; Massey, 1978:110ff).

Die Bedeutung der drei Regionstypen im Branchenzyklus wurde von Lipietz et al. am Beispiel der räumlichen "Entfaltung" von Autoindustrie, Bauwirtschaft und Maschinenbau empirisch untersucht (Lafont et al., 1982) - aber nur für das "Zentrum" (Zunahme hochqualifizierter Funktionen bei Abbau produzierender Bereiche) und die "Peripherie" (Dequalifikation durch Ansiedlung von Betrieben mit gering qualifizierter Massenfertigung) wurden Entwicklungslinien zureichend begründet. Die Entwicklungsdynamik

der traditionellen (Facharbeiter-) Industrieregionen bleibt auch hier
unbestimmt. Der Abstieg alter Montan- und Textilregionen wird zwar beschrieben – aber nicht geklärt wird, wieweit sie einer "Peripherie" im
Sinne ausbeutbarer vormoderner Lebens- und Produktionsweisen gleichzuset-
zen wären – ausgebeutet werden ja vielmehr brachliegende Arbeiterqualifi-
kationen und Industrieinfrastrukturen. Zudem wird in der Studie betont,
daß die Neu-Industrialisierung absteigender Industrieregionen eine eigene
Form hat: Ansiedlung modernster Montagewerke mit zwar überwiegend un-
/angelernter, aber neofordistisch "aufgewerteter" Produktionsarbeit (Lafont et al., 1982:227ff).

Klarer erscheint mir hier Aydalots (1976; 1978) Ansatz. Wie Lipietz geht
er von Vernons Produktzyklentheorie aus und verbindet sie mit Konzepten
abhängiger Entwicklung aus der Dritte-Welt-Forschung: Das "Zentrum" faßt
die höchstqualifizierten Funktionen der Produktion und technologischen
Entwicklung zusammen und bietet die höchsten Arbeitsqualifikationen und
Löhne. Mit der Serienreife und Kostensenkung werden die neuen Technologien an Regionen mit niedrigeren Lohnkosten (niedrigeres Ausbildungsni-
veau und niedrigere Reproduktionskosten der Arbeitskraft) abgegeben. Das
wird mit reichlichem Material aus der Dritte-Welt-Forschung und aus der
französischen Raumentwicklung belegt, die nach Aydalots Ansicht den gleichen Gesetzmäßigkeiten ungleicher Entwicklung unterliegen. Die kritischen
Einwände gegen die Übertragung von Weltmarkt- auf Regionalanalysen gelten
insofern auch hier.

Klarer als bei Lipietz wird aber dann die räumliche Hierarchisierung in
einem Land wie Frankreich aus technologischen Produktionsbedingungen, Art
und Absatz der Produkte und Wirtschaftskonzentration erklärt. Das
Wachstum von Massengüter-Märkten und die zunehmende Wirtschaftskonzentration haben Wachstum und Zahl der Großunternehmen vervielfacht. Je größer
die Betriebe wurden, desto mehr Routineprozesse können in standardisierte
Teilarbeiten zerlegt und von billigen un-/angelernten Arbeitskräften
ausgeführt werden. Soweit sich diese Prozesse technisch in Zweigbetrieben
zusammenfassen lassen, werden sie an Orte bzw. Regionen mit ausreichendem
Angebot der billigsten geeigneten Arbeitskräfte verlagert. Andere Aufgaben, die einen höheren Spezialisierungsgrad erfordern, verbleiben an

Orten mit ausreichendem Angebot an hochqualifizierten Arbeitskräften bzw. günstigen Ausbildungsbedingungen. Die Möglichkeiten der Umsetzung betrieblicher in räumliche Arbeitsteilung sind je nach Branche und Betrieb äußerst unterschiedlich – sie hängen ab von der technischen Teilbarkeit der Prozesse, den Möglichkeiten der Produktstandardisierung bzw. Serienproduktion und der Geschwindigkeit technischen Wandels. Aydalot erläutert dies am Beispiel der Elektro- und Elektronikindustrie und des Flugzeugbaus. Beide sind technologisch weit fortgeschritten und beschäftigen einen hohen Anteil von Technikern und Ingenieuren. "Aber die eine produziert in Großserie und hat ihre Prozesse automatisiert, während die andere nur in kleinen Serien baut und einen hohen Anteil von Facharbeitern beschäftigen muß. Entsprechend kann man eine enorme räumliche Streuung der Elektroindustrie, dagegen eine starke Immobilität des Flugzeugbaus feststellen" (Aydalot, 1978:251). Die Ausgliederung standardisierter Arbeitsvollzüge ist gleichbedeutend mit einer zunehmenden Dequalifikation der Mehrheit der Arbeitskräfte. Die Zusammenfassung komplexer höher qualifizierter Arbeitsaufgaben vor allem in den Bereichen Management, Entwicklung und Konstruktion bedeutet die Höherqualifikation einer Minderheit von Beschäftigten. Daraus entsteht ein wachsendes räumliches Ungleichgewicht zwischen Paris als Direktions- und Entwicklungszentrum (das intern in einen wachsenden südwestlichen tertiären Bereich und einen absteigenden nordöstlichen Industriebereich auseinanderdriftet) und der Provinz, in der sich eine scharfe räumliche Hierarchisierung durchsetzt, wo sich die Städte nach einer immer klarer dominierenden ökonomischen Spezialisierung umstrukturieren müssen und eine immer einseitigere Bevölkerungszusammensetzung bekommen, was für die Mehrzahl einen sozialen Abstieg bedeutet.

In einem späteren Artikel reflektiert Aydalot (1984) die Wirkungen der Krise. Er stellt eine Trendwende in der räumlichen Wirtschaftsbewegung fest. Bisher prosperierende Zentren, beherrscht von Großinstitutionen und Großbetrieben mit starren Regelungsmechanismen, verlieren Arbeitsplätze vor allem im Bereich der Industrie; neue Investitionen fließen zunehmend in die Provinz, vor allem nach Südfrankreich. Er erklärt das

– mit der <u>technologischen Entwicklung</u>: Nach wie vor sind Großunternehmen

Träger des technischen Fortschritts, und Paris bleibt der beherrschende "Innovationspol"; aber die Entwicklung des Transport- und Kommunikationssystems vermindert die Lagenachteile der Provinz; die Fortschritte der Mikro-Informatik kommen auch provinziellen Klein- und Mittelbetrieben zugute; technologische Spitzenbranchen sind materiell weitgehend standortunabhängig ("foot-loose").

- Die Lebensweisen der Lohnabhängigen in den Zentren und der Provinz (Differenzen in Lohnhöhen und Konsumchancen) nähern sich einander an; zudem änderte sich ihre Haltung zu Arbeit und Alltagsleben - die Kasernierung in Großbetrieben und städtischen Großsiedlungen wird mehr abgelehnt als früher; der Hang zu Selbsthilfe angesichts der Krise der sozialstaatlichen Sicherungen nimmt zu - und dies begünstigt den Drang "aufs Land" oder in die Kleinstadt.

Die südfranzösische Provinz bietet ein günstiges "environment" für spitzentechnologische Wirtschaftsunternehmen: Ein gut entwickeltes staatliches Forschungs- und Ausbildungssystem, flexible und zum Teil hochmoderne Hilfs- und Zulieferbetriebe, genügsame Arbeitskräfte mit geringem Organisationsgrad, klimatische und landschaftliche Vorteile. So entwickeln sich gerade hier die "foot-loose"-Unternehmen relativ stark. - Es handelt sich freilich hier noch nicht um eine Theorie, sondern mehr um Hinweise für ein Umdenken. In der Euphorie über den Aufschwung der "Peripherie" gerät, so scheint mir, der weitere Rückfall der in betrieblichem environment und Lebensumwelt benachteiligten Gebiete der Provinz und der absteigenden alten Industriegebiete zu sehr in Vergessenheit.

3. WIRKUNGEN DER VERSCHÄRFTEN WIRTSCHAFTSKRISE

3.1 Allgemeinere Bemerkungen

Die Weltwirtschaftskrise seit 1974 wird nach dem sogenannten "Regulationsansatz" in Frankreich als Ende eines spezifischen Entwicklungszyklus der kapitalistischen Gesellschaft interpretiert. Das außerordentliche Wachstum in den fortgeschrittenen kapitalistischen Ländern nach 1950 wird

zurückgeführt auf einen engen Entwicklungszusammenhang: Starke Produktivitätserhöhungen, ermöglicht durch tayloristische Organisation des Pro-
duktionsablaufs (hohe Arbeitsteilung und -intensivierung, Mechanisierung
und Automatisierung etc.), finanzierten das starke Wachstum der direkten
Reallöhne (allgemein akzeptierter "Ausgleich" für die verschlechterten
Arbeitsbedingungen) und der "indirekten", vorwiegend an Bevölkerungsteile
ohne Erwerbsarbeit umverteilten Löhne. Auf diese Weise stieg der Massenkonsum, die Lebensweise veränderte sich völlig (umfassende Versorgung der
Haushalte über den kapitalistischen Markt und staatliche Leistungen;
Verstädterung; u.ä.). So stieg die Konsumgüterproduktion enorm an, wel-
che wiederum intern reorganisiert und modernisiert wurde und so die
Produktionsmittelproduktion anregte. Dieser Zusammenhang wurde durch
vertragliche und institutionelle Kooperation von kapitalistischen und
gewerkschaftlichen Organisationen und immer umfassendere staatliche Aktivitäten abgesichert. Die Krise wird aus der Erschöpfung der wesentlichen
Wachstumsgrundlagen und der Starrheit der Regulierungsformen erklärt: Die
Produktivitätserhöhungen schwinden; Löhne und Masseneinkommen stagnieren,
was den Widerstand der Beschäftigten gegen die tayloristisch verschlechterten Arbeitsbedingungen anstachelt. Stärke und Starrheit gewerkschaft-
licher Organisationen und staatlicher Leistungen verhindern jedoch ein
Absinken der Einkommen. Der Absatz auf dem Binnenmarkt stagniert, bricht
aber nicht (wie nach 1929) zusammen. Die Verschuldung von Unternehmen und
Staat nimmt zu, Kapitalrentabilität und "Investitionslust" schwinden
allgemein. Versuche einer "keynesianistischen" Wirtschaftsankurbelung
durch Erhöhung der Binnennachfrage haben keine durchgreifende Wirkung, da
die hierfür nötigen Investitionen zu wenig rentabel sind. Produktionszuwächse müssen vorwiegend exportiert werden, der Weltmarkt ist aber
bestimmt von wachsender Konkurrenz, Instabilität des Geldsystems und den
Konflikten nationaler Wirtschaftspolitiken. Der Drang in den Export verschärft den Druck von Unternehmern und zunehmend auch von staatlicher
Politik auf Löhne und Lohnarbeitsverhältnisse.

Das soll hier nicht weiter ausgeführt werden. Die Forscher des "Regu-
lationsansatzes" haben jedenfalls die Indikatoren einer Krise der "fordistischen" Gesellschaftsformation sehr differenziert empirisch belegt
(Baslé et al., 1984; Clerc et al., 1984; einen Überblick über den "regu-

lationstheoretischen Ansatz" gibt Lipietz, 1985).

Frankreich erlebte 1975 einen starken ökonomischen Einbruch vor allem im Bereich der Bau-, Konsumgüter- und der Schwerindustrie, wo Produktionsrückgang, sinkende Investitionsquote und umfangreiche Entlassungen die Arbeitslosenquote sprunghaft erhöhten. In der Folge konnten Produktionszuwächse fast nur noch im Export realisiert werden – doch gleichzeitig stiegen die Importe vor allem im Produktions- und Konsumgüterbereich noch stärker an. Die Investitionen sanken in großen Teilen der Industrie; nur im Bereich der öffentlichen Wirtschaft und der Dienstleistungen stiegen sie noch, und hier wuchs auch noch die Beschäftigung. Ende der 70er/Anfang der 80er Jahre verschlechterte sich die Wirtschaftslage generell durch Exporteinbußen in weltweiter Rezession, gewachsener Verschuldung und Erschöpfung der staatlichen Wirtschaftsanreize. Da es auch in den bisherigen Wachstums-"Pfeilern" Fahrzeugbau, Elektroindustrie, Spezialchemie sowie im Dienstleistungsbereich zu Stagnationstendenzen kam, stieg die Arbeitslosigkeit wiederum sprunghaft an. Die Regierung der Linksunion hatte mit einem expansiven Ausgaben- und Beschäftigungsprogramm 1982/83 die Abwärtsentwicklung aufhalten können (die Investitionen sanken freilich weiter). Wegen des stark wachsenden Außenhandelsdefizits und hoher öffentlicher Verschuldung setzte sie aber 1983/84 eine Politik der "Härte" (Einschränkung des Massenkonsums und der öffentlichen Verschuldung, Förderung der Exportindustrie und der Spitzentechnologien) ins Werk; damit senkte sie die durchgängig hohe Inflation, trug aber auch bei zur Verschlechterung der allgemeinen Wirtschaftslage seit 1983/84 und zum neuerlichen Anstieg der Arbeitslosigkeit (vgl. hierzu genauer: Baslé et al., 1984:25ff und 254ff; Clerc et al., 1984:7ff und 61ff; Steinacker & Westphal, 1985:56ff).

3.2 Auswirkungen auf Wirtschafts- und Raumstruktur und beschäftigungspolitische Maßnahmen der sozialistischen Regierung

Der Beschäftigungsabbau in der Industrie traf seit Anfang der 80er Jahre praktisch alle hochindustrialisierten Regionen in voller Härte. Die Erosion der alten Zentren vor allem der Textil- und Montanindustrie sowie

des Schiffbaus beschleunigte sich, und die Arbeitslosigkeit erreichte
dort nahezu "englische" Ausmaße. Der starke Verlust an Industriearbeits-
plätzen im Norden und Osten der Agglomeration Paris wurde rechnerisch
durch die wachsende tertiäre Beschäftigung in ihren südlichen und westlichen Gebieten weitgehend kompensiert – faktisch blieb die Mehrzahl der
Industriearbeitslosen von den neuen tertiären Arbeitsplätzen ausgeschlossen. In Zentren tertiärer Wirtschaft und in einigen Landstrichen jüngster
Industrialisierung stieg die Arbeitslosigkeit mäßig, und die Beschäftigung hielt sich; sie hielt sich auch in Südfrankreich, doch dort blieb
die Arbeitslosigkeit hoch (Bouchet, 1984:71ff; Flockton, 1983:113ff).

Arbeitslosigkeit und durch die Krise verursachte Wanderungsströme haben
zur Schrumpfung praktisch aller Großstädte und Bevölkerungsstagnation der
Mittelstädte beigetragen (außer in Südfrankreich). Die Flucht aus den
Regionen mit Krisenindustrie und dem nordöstlichen Teil von Paris, der
Rückgang und die Wendung der Abwanderung jüngerer Arbeitskräfte aus der
ländlichen Provinz – weg von großen Industriestädten, hin zu Kleinstädten
mit Klein- und Mittelindustrien und zu regionalen Verwaltungszentren,
vorwiegend in Süd- und Westfrankreich – sowie der schon lange anhaltende
Trend der Bevölkerung in mittlerem und höherem Alter, in kleine Gemeinden
im Agglomerationsumland oder ins ländliche Südfrankreich zu ziehen, haben
die allgemeine Urbanisierung gestoppt, Städtewachstum nur noch in Südfrankreich ermöglicht und Kleinstädten und Dörfern im Umland von Agglomerationen und auf dem Land Zuwanderung verschafft (Bouchet 1984:66ff;
Browaeys & Chatelain 1984:142ff).

Zwei Entwicklungstrends finde ich in diesem Zusammenhang bedeutsam:

a) Industrielle Klein- und Mittelbetriebe hielten ihre Beschäftigung –
   die Großbetriebe bauten Arbeitsplätze ab, und zwar um so stärker, je
   größer sie waren. Courlet und Judet (1985) interpretieren diese Entwicklung als Zeichen der Stärke französischer Klein- und Mittelindustrie: Sie nutzten lokale Ressourcen besser aus und könnten ein Koope-
   rationsnetz zur gegenseitigen Stabilisierung entwickeln – insbesondere
   diejenigen, die in den Bereich neuer Technologien vorstießen.

Aydalot (1984) und besonders Pottier (1984) betrachten die Entwicklung differenzierter. Danach haben sich die Klein- und Mittelbetriebe gehalten und entwickelt:

- In einigen Spitzentechnologien in der Region Paris und im Umkreis mittlerer südfranzösischer Produktions- und Forschungs- und Entwicklungszentren, meist als Folge von Großbetriebsansiedlung und -erweiterung; insgesamt haben die Klein- und Mittelbetriebe im Investitionsgüterbereich und in vielen Spitzentechnologien durch den allgemeinen Investitionsrückgang und die Konkurrenz der Großunternehmen Beschäftigte verloren (Delattre & Eymard-Duvernay, 1984: 123f);
- durch Auslagerung relativ unrentabler Hilfs- und Zulieferfunktionen aus Großbetrieben, so daß sich für Kleinbetriebe neue Arbeitsfelder in starker Abhängigkeit von Auftraggeber und Konjunktur ergaben;
- in einigen geschützteren Zweigen der Konsumgüterindustrie, meist in der Provinz gelegen.

Letzteren Bereich haben Delattre & Eymard-Duvernay (1984) am Beispiel der Textil- und Bekleidungsindustrie untersucht. Die relativ günstige Entwicklung der Klein- und Mittelbetriebe dieser Branche entsteht aus wachsender, auch internationaler, Konkurrenz, zunehmender Produktdifferenzierung und aus der Verunsicherung der Absatzlage und Planungsmöglichkeiten, die zu einem Rückzug von Großunternehmen aus Teilen des Marktes führen.

Die wachsende Bedeutung von Klein- und Mittelbetrieben ist also vornehmlich als Zeichen zunehmender Instabilität von Beschäftigungslage und Industrienetz zu werten. Nur ein kleineres Segment erlebt durch neue Technologien und gute Fähigkeiten zur Nutzung lokaler Märkte einen Aufschwung. Der Zuzug in Kleinstädte der Provinz, vor allem in Südfrankreich, die stark von kleinen und mittleren Industriebetrieben geprägt sind, drückt also eher eine unsicherer werdende Lebenslage der Arbeitsuchenden aus.

Der starke Rückgang der Beschäftigung in Großbetrieben erklärt sich zu einem Teil aus starker technischer Modernisierung, d.h. Ersetzung lebendiger Arbeit durch Kapital, und drückt insoweit eher eine gute Wettbewerbsfähigkeit aus; zum anderen Teil ist er Folge einer tiefen Krise einiger Wirtschaftsbereiche wie z.B. der Stahlindustrie, die stark großbetrieblich geprägt und in wenigen Regionen konzentriert sind.

b) Die sogenannten Spitzenindustrien – sehr kapitalintensive bzw. automatisierte Industrien und die Hersteller von hochtechnologischen Anlagen – haben in der Wirtschaftskrise teilweise noch zulegen können, vor allem im Bereich der Basischemie und des Baus automatisierter bzw. elektronischer Anlagen. Sie sind räumlich sehr stark konzentriert – zuvörderst auf die Region Paris, wo die technisch fortgeschrittensten Spitzenindustrien mit dem höchsten Qualifikationsniveau versammelt sind, und auf den Südosten (Provence/Côte d'Azur) mit etwas geringerem Qualifikationsniveau. Ein relativ geringer Teil liegt noch in Groß- und Mittelstädten mit starker tertiärer Wirtschaft, und hier gilt: je kleiner die Stadt, desto niedriger das Technisierungs- und Qualifikationsniveau. Im hochindustrialisierten Norden und Osten Frankreichs fehlen Spitzenindustrien fast völlig (St. Julien & Pumain, 1985:112ff). Die Bedeutung dieser Industrien wächst mit der weiteren technologischen Entwicklung; auf sie konzentriert sich immer mehr – seit 1984 als klarer Schwerpunkt – die staatliche Wirtschaftsförderung. Beides trägt bei zur räumlichen Polarisierung zwischen Paris als "Innovationspol" sowie wenigen spezialisierten Regionen einerseits, und der sonstigen Provinz und den verfallenden altindustriellen Regionen andererseits.

Beide – der traditionelle klein- und mittelbetriebliche und der zukunftsträchtige – "Pfeiler" der französischen Wirtschaft geraten seit Vertiefung der Krise unter wachsenden Druck: Teile der arbeitsintensiven Konsumgüterwirtschaft werden von den Billiglohnländern bedrängt. Die in Frankreich nur punktuell entwickelten Spitzentechnologien kommen durch die Konkurrenz aus den USA, Japan und der BRD in Schwierigkeiten.

Die Wirtschaftspolitik der sozialistischen Regierung blieb, vergleichbar den meisten westlichen Ländern, auf Markt und internationale Wettbewerbs-

fähigkeit orientiert, und zuletzt setzte sie nur noch auf Investitions-
und Technologieförderung. Immerhin hat sie im Bereich der neu verstaatlichten Industrien beachtliche Modernisierungen und Neuorganisationen
erreicht. Der durch Krise und Rationalisierung bedingten Arbeitslosigkeit
hatte sie aber nach kaum zwei Jahren Amtszeit nichts mehr entgegenzuset-
zen. Interessanter ist die Beschäftigungspolitik: Sie ist der historisch
letzte Versuch einer keynesianistisch orientierten Krisenbekämpfung in
einem entwickelten kapitalistischen Land, wenn man von den skandinavi-
schen Ländern und Österreich absieht.

Zum Beschäftigungsprogramm gehörte der Versuch, Nachfrageanregung durch
erhöhte Mindestlöhne und Sozialleistungen für Einkommensschwache zu verbinden mit der Schaffung von 200.000 neuen Stellen im öffentlichen Bereich und einer Senkung der Lebensarbeitszeit (Einführung der 39-Stunden-
woche; Senkung des Rentenalters auf 60 Jahre). Während zwei Jahren wurde
der Anstieg der Arbeitslosigkeit gestoppt, aber der Wirtschaftsaufschwung
trat nicht ein, da die zusätzliche Nachfrage nur dem warenimportierenden
Ausland zugute kam. Angesichts wachsender Staatsverschuldung und Inflation trat die sozialistische Regierung 1983 den Rückzug in eine "Politik
der Härte" an. - Noch in den Details dieser Politik zeigt sich mehr
Überlegung zur sozialen Absicherung der Lohnabhängigen als in allen
vergleichbaren westlichen Ländern seit Anfang der 80er Jahre - selbst
dort, wo sie Maßnahmen der konservativen Regierung fortführte und lediglich modifizierte. Ich möchte das an drei Beispielen belegen, in denen
die Maßnahmen auch starke regionale Komponenten hatten (ansonsten wurde
Regionalpolitik, bis 1981 eine Domäne der Sozialisten, fast völlig
zugunsten sektoraler Strukturpolitik aufgegeben):

a) Festlegung des Rentenalters als Beschäftigungspolitik: Schon ab Ende
   der 70er Jahre gab es die Möglichkeit vorgezogener Verrentung ab 60
   Jahren - freiwillig oder als Begleitmaßnahme betriebsbedingter Entlassungen. 1983 wurde eine allgemeine Senkung des Rentenalters auf 60
   Jahre eingeführt - finanziert aus Beitragserhöhungen und stärkerer
   Steuerprogression. Hinzu kam die Möglichkeit, schon mit 55-60 Jahren
   freiwillig in Rente zu gehen, verbunden mit der Auflage an den Unter-
   nehmer, dafür eine entsprechende Zahl neuer Beschäftigter einzustellen

("contrat de solidarité - préretraite"). 1982 und 1983 nahmen das immerhin 190.000 Beschäftigte in Anspruch. Hinzu kam die bisherige Frührenten-Regelung bei betriebsbedingter Kündigung, finanziert aus einem staatlichen Fonds, jetzt für 55-60-Jährige. Zum 1.1.1984 wurden die Frührentenregelungen abgeschafft, bzw. nur noch in 14 Städten mit industrieller Umnutzung ("pôles de conversion") beibehalten - sie waren der Regierung zu teuer geworden.

b) Förderung alternativer Beschäftigung: Seit 1979 konnten für Beschäftigungen bei Vereinen und Kooperativen staatliche Subventionen für ein Jahr beansprucht werden. 1981 wurde dies inhaltlich (auch für Selbsthilfe- u.ä. Aktivitäten) und materiell (ca. 12.000 DM pro Arbeitsplatz, beschränkt auf ein Jahr) ausgebaut. Je 5-10.000 Personen machten davon 1982 und 1983 Gebrauch. Auch die Auszahlung von sechs Monaten Arbeitslosenhilfe an Arbeitslose, die sich selbständig machen wollten - 1979 eingeführt - wurde beibehalten und 1984 von immerhin 40.000 Personen beansprucht. Seit der sozialistischen "Wende" 1981 entschied über derartige und ähnliche Maßnahmen ein aus Gemeinderäten, Unternehmer- und Gewerkschaftsvertretern gebildetes "lokales Beschäftigungskomitee", das auch die erheblich ausgeweiteten Maßnahmen zur Fortbildung arbeitsloser Jugendlicher ausführte.

c) Im Zuge der Dezentralisierung des Staatsapparats wurden die - nun selbständigen - regionalen und lokalen Körperschaften in Kooperation mit den nationalen Bürokratien mit der Planung von Beschäftigung, Ausbildung, Forschung und Energie in ihrem Gebiet betraut und an der Rahmenplanung für nationalisierte Unternehmen auf ihrem Territorium beteiligt. Sie erhielten überdies eigene, freilich relativ beschränkte Mittel und Kompetenzen zur Wirtschaftsförderung. Ein Großteil der neu geschaffenen Stellen wurde den lokalen Körperschaften zur freien Verfügung zugeteilt (Lévi, 1984:18ff; Molis & Rondin, 1985:347ff).

Auch unter der neuen konservativen Regierung verbleibt durch die Dezentralisierung eine Chance sozialistischer Regional- und Kommunalpolitik "von unten". Dies wurde schon 1982-1986 von einigen linken Stadtregierungen vor allem im "roten Gürtel" um Paris genutzt: Umfassende Qualifikation arbeitsloser Jugendlicher, Untersuchung des örtlichen Wirtschaftspotentials und Ausarbeitung von Entwicklungsplänen zusammen mit örtlichen Gewerkschaften, Subventionen für (neu zu gründende oder in ökonomischen Schwierigkeiten befindliche) Unternehmen zur Entwicklung eines Wirtschaftsnetzes, das die spezifischen Qualifikationen der Lohnabhängigen und das regionale Wirtschaftspotential besser zu nutzen erlaubt (Preteceille, 1985). Freilich: Wo Wachstum fehlt, bleibt wenig zu verteilen. Die Grundprobleme der Krise sind auf lokaler und regionaler Ebene nicht lösbar.

3.3 Folgen für die Lohnabhängigen in alten Industriegebieten

Die Wirkungen des Zusammenspiels von industrieller und räumlicher Strukturveränderung, Wirtschaftskrise und regionaler Politik möchte ich kurz an drei Beispielen erläutern:

a) Industrielle Rekonversion in den Regionen Nord und Lothringen

In beiden Gebieten waren schon seit den 60er Jahren mit Fördermitteln der konservativen Regierung und der EG die staatlichen Kohlebergwerke weitgehend stillgelegt und die Stahlindustrie teils abgebaut, teils räumlich und betrieblich auf wenige Standorte konzentriert und modernisiert worden. 1974-1981 hatte sich dies erheblich beschleunigt - allein in der Stahlindustrie ging die Zahl der Arbeitsplätze von 160.000 auf 97.000 zurück. Der Beschäftigungsabbau wurde sozial abgefedert mit Vorruhestandsregelungen, Überbrückungsgeldern und hohen Abfindungen bei freiwilliger Kündigung, finanziert von Sozialversicherung, Staatshaushalt und den Unternehmen selbst. Parallel dazu wurde die Neuansiedlung von Industriebetrieben ("industrielle Rekonversion") gefördert mit billigem Industriegelände, zinsgünstigen Krediten, Steuererleichterungen und Investitionsprämien - aufgebracht von Staat, Gemeinden, staatlichen Banken und den Kohle- und Stahlunternehmen selbst. Bis 1973/74 dienten diese Mittel überwiegend der Ansiedlung von Zweigbetrieben einiger Großunternehmen - in der Region Nord waren es in erster Linie Filialen der Automobilindustrie, davon allein drei der staatlichen Firma Renault mit (1977) zusammen 12.300 Beschäftigten, die aus weitem Umkreis, zum Teil mit Werksbussen, rekrutiert wurden. Ein Teil der Arbeiter waren ehemalige Stahlarbeiter - doch sie fanden zu 70-80% nur Arbeitsplätze für Un- bzw. Angelernte, was ihnen mit Formen neuer Arbeitsorganisation (Anreicherung und Erweiterung der Arbeitsaufgaben) und Einführung neuer Hierarchiestufen in Lohngruppe und Beförderungschance schmackhaft gemacht wurde (Convert & Pinet, 1978:103ff). Insgesamt konnte bei diesen Ansiedlungsprojekten die Übernahme nur eines Teils der stillgelegten Kohle- und Stahlarbeiter gesichert werden. Seit der Wirtschaftskrise gelang allenfalls noch die staatlich subventionierte Ansiedlung von Klein- und Mittelunternehmen in der Region; die durchschnittliche Größe der im Zuge der Rekonversion angesiedelten Betriebe sank von 457 Anfang der 70er Jahre auf 1978:100 und 1981:51 Beschäftigte (Daynac & Millien, 1984:610).

Die sozialistische Regierung hat zwei Jahre lang die bestehenden Umstrukturierungspläne suspendiert. 1982 kam für die Textil- und Bekleidungsindustrie - die dritte der großen Branchen der Region - ein Plan zustande, nach dem in Verträgen zwischen nationaler und lokaler Regierung und örtlichen Unternehmen diesen die (in Frankreich hohen) Sozialabgaben weitgehend erlassen wurden, wenn sie am Ort neu investierten und ihren Beschäftigungsstand hielten. Angeblich wurden damit in ganz Frankreich 15-20.000 Textilarbeitsplätze gerettet (Lévi, 1984:13). 1984 dann wurde für die nationalisierten Kohle-, Stahl- und Chemieunternehmen der Abbau von 75.000 Arbeitsplätzen vorwiegend in Lothringen beschlossen, im Zusammenhang mit Kapazitätssenkungen, räumlicher und betrieblicher Neuordnung und umfangreichen Investitions- und Modernisierungsmaßnahmen. Sechs Städte in den Regionen Nord und Lothringen wurden zu "Rekonversions-Polen" erklärt (acht weitere lagen im übrigen Frankreich, davon sechs in alten Industriezentren). Zu den schon von den Konservativen praktizierten Maßnahmen der Investitionshilfe für neu angesiedelte Unternehmen und sozialer Abfederung für die Beschäftigten kamen Übernahmeverpflichtungen in andere staatliche Unternehmen, Verbindung von freiwilliger Frührente mit Neueinstellungen ("contrats solidarité-préretraite") und zweijähriger Umschulungsurlaub für Betroffene zu 70% ihres vorherigen Bruttolohns. In Lothringen waren von den 4.000 versprochenen staatlichen und privaten

neuen Arbeitsplätzen Mitte 1985 1.200-1.500 Stellen in staatlichen Industrien und Forschungseinrichtungen – aber keine einzige private – konkret
faßbar. 85% davon sollten in den beiden Regionshauptsstädten Metz und
Nancy eingerichtet werden, während für das am meisten betroffene Orne-Tal
nur Brosamen abfielen (Lorrain, 1985:16). Insgesamt traf der Plan die
beiden Regionen wie ein Hammerschlag. Auch die Verbesserung des "sozialen
Netzes" hinderte die Lothringer Stahlarbeiter 1984 nicht, in einigen
Städten Rathäuser und Büros der Sozialisten zu stürmen und der Polizei
Straßenschlachten zu liefern. Aber die Bewegung sank wieder in sich
zusammen und endete in Resignation (Steinacker & Westphal, 1985:443ff).

b) Beispiel: St. Quentin

Macloufs Untersuchung (1982) dieser alten Industriestadt nordöstlich der
Region Paris verdeutlicht auch die Gründe für das Schwanken der Betroffenen zwischen Resignation und Strohfeuer-Revolten gegen den Industrieab-
bau. In den 60er Jahren erlebte St. Quentin den krassen Niedergang seiner
veralteten Textil- und Metallindustrie und die Neuansiedlung von Zweig-
werken aus Paris. Das größte davon, Motobécane, beschäftigte 1974 über
4.000 Lohnabhängige. In der Krise wurden 20% der Arbeitsplätze in der
Stadt vernichtet, die Arbeitslosenquote stieg von fast Null (1975) auf
11,5% (1981), mit mehr als 15% Langzeitarbeitslosen. Motobécane baute
1978/79 ca. 1.400 Arbeitsplätze ab – durch Frühverrentung, Abfindungen
bei freiwilliger Kündigung und Entlassungen. Kurz nach der letzten Ent-
lassungswelle wurden 450 Lohnabhängige befristet neu eingestellt, davon
nur 100 mit Aussicht auf Festeinstellung. – Die örtliche Arbeiterschaft
reagierte auf die neue Situation verunsichert: Die traditionelle Kon-
fliktlinie zur lokalen Unternehmerschaft war verloren gegangen; auch
revoltenähnliche Aktionen gegen die Entlassungen schienen das Management
im fernen Paris wenig zu scheren. Wenige Monate nach Straßendemonstratio-
nen, Betriebs- und Rathausbesetzung zerbröckelte die Kampffront in Abge-
fundene, die wegzogen, Frührentner und Arbeitslose. Die letzten Aktionen
("St. Quentin – tote Stadt") wandten sich praktisch nur noch an staatliche Instanzen und lokale Parteien.

c) Klein- und Mittelstädte mit krisenhafter Mono-Industrie

Eine Untersuchung von Aydalot (1983) in 14 Städten für den Zeitraum 1968-1975 zeigte, daß die Arbeitsplatzverluste in den vorherrschenden Industriebetrieben vom übrigen Beschäftigungssystem gemildert wurden: Folgefunktionen (wie Bau, Teile des Handwerks) sanken weit weniger ab, weitgehend unabhängige Bereiche (sonstige Dienstleistungen, öffentliche Einrichtungen, neu angesiedelte Industrie) wuchsen in der Regel - in größeren Städten stärker als in kleineren. In den Krisenindustrien nahm der Anteil älterer ungelernter Frauen zu - der von (vorwiegend qualifizierten) Männern sank. Neue Industrien ersetzten im Durchschnitt nur einen von zwei verlorenen Arbeitsplätzen und beschäftigten überwiegend jüngere ungelernte Frauen. Die Krise führte also nicht nur zu erhöhter Arbeitslosigkeit, sondern für die Frauen auch zu Dequalifizierung, während die Männer ihr Qualifikationsniveau hielten, aber in besonderem Maße Arbeitsplätze verloren. Die Betroffenen meldeten sich teils arbeitslos, teils zogen sie sich aus dem Erwerbsleben zurück. Dort, wo Männer auswärts neue Arbeit fanden, wurden sie zu Pendlern oder wanderten mit ihren Familien ab. So hat die Mehrzahl der Betroffenen die Folgen innerhalb der Familie aufgefangen, nur eine Minderheit beanspruchte den Sozialstaat.

Die Krise hat also den Stadtbewohnern mehr Arbeitslosigkeit, Frührentner-Dasein, Mobilitätszwang, Dequalifikation und einen höheren Anteil von Arbeitsplätzen in instabilen Klein- und Mittelbetrieben gebracht. Sie hat zudem die Arbeitsverhältnisse insgesamt verunsichert durch einen Typus "prekärer" Arbeitsverhältnisse, vor allem für Ausländer, Jugendliche und Frauen. Sie hat die bisherigen Lebensformen und -gewohnheiten in altindustrialisierten Regionen nachhaltig erschüttert und eröffnet kaum neue Lebensperspektiven - außer durch Abwanderung in den Süden Frankreichs, in dem bessere Beschäftigungschancen, aber auch eine hohe Arbeitslosigkeit bestehen. Von der Regionalpolitik in ihrer bisherigen Form ist keine Abhilfe zu erwarten.

Fallstudien

Jens Dangschat und Thomas Krüger
Hamburg im Süd-Nord-Gefälle

1. EINLEITUNG

Bis zum Beginn der 70er Jahre gab es – von einigen traditionell benachteiligten Gebieten (Zonenrand, Ostfriesland) und der einsetzenden Krise an Ruhr und Saar abgesehen – eher ein Nord-Süd-Gefälle: "Was einmal fein war in der deutschen Wirtschaft, lag mehrheitlich im Norden, während das, was heute als fein gilt in der deutschen Industrie und Technologie, eher im Süden zu finden ist" (Prognos). Die wirtschaftlich starke Position des Nordens war dabei auf die Wirtschaftskraft der Stadtstaaten, vor allem auf die Hamburgs, zurückzuführen. Nun konzentrieren sich die Probleme des Nordens auf die Stadtstaaten; sie sind "zu den 'Destabilisatoren' des Arbeitsmarktes in Küstenländern geworden" (Handelskammer, 1984:16). Tatsächlich hinken die norddeutschen Ballungsgebiete, von denen eigentlich Wachstumsimpulse ausgehen müßten, bereits seit gut 20 Jahren hinter der durchschnittlichen Entwicklung in der Bundesrepublik her.

In der Folge soll die relative Position Hamburgs im Süd-Nord-Gefälle analysiert werden, d.h. wir werden zeigen, in welchen Aspekten der Bevölkerungs-, Wirtschafts- und Finanzentwicklung Hamburg hinter der Bundesrepublik bzw. anderen Großstädten zurückbleibt. Dazu schicken wir einen historischen Überblick über die hamburgische Entwicklung voraus, der die Sonderstellung der Wirtschaftsstruktur des Stadtstaates innerhalb der Bundesrepublik, aber auch die Konkurrenz der Kernstadt gegenüber dem Umland verdeutlichen soll. Abschließend beurteilen wir die als Reaktion auf die wirtschaftliche Entwicklung neu formulierte Stadtpolitik ("Unternehmen Hamburg") in ihrer Auswirkung auf die Bewohner und einige Teilgebiete der Stadt.

2. GESCHICHTLICHE ENTWICKLUNG

Hamburg hat seit der Gründung der Hanse aufgrund seiner Lagegunst (natürliche Häfen an Alster und Elbe) bis zum 2. Weltkrieg die Rolle eines bedeutenden Handelsplatzes gehabt. Dabei veränderte sich Hamburg von einem nordeuropäischen Handelsplatz zu dem Außenhandelsplatz des Deutschen Reiches und der Weimarer Republik. Neben den Handelsverbindungen trug die lang andauernde politische und ökonomische Unabhängigkeit des Stadtstaates zu dieser Sonderrolle bei.

Diese Sonderrolle, die zwar den Kaufleuten Reichtum und Privilegien bescherte, ließ aber auch die im 19. Jahrhundert im Deutschen Reich einsetzende Industrialisierung lange Zeit an Hamburg vorbeigehen. Die späte Aufhebung der Privilegien der Zünfte, der Status der gesamten Stadt als Zollausland, ein verspäteter Eisenbahnanschluß, der fehlende Hofstaat, das fehlende Territorialheer und ein hohes Lohnniveau machten die Kaufmannsstadt für Industriegründungen wenig interessant. Eine beschleunigte Industrialisierung setzte erst nach dem Zollanschluß an das Deutsche Reich ein (1888); sie war stark schiffbauorientiert. Hamburg war also schon früh eine Dienstleistungsstadt, die ein Monopol im Fernhandel besaß. Ihre Industrie hat sich erst verspätet entwickelt. Frühe Industriegründungen finden sich dagegen in den angrenzenden preußischen Städten Altona-Ottensen und Harburg-Wilhelmsburg, die auch schon früher über eine Bahnverbindung verfügten.

Der Aufstieg Hamburgs war immer von einer Konkurrenz zu diesen Nachbarstädten begleitet: Altona sollte schon unter dem Dänischen König als Metropole neben der Hauptstadt Kopenhagen ausgebaut werden und wies eine starke handwerkliche Tradition auf; Harburg und Wilhelmsburg verfügten über ausgebaute bzw. ausbaufähige Hafengelände. Insbesondere Altona, aber auch die anderen von Preußen geförderten Städte, Harburg und Wilhelmsburg, zogen Investitionskapital an und förderten die industrielle Entwicklung.

Diese industrieanziehenden Entwicklungskerne jenseits der hamburgischen Grenze, die Maschinenbau-, Nahrungs- und Genußmittelindustrien Altonas sowie die grundstoffverarbeitenden Industrien mit Schwerpunkt in Harburg und Wilhelmsburg kamen erst mit der Zwangseingemeindung (Groß-Hamburg-Gesetz 1937) – wie auch die Städte Wandsbek und Bergedorf – zum Hamburger Stadtgebiet.

Nach dem 2. Weltkrieg wurde der Hafen nach erheblichen Zerstörungen zügig auf- und ausgebaut. Dabei blieb die hamburgische Wirtschaft auf typische Seehafen-Industrien und -Dienstleistungen ausgerichtet. Die städtische Politik unterstützte und förderte diese Entwicklung. Obwohl der relative Anteil des bundesdeutschen Außenhandels über Hamburg ständig sank, expandierten Hafen und Außenhandel noch stark. Die Zahl der Büroarbeitsplätze stieg rapide an. Neben dem Handel waren daran Banken und Versicherungen, aber auch Industrieunternehmen beteiligt, die den Sitz ihrer Hauptverwaltungen in Hamburg hatten.

Nach ersten Anfängen schon zu Beginn des 20. Jahrhunderts überschreitet die Suburbanisierung von Bevölkerung und Betrieben seit Beginn der 60er Jahre erneut die Landesgrenzen. Mit aktiver Akquisitionspolitik, großzügiger Flächen- und Infrastrukturbereitstellung und z.t. Zonenrandförderungsmitteln gelang es den Umland-Landkreisen in Schleswig-Holstein und Niedersachsen ein erhebliches Bevölkerungs- und Wirtschaftspotential anzuziehen, das nach wie vor eng mit der Kernstadt Hamburg verflochten ist. So ist die relativ günstige wirtschaftliche Entwicklung Schleswig-Holsteins fast ausschließlich auf die überdurchschnittlichen Wachstumsraten in den Hamburg angrenzenden Kreisen zurückzuführen.

Als Antwort auf die abnehmende Bedeutung des Warenumschlages über den Hafen, wurde – in Absprache mit den Nachbarländern – auf die Industrialisierung der Unterelbe-Region gesetzt. Hamburg versprach sich von der Ansiedlung rohstoffverarbeitender Industrien eine Zunahme des Warenumschlages im Hafen und Impulse für ein weiteres Wachstum im Verwaltungsbereich. Es wurde auch auf die Ansiedlung weiterer Industrien gehofft, die die Vorprodukte weiterverarbeiten.

Spätestens seit Mitte der 70er Jahre wurde das Scheitern dieses Konzeptes offenbar. Die wenigen angesiedelten Großbetriebe wurden stark subventio-

niert. Es gingen von ihnen jedoch keine Impulse für die weiterverarbei-
tende Industrie und Dienstleistungen aus. Die Betriebe stellten nicht
einmal dauerhaft die angekündigte Zahl an Beschäftigten ein, dagegen hin-
terließen sie eine hohe Umweltbelastung.

Seitdem werden immer neue Erklärungen für den wirtschaftlichen Niedergang
Hamburgs bemüht. 1983 hielt der Erste Bürgermeister von Dohnanyi seine
Rede zum "Unternehmen Hamburg" vor dem Überseeclub, in der eine Neuorien-
tierung der Stadtpolitik skizziert wird: Der Krise solle mit einer neuen
"Standortpolitik" begegnet werden.

3. BEVÖLKERUNGSENTWICKLUNG UND VERÄNDERUNG DER SOZIALSTRUKTUR

3.1 Bevölkerungsentwicklung Hamburgs im Vergleich mit anderen Großstädten der Bundesrepublik

Die Bevölkerungszahl Hamburgs geht bereits seit 1964 zurück (von
1.857.431 E; STALA, 1984:21; vgl. Tab. 1) und erreicht mit 1.579.900 E
Ende 1985 einen vorläufigen Tiefstand (STALA, 1986:138). Ähnliches gilt
für alle Großstädte der Bundesrepublik seit dem Beginn der 70er Jahre.
Unter der deutschen Bevölkerung setzten diese Verluste schon früher ein
und waren erheblich höher: In bundesdeutschen Großstädten verminderte
sich zwischen 1970 und 1982 "trotz umfangreicher Eingemeindungen die Zahl
der deutschen Einwohner um 5,1%, während die Zahl der Ausländer um 62,4%
zunahm" (Bähr & Gans, 1985:71). In Hamburg – das nicht eingemeinden
konnte – betrug in diesem Zeitraum der Verlust an Deutschen 13,9%, die
Zunahme an Ausländern 98,4%.

Von den Bevölkerungsrückgängen sind vor allem die großen Städte (über
500.000 E) betroffen. So nahm zwischen 1970 und 1983 die Bevölkerung
Düsseldorfs um 15,5%, Frankfurts um 12,7%, Stuttgarts um 10,4%, Hamburgs
um 10,3% und Hannovers um 10,2% ab; demgegenüber waren die Verluste für
Köln (-5,4%) und vor allem München (-0,8%) eher gering (vgl. StJB, jeweilige Jahrgangsbände).

Die Bevölkerungszahl Hamburgs hat sich seit 1970 jährlich um etwa 14.400 E verringert (s. Tab. 1). Die lange rückläufige Tendenz der Bevölkerungsverluste ist seit 1981 wieder steigend und hat sich seither wieder mehr als verdoppelt (auf -17.000 E im Jahr 1984).

3.2 Bevölkerungsentwicklung Hamburgs innerhalb der Region

Die relative Position Hamburgs innerhalb der Region hat sich verschlechtert: Die Bevölkerungszahl in der Kernstadt ist seit 1961 um knapp 240.000 E (-13,1%) gesunken, während im Umland im gleichen Zeitraum die Einwohnerzahl um knapp 338.000 (+51,0%) angestiegen ist. Kamen 1961 noch fast drei von vier Regionsbewohnern aus Hamburg (73,5%), so ist es 24 Jahre später nur noch gut jeder zweite (57,3%).

Tabelle 1: Bevölkerungsentwicklung in der Region, dem nördlichen und südlichen Umland, sowie in Hamburg, 1970-1984

	1970	1972	1974	1976	1978	1980	1982	1984	1970-1983 abs.
Region	2.793.916	2.822.368	2.824.752	2.809.021	2.802.673	2.811.838	2.805.531	2.781.044	- 12.872 -
Umland	1.000.276	1.056.154	1.090.950	1.110.406	1.138.368	1.166.743	1.181.683	1.188.597	188.321 + 1
davon nördliches U.	711.138	746.368	769.013	779.384	797.288	816.069	824.406	827.561	116.423 + 1
südliches U.	289.138	309.786	321.937	331.022	341.080	350.674	357.277	361.036	71.898 + 2
Hamburg	1.793.640	1.766.214	1.733.802	1.698.615	1.664.305	1.645.095	1.623.848	1.592.447	-201.193 - 1

Quellen: Statistische Taschenbücher Hamburg
+ eigene Berechnung

Wie Tab. 1 zeigt, hat Hamburg zwischen 1970 und 1984 gut 200.000 Einwohner (-11,2%) verloren, während das nördliche Umland im gleichen Zeitraum um gut 116.000 E (+16,4%), das südliche Umland um knapp 72.000 E (+24,9%) zulegte. Die Bevölkerungszuwächse im Umland gehen jedoch zuletzt deutlich zurück - im früher und intensiver besiedelten nördlichen Umland stärker als im südlichen, das durch den Elbtunnel seit dem Beginn der 70er Jahre besser erreichbar ist (vgl. Bähr & Gans, 1985:108).

3.3 Faktoren der Bevölkerungsentwicklung in Hamburg

Nach 1964 ist die Einwohnerzahl Hamburgs beständig zurückgegangen, mit besonders hohen Verlusten Mitte der 70er Jahre und 1984 (s. Tab. 2). Betrachtet man die Bevölkerungsentwicklung nach Deutschen und Ausländern getrennt, wird deutlich, daß die Zahl der Deutschen um etwa 285.000 Personen ab- (-20.342 pro Jahr), die der Ausländer um 83.600 zunimmt (+5.971 pro Jahr). Die Zu- und Abnahmen verändern sich jedoch stark in der betrachteten Periode: Die Verluste der Deutschen gehen seit 1978 zurück, dagegen ist aus der Entwicklung der Zahl der Ausländer der Zyklus wirtschaftlicher Krisen ablesbar – seit 1983 nimmt auch die Zahl der Ausländer ab.

Von den gesamten Verlusten zwischen 1970 und 1984 entfielen auf die natürliche Bevölkerungsveränderung 77,1%, auf die Wanderung 22,9%. Damit hat Hamburg im Vergleich zu den anderen Großstädten der Bundesrepublik nach Berlin die höchsten Rückgänge aufgrund des Sterbeüberschusses, was vor allem am Altersaufbau und nicht am Gebärverhalten liegt (vgl. Bähr & Gans, 1985:88f). Diese Anteile variieren über die Zeit, insbesondere der Wanderungssaldo schwankt stärker.

Die Aufgliederung der Wanderungen nach Deutschen und Ausländern ergibt das typische großstädtische Bild: Die Deutschen weisen Wanderungsverluste, die Ausländer Wanderungsgewinne auf. Von der Tendenz der Ausländer-Salden weichen die Krisenjahre mit Negativsalden 1967 und 1975/76 ab; seit 1982 überlagern sich verstärkt wirtschaftliche Krise und bundesdeutsche Ausländerpolitik in ihren Auswirkungen.

Der Wanderungssaldo mit dem Umland ist über den gesamten Zeitraum erwartungsgemäß negativ – fast dreimal so hoch wie der Wanderungssaldo insgesamt. Der Wanderungssaldo gegenüber dem sonstigen Bundesgebiet schwankt um den Nullpunkt. Entscheidend für die starken Schwankungen des Wanderungssaldos insgesamt ist der Wanderungssaldo über die Staatsgrenzen, dessen Überschüsse 1969/70 und 1980/81 sogar die Verluste der Deutschen überkompensieren (s. Tab. 2).

Tabelle 2: Wanderungssalden Hamburgs, 1970 - 1984

Merkmal	1970	1971	1972	1973	1974	1975	1976	1977	1978	1979	1980	1981	1982	1983	1984
Bevölkerungsveränderung															
Deutsche	- 21 718	- 25 151	- 27 436	- 30 653	- 22 874	- 17 368	- 19 695	- 21 001	- 21 650	- 20 941	- 20 569	- 17 499	- 14 229	- 13 458	- 12 269
Ausländer	+ 15 966	+ 13 132	+ 12 029	+ 16 060	+ 5 055	+ 949	+ 927	+ 2 726	+ 5 615	+ 9 679	+ 12 621	+ 9 556	+ 945	- 859	- 4 815
Insgesamt	- 5 752	- 12 019	- 15 407	- 14 593	- 17 819	- 16 419	- 18 768	- 18 275	- 16 035	- 11 262	- 7 948	- 7 963	- 13 284	- 14 317	- 17 084
Saldo der natürlichen Bevölkerungsbewegung															
Deutsche	- 9 485	- 9 978	- 12 491	- 14 289	- 14 078	- 15 050	- 13 714	- 13 388	- 13 519	- 13 087	- 12 305	- 12 491	- 12 637	- 11 590	- 11 285
Ausländer	+ 1 314	+ 1 715	+ 1 928	+ 2 082	+ 2 322	+ 2 143	+ 2 015	+ 2 081	+ 2 063	+ 2 049	+ 2 159	+ 2 239	+ 2 138	+ 1 871	+ 1 671
Insgesamt	- 8 171	- 8 263	- 10 563	- 12 207	- 11 756	- 12 907	- 11 699	- 11 307	- 11 456	- 11 038	- 10 146	- 10 252	- 10 499	- 9 719	- 9 614
Wanderungssaldo															
Deutsche	- 12 233	- 15 173	- 14 945	- 16 364	- 8 796	- 2 318	- 5 981	- 7 613	- 8 131	- 7 854	- 8 264	- 5 471	- 2 027	- 2 417	- 1 438
Ausländer	+ 14 652	+ 11 417	+ 10 101	+ 13 978	+ 2 733	- 1 194	- 1 088	+ 645	+ 3 552	+ 7 650	+ 10 462	+ 7 760	- 758	- 2 181	- 6 052
Insgesamt	+ 2 419	- 3 756	- 4 844	- 2 386	- 6 063	- 3 512	- 7 069	- 6 968	- 4 579	- 224	+ 2 198	+ 2 289	- 2 785	- 4 598	- 7 470
Einbürgerung von Ausländern	.	.	.	.	.	.	.	.	.	.	.	463	435	549	454
Wanderungssaldo insgesamt															
gegenüber sechs Randkreisen	- 12 787	- 16 458	- 16 165	- 15 928	- 11 912	- 8 534	- 8 914	- 11 221	- 11 108	- 11 437	- 11 039	- 8 091	- 4 807	- 4 609	- 5 106
restlichem Bundesgebiet	- 684	- 315	- 2 125	- 666	- 1 704	- 3 621	- 2 181	- 1 909	- 814	- 777	- 243	- 331	- 1 121	- 637	- 1 253
außerhalb des Bundesgebiets	+ 14 995	+ 13 110	+ 10 827	+ 14 153	+ 1 959	+ 1 876	+ 1 268	+ 1 420	+ 4 929	+ 9 766	+ 13 069	+ 10 431	+ 1 755	+ 3 324 1)	+ 3 589
ungeklärt und ohne Angabe	+ 875	+ 907	+ 2 617	+ 3 055	+ 2 186	+ 3 377	+ 932	+ 924	+ 786	+ 670	+ 411	+ 280	+ 146	+ 698	+ 28
Insgesamt	+ 2 419	- 3 756	- 4 844	- 2 386	- 6 063	- 3 512	- 7 069	- 6 968	- 4 579	- 224	+ 2 198	+ 2 289	- 2 785	- 4 598	- 7 470
Wanderungssaldo der Deutschen															
gegenüber sechs Randkreisen	- 13 089	- 16 093	- 16 261	- 16 015	- 12 194	- 9 284	- 9 592	- 11 539	- 11 093	- 11 175	- 10 400	- 7 504	- 4 587	- 4 647	- 5 199
restlichem Bundesgebiet	- 1 010	- 1 663	- 2 412	- 3 910	- 748	- 2 808	- 1 175	- 1 415	- 697	- 976	- 241	- 47	- 1 343	- 766	- 1 424
außerhalb des Bundesgebiets	+ 1 135	+ 1 825	+ 1 729	+ 1 214	+ 779	+ 1 296	+ 1 677	+ 1 713	+ 1 623	+ 1 797	+ 1 490	+ 1 674	+ 999	+ 1 161 1)	+ 2 197
ungeklärt und ohne Angabe	+ 731	+ 758	+ 1 999	+ 2 347	+ 1 871	+ 2 862	+ 759	+ 798	+ 642	+ 548	+ 405	+ 312	+ 218	+ 303	+ 140
Deutsche zusammen	- 12 233	- 15 173	- 14 945	- 16 364	- 8 796	- 2 318	- 5 981	- 7 613	- 8 131	- 7 854	- 8 264	- 5 471	- 2 027	- 2 417	- 1 438
Wanderungssaldo der Ausländer															
gegenüber sechs Randkreisen	+ 302	+ 365	+ 98	+ 87	+ 282	+ 650	+ 678	+ 318	+ 15	+ 262	+ 639	+ 587	+ 220	+ 38	+ 93
restlichem Bundesgebiet	+ 346	+ 348	+ 287	+ 244	+ 956	+ 813	+ 1 006	+ 494	+ 117	+ 199	+ 484	+ 378	+ 222	+ 129	+ 171
außerhalb des Bundesgebiets	+ 13 860	+ 11 285	+ 9 098	+ 12 939	+ 1 180	+ 3 172	+ 2 945	+ 2 293	+ 3 306	+ 9 969	+ 11 579	+ 8 757	+ 244	+ 4 485 1)	+ 5 786
ungeklärt und ohne Angabe	+ 144	+ 149	+ 618	+ 708	+ 315	+ 515	+ 173	+ 126	+ 144	+ 122	+ 6	+ 32	+ 72	+ 2 395	+ 168
Ausländer zusammen	+ 14 652	+ 11 417	+ 10 101	+ 13 978	+ 2 733	- 1 194	- 1 088	+ 645	+ 3 552	+ 7 650	+ 10 462	+ 7 760	- 758	- 2 181	- 6 052

1) einschließlich Zugang von 2616 Seeleuten (darunter 2449 Ausländern) auf Schiffen hamburgischer Reedereien ohne Wohnung im Bundesgebiet.

Quelle: Hruschka 1986: 37

Die Verläufe der ersten beiden Wanderungsarten zeigen, daß Hamburg offensichtlich in Zeiten wirtschaftlicher Krisen relative und absolute Wanderungsgewinne aus dem sonstigen Bundesgebiet erhält bzw. geringere Verluste durch Umlandwanderungen aufweist. Zu diesen beiden Entwicklungen verhalten sich die Einwanderungsgewinne (=Zuwanderung von Ausländern) gegenläufig.

3.4 Veränderung der Sozialstruktur und Polarisierung der Stadtbewohner

Die Bevölkerungsverluste schwächen die relative Position Hamburgs innerhalb der Region nicht nur aufgrund ihrer wirtschaftlichen und finanziellen Auswirkungen (Verlagerungen von Arbeitsplätzen, Dienstleistungen, Infrastruktur, Steueraufkommen, Kaufkraft etc. - s. Kap. 4), sie verändern auch aufgrund der Selektivität von Wanderungen den Bevölkerungsaufbau nach Alter, Haushaltsgröße und sozialem Status. Damit verbleiben in Hamburg überproportional viele Menschen, die die Stadt Geld kosten, und es wandern überwiegend jene ab, die der Stadt Geld bringen.

Die Selektivität von Wanderungen gilt jedoch für alle Großstädte der Bundesrepublik. Sie hat dazu geführt, daß in Großstädten (hier leben etwa 30% aller Bundesdeutschen), 40% aller über 65jährigen und aller Arbeitslosen, sowie 50% aller Sozialhilfeempfänger und aller Ausländer leben. In Hamburg ist der Anteil der über 65jährigen von 16,9% (1970) angestiegen auf 18,2% (1982), der Anteil der Ausländer von 5,3% (1970) auf 9,8% (1982).

Die Bevölkerungsentwicklung der letzten zwanzig Jahre hängt zudem ab von erheblichen Veränderungen der familialen Normen: In allen westlichen Gesellschaften heiraten immer weniger Menschen, oder sie heiraten später; es werden weniger Kinder geboren, insbesondere die Zahl kinderloser Erwachsener nimmt zu; die Haushalte werden immer kleiner, der Anteil der Einpersonenhaushalte an allen Haushalten steigt. Diese Entwicklung ist im Norden der Bundesrepublik intensiver als im Süden - letztlich auch eine Auswirkung einer unterschiedlich engen Bindung an religiöse Normen - und ist umso intensiver, je größer eine Stadt ist. Damit sind diese Prozesse

196

gerade in Hamburg sehr deutlich und beeinflussen den <u>innerstädtischen</u> <u>Wohnungs- und Arbeitsmarkt</u> stärker.

Kleiner werdende Haushalte sind mobiler und erfordern kleinere, aber mehr Wohnungen, als es aus der Bevölkerungsstatistik abzulesen ist. Mit der Ausdehnung der Zahl nicht-familialer Haushalte werden zunehmend auch zentralere Wohnstandorte nachgefragt. Aus dem Anstieg der statistischen Zahl der Einpersonenhaushalte darf jedoch nicht auf eine in demselben Maße steigenden Nachfrage an kleinen, zentral gelegenen Wohnungen ge- schlossen werden: Erstens verbirgt sich in der statistischen Angabe der Einpersonenhaushalte auch ein Teil anderer, nicht-familialer, Haushalte (unverheiratet Zusammenlebende, Wohngemeinschaften); zweitens begnügen sich Einpersonenhaushalte zunehmend weniger mit Ein- oder Zweizimmerwoh- nungen (ähnliches gilt für kinderlose Paare, die nicht selten Vier- und Fünfzimmerwohnungen belegen; vgl. Droth & Dangschat, 1985).

Mit den kleineren Haushalten steigt die Zahl der wirtschaftlich abhängi- gen Personen (insbesondere der Frauen). Das bedeutet jedoch andererseits, daß die zunehmende Zahl nicht-familialer Haushalte stärker von geregelten Einkommen abhängig wird. Die Mitglieder sind gegenüber dem städtischen Durchschnitt eher jung und entweder gut ausgebildet und in gut bezahlten Berufspositionen (Frauen auch dann, wenn sie nicht allein leben) oder noch in einer Ausbildung und (noch) nicht in einer Berufsposition. Von der ersten Gruppe geht ein massiver Nachfragedruck auf Wohnungsteilmärkte aus, da diese Personen eine hohe Mietzahlungsbereitschaft aufweisen bzw. (aus steuerlichen Gründen) Eigentumswohnungen nachfragen. Die zweite Gruppe hat dagegen einen Bedarf an kostengünstigem Wohnraum, wobei oft die Haushaltsform Folge dieser Priorität ist.

Ein ähnlicher Einfluß auf den Wohnungsmarkt geht von einer veränderten Arbeitsmarktstruktur in Zentren überregionaler Bedeutung aus (vgl. Ham- nett & Randolph, 1986). Umstrukturierungen, die durch Verschiebungen vom sekundären in den tertiären Sektor nur unzureichend beschrieben sind, entstehen durch die Zunahme spezialisierter Dienstleistungen einerseits und durch die Industrialisierung einfacher Dienstleistungen bzw. den Abbau von Arbeitsplätzen in der Produktion andererseits.

Steinberg (nach Friedrichs, 1985a:9) sieht voraus, daß aufgrund veränderter Berufsarbeit die Mehrheit der Mittelschichtangehörigen sozial absteigen, eine Minderheit sozial aufsteigen wird. Auch wenn die Entwicklung aus den USA nicht ohne weiteres auf hiesige Verhältnisse zu übertragen ist, ist dennoch ein Auseinanderdriften der heterogenen Mittelschicht aufgrund der veränderten Berufsstruktur denkbar.

Nun sind es gerade die Personen in nicht-familialen Haushalten, die häufig in gehobenen Dienstleistungsberufen tätig sind und auf dem Wohnungsmarkt – gemessen an der Personenzahl – große, zentral gelegene Wohnungen nachfragen. Diese Nachfrage richtet sich auf ausgewählte Teilgebiete der Stadt mit hohem Wohn- und Freizeitwert und verdrängt dort die Bevölkerung und sorgt für eine Umstrukturierung der Infrastruktur.

Ähnliche Konzentrationen in bestimmten Wohnsituationen und damit städtischen Teilgebieten lassen sich für die absteigende Mittelschicht zeigen. Geringer werdende Mietzahlungsfähigkeit (insbesondere durch Arbeitslosigkeit) und erhöhte Mieten in Sozialwohnungen (durch die Ablösung der Bindungen) verursachen Umzüge in kleinere, schlechter ausgestattete Wohnungen in weniger attraktiven Wohnquartieren.

Die Differenzierung der Mittelschicht wirkt sich also auch räumlich aus. Zudem werden sich Ansprüche an Konsum und Freizeit in unterschiedlichem Maße verändern. Damit entstehen zusätzlich Brüche in der hierzulande relativ homogenen Werte- und Normenstruktur, sowie im städtischen Lebensstil, der gerade durch die bürgerliche Mittelschicht geprägt wurde.

4. WIRTSCHAFTLICHE ENTWICKLUNG

4.1 Arbeitsmarkt und Wachstumsindikatoren

Der wohl härteste Indikator, den die Wirtschaftsstatistik zur Verfügung stellt, ist die Zahl der amtlich registrierten Arbeitslosen. Norddeutschland liegt hier schon seit den 60er Jahren leicht über dem Bundesdurchschnitt (vgl. Crinius et al., 1984:62). Seit Mitte der 70er Jahre laufen die Arbeitslosenquoten nach dem Muster eines Süd-Nord-Gefälles auseinander. Im Jahr 1983 lag die Arbeitslosenquote des Nordens um 21% über, die des Südens um 19% unter dem Bundesdurchschnitt (Haubold, 1985:24).

Als "Verursacher" für diese Entwicklung lassen sich unschwer die Arbeitsmärkte der Stadtstaaten ausmachen. Bremen weist seit etwa 1975, Hamburg seit etwa 1982 Arbeitslosenquoten auf, die den Bundesdurchschnitt übersteigen (vgl. Abb. 1) - im Februar 1986 lag die Arbeitslosenquote Hamburgs mit 13,4% um drei Prozentpunkte über dem Bundesdurchschnitt. Ein deutlicher Anstieg der Arbeitslosenquoten in Kernstädten seit Anfang der 80er Jahre ist nichts ungewöhnliches, jedoch ist er in Hamburg steiler als in Frankfurt, Stuttgart oder München.

Zwischen 1974 und 1982 nahm die Zahl der Beschäftigten in Hamburg um 53.200 (-6,7%) ab - viermal stärker als im Bundesdurchschnitt (-1,6%). Besonders hoch lagen die Verluste im produzierenden Bereich (- 45.100 = -16,8%) und im Handel und Verkehr (- 21.000 = -7,9%). Entscheidend für die schlechte Arbeitsplatzentwicklung ist jedoch nicht der Rückgang der in der Industrie Beschäftigten, sondern die Tatsache, daß der tertiäre Sektor in Hamburg deutlich weniger als im Bundesdurchschnitt in der Lage war, neue Arbeitsplätze zur Verfügung zu stellen.

Abbildung 1: Indizes der Arbeitslosenquote in den norddeutschen Bundesländern, 1975 - 1983

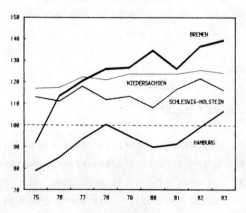

100 = bundesdurchdurchschnittliche Arbeitslosenquote

Quelle: Haller & Schröder, 1983:20

Dieser "Rollenwechsel" der norddeutschen Stadtstaaten – aus den Anführern der wirtschaftlichen Entwicklung sind Verlierer geworden – wird noch deutlicher, wenn man zusätzlich berücksichtigt, daß die Zahl der Erwerbsfähigen in Norddeutschland weit geringer anstieg als in Süddeutschland (in Hamburg sogar nur um 1%; vgl. Haller & Schröder, 1983:31f).

Parallel zur schlechten Entwicklung des Arbeitsmarktes läuft eine relative Wachstumsschwäche, die schon seit den 60er Jahren nachweisbar ist (vgl. Crinius et al., 1984:48). Im Zeitraum zwischen 1970 bis 1983 hat sich die Bedeutung der Stadtstaaten – gemessen an dem Anteil an der unbereinigten Brutto-Wertschöpfung – innerhalb der Bundesrepublik verringert. Hamburg und Bremen verloren je 0,2 Prozentpunkte (Anteil Hamburgs 1983: 4,3%). Schleswig-Holstein und Niedersachsen gewannen zwar je 0,1 Prozentpunkte hinzu, konnten aber den Bedeutungsverlust der Stadtstaaten nicht ausgleichen (vgl. Böhm & Krumbholz-Mai, 1985:74f). Ihr Wachstum – auf traditionell hoher Ausgangsbasis – war jedoch weit unterdurchschnittlich.

Abbildung 2: <u>Brutto-Wertschöpfung je Erwerbstätigen 1983 und Verände-</u>
<u>rung der unbereinigten Bruttowertschöpfung 1970 bis 1983</u>
<u>nach ausgewählten Gebietseinheiten</u>

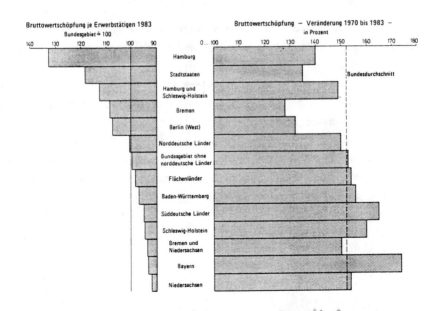

Geographisches Institut
der Universität Kiel
Neue Universität

Quelle: Böhm & Krumbholz-Mai, 1985:78

Hamburg ist trotz der Wachstumsschwäche (noch) eine reiche Stadt. Auf einer Fläche von nur 0,3% der Bundesrepublik wurde 1982 von 2,7% der Bevölkerung der Bundesrepublik, die 3,6% der Beschäftigten stellen, immerhin 4,3% der Bruttowertschöpfung der Bundesrepublik erwirtschaftet (HALABA, 1984a:7).

Die Entwicklung von Arbeitsmarkt und Wertschöpfung zeigt, daß
- sich die relativ schwache wirtschaftliche Entwicklung in Norddeutschland insgesamt schon länger abzeichnet,
- die krisenhafte Zuspitzung der Entwicklung im Norden, die unter dem Schlagwort "Süd-Nord-Gefälle" diskutiert wird, von den Arbeitsmärkten in den norddeutschen Stadtstaaten verursacht wird, und daß
- die schlechte Arbeitsmarktentwicklung auf der Basis eines ungebrochen hohen Niveaus der Wertschöpfung stattfindet.

4.2 Wachstumsschwäche Hamburgs

Im folgenden werden drei Hypothesen für die Erklärung der relativen Wachstumsschwäche der Hamburger Wirtschaft diskutiert.

1. Hamburg hat aufgrund seiner - historisch sehr erfolgreichen - Entwicklung nun eine veraltete, wachstumsschwache Wirtschaftsstruktur.

Vergleicht das man das Gewicht einzelner Wirtschaftsbereiche in Hamburg mit ihrem Gewicht in der Bundesrepublik (vgl. Tab. 3; Strukturfaktoren) wird deutlich, daß die Wirtschaftsstruktur in Hamburg stark von Dienstleistungen geprägt ist. Trotz dieser eigentlich "wachstumsträchtigen" Struktur haben sich die Bereiche der Hamburger Wirtschaft zum Teil deutlich schlechter entwickelt als im Bundesdurchschnitt (vgl. Crinius et al., 1984:64f und Tab. 3; Regionalfaktoren - siehe auch den Beitrag von Friedrichs in diesem Band).

Tabelle 3: Strukturfaktoren 1982 und Regionalfaktoren 1960 - 1982 für
Hamburg

	Strukturfaktoren 1982		Regionalfaktoren 1960-1982	
	Erwerbstätige	Bruttowertsch.	Erwerbstätige	Bruttowertsch.
Primärer Sektor	0,22	0,16	1,82	0,67
Sekundärer Sektor	0,65	0,73	0,66	0,76
darunter				
- Energie, Wasser, Bergbau	0,60	0,43	1,22	1,38
- Verarbeitendes Gewerbe	0,62	0,78	0,64	0,76
- Baugewerbe	0,76	0,65	0,66	0,65
Tertiärer Sektor	1,37	1,25	0,81	0,87
darunter				
- Handel	1,31	1,49	0,76	0,92
- Verkehr und Nachrichten	2,23	2,21	0,87	0,85
- Banken, Versicherungen	1,86	1,33	0,87	0,91
- Sonstige Dienstleistungen	1,50	1,32	0,93	0,83
- Staat	1,02	0,82	0,76	0,74
- Org. ohne Erwerbscharakter	0,94	0,81	0,88	0,86
Insgesamt	-	-	0,88	0,86

Quelle: HALABA 1984 b: 11

Die Struktur der Hamburger Wirtschaft ist nachhaltig vom Hafen geprägt.
In der Industrie haben die rohstoffverarbeitenden Branchen und der
Schiffbau ein hohes Gewicht; im Dienstleistungsbereich bewirken Außenhandel, Transportwirtschaft und an sie gekoppelte Dienste die hohen Struk-
turfaktor-Werte für Hamburg. Die Hafenwirtschaft als "Monostruktur" zu
bezeichnen und den Branchenbesatz als Erklärung für die schwache Entwicklung der Hamburger Wirtschaft (Standorteffekt) heranzuziehen, wäre allerdings voreilig: Anfang der 80er Jahre sind nur 17% aller Zweige direkt
oder indirekt vom Hafen abhängig (HALABA, 1985 a:13).

Der Versuch, über den Branchenmix die Entwicklung einer stark ausdifferenzierten Wirtschaftsregion wie Hamburg zu analysieren, läßt außer acht,
daß sich die Entwicklung von Branchen insgesamt aus den heterogenen Entwicklungen des Erfolgs und Niedergangs einzelner Firmen zusammensetzen.

Dieses zeigt, daß die Anpassungsfähigkeit an Veränderungen der Nachfrage
und der Technologie entscheidend ist und nur in Ausnahmefällen die Zugehörigkeit zu einer "Wachstums-" oder "Schrumpfungsbranche". Es muß
zusätzlich beachtet werden, wie Kooperationen und funktionale Arbeitstei-
lungen innerhalb einer Region und mit anderen Regionen gestaltet sind und
sich entwickeln. Der Branchenmix-Ansatz kann dies nicht leisten.

2. Hamburg verliert durch Suburbanisierung über die Landesgrenze –
   betrachtet man die Region, steht der Wirtschaftsraum Hamburg gut da.

Die wirtschaftliche Entwicklung des Umlandes ist deutlich besser als die
der Kernstadt. Bis Mitte der 70er Jahre spielen sie daher eine erhebliche
Rolle: Für den Zeitraum 1965 bis 1976 ergibt sich ein Verlust von 114.199
Arbeitsplätzen (Möller, 1985:215). Allerdings hat sich die Suburbanisie-
rungsdynamik seit Mitte der 70er Jahre erheblich verringert – zwischen
1974 und 1982 nahm die Zahl der Beschäftigten im Umland um 26.300 zu
(+10,8%), in Hamburg im gleichen Zeitraum um 53.200 (-6,7%) ab (s.
Abb. 3). So läßt sich die schlechte Entwicklung in den letzten zehn
Jahren nicht allein mit regelrechten Betriebsverlagerungen erklären.
Suburbanisierungen von ökonomischem Potential sind also – ähnlich wie die
Bevölkerungssuburbanisierung – selektiv. Es wandern vor allem die Betriebe, die noch expandieren und ohnehin nur die, deren wirtschaftliche Lage
gut ist.

Abbildung 3: <u>Entwicklung der Beschäftigung in der Bundesrepublik und</u>
<u>der Region Hamburg 1974 – 1982</u>

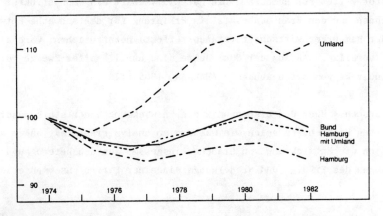

Abbildung 4: Beschäftigung nach Wirtschaftsabteilungen und Teilräumen, 1979-1983

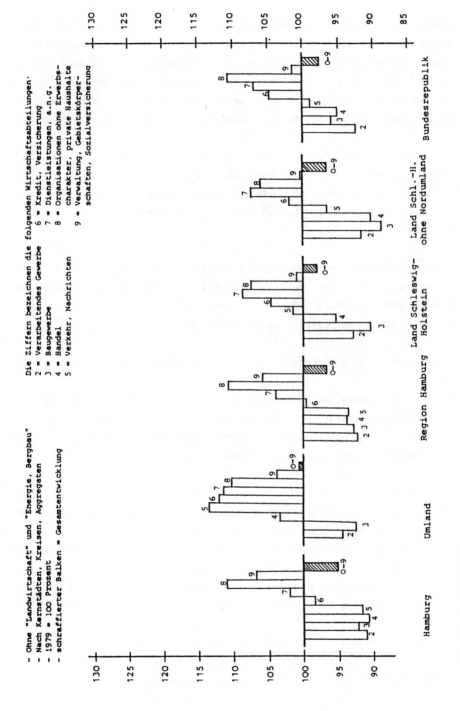

- Ohne "Landwirtschaft" und "Energie, Bergbau"
- Nach Kernstädten, Kreisen, Aggregaten
- 1979 = 100 Prozent
- schraffierter Balken = Gesamtentwicklung

Die Ziffern bezeichnen die folgenden Wirtschaftsabteilungen:

2 = Verarbeitendes Gewerbe
3 = Baugewerbe
4 = Handel
5 = Verkehr, Nachrichten
6 = Kredit, Versicherung
7 = Dienstleistungen, a.n.g.
8 = Organisationen ohne Erwerbs-
      charakter, private Haushalte
9 = Verwaltung, Gebietskörper-
      schaften, Sozialversicherung

Quelle: Maaß, 1985:128f

Einen deutlichen Anteil an der dynamischen Umland-Entwicklung haben auch "schleichende", d.h. statistisch nicht erfaßte bzw. erfaßbare Verlagerungen, sowie eine überdurchschnittliche Expansionsbereitschaft von Umland-Betrieben und Neuansiedlungen aus dem sonstigen Bundesgebiet, die in der Region den Standort "Umland" wählen. Diese drei Faktoren verweisen auf die enge Verflechtung der wirtschaftlichen Entwicklung in der Region.

Eine regional differenzierte Betrachtung der Entwicklung der Zahl der sozialversicherungspflichtig Beschäftigten zwischen 1979 und 1983 macht deutlich, daß Schleswig-Holsteins überdurchschnittliche Entwicklung auf diejenige in den unmittelbar an Hamburg angrenzenden Landkreisen zurückzuführen ist (s. Abb. 4).

Suburbanisierungen von ökonomischem Potential schwächen also die wirtschaftliche Basis der Kernstadt erheblich. Faßt man die Entwicklung Hamburgs und die seines Umlandes zusammen, so erreicht die Region insgesamt nur ein durchschnittliches Wachstumsniveau.

3. In Hamburg ist die Produktivität niedrig es wird zu wenig investiert.

Niedrige Produktivität und geringe Investitionen können eine Ursache für eine geringe Attraktivität eines Wirtschaftsstandorts sein. Für Hamburg trifft jedoch das Gegenteil zu: Hamburgs Beschäftigte arbeiten traditionell produktiver als der Bundesdurchschnitt (1982 um 24%).

Die Investitionen je Beschäftigten sind zwar insgesamt leicht niedriger als in der Bundesrepublik, aber bei den arbeitsmarktpolitisch und technologisch relevanten Ausrüstungen liegt Hamburg vorn:
- Die Investitionsquote von 10% liegt in den 70er Jahren im Schnitt um einen Prozentpunkt über der der Bundesrepublik.
- Die Investitionsintensität (in DM pro Beschäftigten) liegt um ein Drittel höher als in der Bundesrepublik (HALABA, 1984a:23, 40).

Vor dem Hintergrund der Wachstumsschwäche erklären anhaltend hohe Produktivität und Investitionstätigkeit nicht den starken Arbeitsplatzabbau der vergangenen Jahre. Trotz hoher Arbeitseffizienz konnte der Markt für

Güter und Leistungen aus Hamburg nicht erweitert werden.

Die quantitativen Vergleiche zeigen, daß die insgesamt schwache Arbeitsmarktentwicklung in der Kernstadt sich im wesentlichen auf Suburbanisie-
rungen und Rationalisierungen bei den verbleibenden Betrieben zurückfüh-
ren läßt. Daneben sind erfolgreiche Anpassungen an veränderte Märkte und
Technologien in nahezu allen Sparten festzustellen. Für die gesamte
Region gehen aber hiervon nur geringe Impulse aus. Dies deutet darauf
hin, daß die Verknüpfung wirtschaftlicher Aktivitäten in expandierenden
Marktsegmenten (z.B. Flugzeugbau) relativ gering, in schrumpfenden (z.B.
Schiffbau) relativ groß ist. Insgesamt fanden zu wenig erfolgreiche
Anpassungen und Kooperationen statt, um über Rationalisierungen hinaus
Menschen zu beschäftigen. Die Chance eines vielfältigen und ausdifferen-
zierten Spektrums wirtschaftlicher Aktivitäten wurde für den Arbeitsmarkt
kaum nutzbar gemacht.

4.3 Finanzschwäche Hamburgs

Bevölkerungsentwicklung und wirtschaftliche Entwicklung in Hamburg sorg-
ten für eine Finanzschwäche des Stadtstaates. Hinter Bremen hat Hamburg
1983 mit knapp 7.000 DM pro Einwohner die zweithöchste Pro-Kopf-
Verschuldung aller Bundesländer: 1,6 mal höher als in Schleswig-Holstein, 2,0 mal höher als in Niedersachsen, 2,5 mal höher als in Baden-
Württemberg und gar 3,3 mal höher als in Bayern. Bei diesen Unterschieden
dürften sich jedoch wirtschaftliche Differenzen entlang des Süd-Nord-
Gefälles mit Einflüssen, die zusammen mit der Gemeindegröße variieren,
überlagern. Dieser Effekt macht es oftmals schwierig, Stadtstaaten mit
Flächenländern zu vergleichen.

Die zunehmende Verschuldung im Norden setzt sich aus verringerten Einkünften und gestiegenen Ausgaben zusammen. Zwar weisen Hamburg und Bremen
noch die höchste Steuereinnahmekraft vor Baden-Württemberg und Schleswig-
Holstein auf, doch die Entwicklung im Norden ist mit Ausnahme von Schleswig-Holstein relativ gesehen rückläufig. Zwischen 1970 und 1982 nahmen

Abbildung 5: <u>Entwicklung der Pro-Kopf-Verschuldung in den norddeutschen</u>
<u>Bundesländern, 1970-1983 (in 1.000 DM)</u>

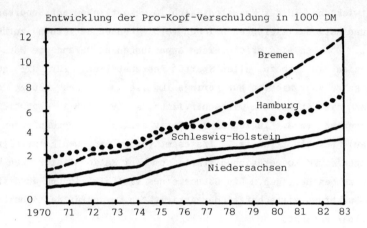

Entwicklung der Pro-Kopf-Verschuldung in 1000 DM

die Steuereinnahmen in den norddeutschen Ländern um 155%, im Süden im 167% zu (vgl. Haubold, 1985:33).

Ein umgekehrtes Bild liefert die <u>Deckungsquote</u>: Während Bayern und Baden-Württemberg ihren Etat 1985 zu 96% ohne zusätzliche Kredite decken konn-ten, kann Hamburg dies nur zu 88% und liegt damit vor Bremen (82%) und dem Saarland (79%) an drittletzter Stelle.

Vergleicht man nun die Belastung ausgewählter Städte, dann sind die Aufwendungen für die <u>Bruttoausgaben für Sozialleistungen</u> pro Bürger in Hamburg mit DM 540,-/E um das 5,4fache höher als in München, um das vierfache höher als in Düsseldorf, um das doppelte höher als in Frankfurt - selbst Bremen liegt in seinen Pro-Kopf-Ausgaben um DM 224,- niedriger. Auch der Anteil an Sozialhilfeempfängern an der Bevölkerung ist 1983 im Norden höher (5,7%) als im Süden (3,2%); in den Stadtstaaten liegt er gar bei 7,4%. Das liegt an den starken Steigerungsraten der vergangenen Jahre: Zwischen 1979 und 1983 hat sich die Zahl der Hamburger, die eine laufende Hilfe zum Lebensunterhalt bekamen, um 40.000 auf 93.000 Bezieher fast verdoppelt.

Diese finanziell enge Situation vor allem der norddeutschen Großstädte hat dazu geführt, daß nach zusätzlichen Wegen gesucht wurde, die Kosten zu drücken. Neben Einsparungen im Personalbestand wurde das kommunale Leistungsangebot deutlich zurückgefahren bzw. auf der anderen Seite die Gebühren erhöht. Beides trifft vor allem die sozial schwachen Bevölkerungsgruppen.

5. "UNTERNEHMEN HAMBURG" ALS POLITISCHES KONZEPT

Das ansteigende Haushaltsdefizit und eine weiter zunehmende Arbeitslosigkeit erforderten eine Reaktion des SPD-Senats. Im November 1983 hielt Hamburgs Erster Bürgermeister von Dohnanyi eine Rede über das "Unternehmen Hamburg". Er fordert dort "eine Politik, die den Wettbewerb Hamburgs gegenüber anderen Städten auf dem Kontinent, in der Bundesrepublik und in Europa, in allen Bereichen offensiv aufnimmt." Er erkennt: "Hamburgs geschichtlicher Erfolg ist auch die Ursache von Hamburgs heutigen Problemen" und setzt auf eine Modernisierung der wirtschaftlichen Basis der Stadt. Ziel der geforderten Modernisierung ist die "Stärkung der Wettbewerbsfähigkeit" gegenüber dem Umland, vor allem aber gegenüber den europäischen Metropolen.

Allerdings werden die Bindungskraft und Standortvorteile der traditionellen Metropolen durch weltweite wirtschaftliche Umstrukturierungen infrage gestellt. Ein Wandel der internationalen, regionalen und funktionalen Arbeitsteilung, eine weiter zunehmende Weltmarktintegration und eine beschleunigte technologische Innovation von Produkten, Produktions- und Distributionstechnologien verändern die wirtschaftliche Basis ganzer Städte, Regionen und Länder (vgl. den Beitrag von Läpple in diesem Band). Sie verringern gleichzeitig die Einflußmöglichkeiten einer Stadt auf ihren lokalen Arbeitsmarkt.

Vor diesem Hintergrund macht sich die Stadt selbst zum Angebot. Zukunftsträchtige Industrien und Dienstleistungen sind die ersehnten Nachfrager. Um den "Standort Hamburg" attraktiv zu machen, werden den (vermuteten) Standortfaktoren für den Wettbewerb der Metropolen besondere Aufmerksamkeit geschenkt:

- Förderung von Forschung und Entwicklung, Umstrukturierung der Hochschu-
  len und Schwergewicht auf technische und naturwissenschaftliche Diszi-
  plinen;
- Neuorganisation der kommunalen Medien- und Kulturpolitik, Förderung des
  Städtetourismus, sowie des Messe- und Kongreßwesens;
- Städtebau und Stadtbildpflege in zentralen Stadtgebieten;
- Beschleunigung von Verwaltungsverfahren und Stärkung der traditionell
  zentralistischen Strukturen im politisch-administrativen System.

Die Ausrichtung nach Kriterien einer Metropolenkonkurrenz rückt die örtlichen Probleme, Bindungen und Traditionen in den Hintergrund – der
Verweis auf Amsterdam, Frankfurt oder München wird zum Argument innerhalb
der kommunalen Politik. Die Modernisierungspolitik, die Hamburg dem Me-
tropolenwettbewerb und der Konkurrenz mit dem Umland stellen will, wird
in den anderen Metropolen jedoch kaum ein nennenswertes Potential abziehen. Die Wirkung zielt deshalb vor allem auf den Bestand in der Stadt.
Ansiedlungserfolge haben weniger einen Mengen- als einen Public-Rela-
tions-Effekt. Im Mittelpunkt der Stärkung der nationalen und internationalen Konkurrenzfähigkeit steht die Modernisierung des vorhandenen Potentials der durchaus vielfältigen und ausdifferenzierten Wirtschaftsstruktur der Stadt.

- Die Beschwörung von "Hochtechnologien", die Förderung von Forschung und
  Entwicklung und die Subventionierung von Technologie- und Gründerzen-
  tren schaffen kaum zusätzliche Betriebe und Marktfelder. Sie erleichtern vielmehr vorhandenen modernen Industrien wie beispielsweise
  Flugzeugbau, Medizintechnik und Elektronische Bauteile eine Expansion
  und Diversifizierung. In Ansätzen sind Versuche erkennbar, Umwelt-,
  Meeres- und Biotechnologien besonders zu stärken. Diese "neuen Technologien" knüpfen einerseits an vorhandenen wirtschaftlichen Potentialen
  an, andererseits sollen sie dazu dienen, in Hamburg vorhandene Umwelt-
  probleme zu lösen.

- Neuerdings werden Industriebetriebe und -unternehmen pfleglich behandelt, die - weniger spektakulär, dafür im Mengeneffekt bedeutender -
  gewöhnlich nicht zu den zukunftsträchtigen gezählt werden: Modernisie-

rungen werden unterstützt. Standortsicherung und Bestandsschutz verändern die Prioritäten von Planungs- und Umweltpolitik der Stadt.

- Die Industrialisierung der in Hamburg großen Dienstleistungsbereiche Verkehr und Handel wird vorangetrieben. Im Hafen übernimmt dabei die Stadt selbst die Federführung. Hohe Investitionen, stagnierende Wertschöpfung und andauernde Arbeitsplatzverluste werden zusätzlich die Bereiche Banken und Versicherungen erfassen.

- Auch im Einzelhandel wird auf Modernisierung gesetzt. Durch City- und Centerveredelung sollen die wertschöpfungsintensiven "Erlebniskäufe" in der Region an Hamburg gebunden werden. Luxuriöser Einzelhandel wird Visitenkarte der Stadt und Faktor im internationalen Image-Wettbewerb.

- Trotz "leeren Stadtsäckels" werden kulturelle, wissenschaftliche und bauliche Projekte finanziert oder subventioniert, die der "Wettbewerbsfähigkeit" dienen sollen. Wenn irgend möglich, werden private Investoren angelockt.

Hinter der Standortpolitik des "Unternehmens Hamburg" steht jedoch kein politisches Konzept, denn die Unternehmensleitung sieht sich nicht in der Lage, die ökonomische Krise steuernd zu bewältigen. Die Stadt wird mit ihren Investitionen, mit ihren Standorten, mit ihren Bewohnern und mit ihrer Umwelt möglichen Nachfragern angeboten - anstelle der Gestaltung der Modernisierung tritt die Hoffnung, die Modernisierung werde gelingen. Zur Abwehr der ärgsten Arbeitsplatzprobleme und als Zeichen der Zusammengehörigkeit der Unternehmensmitglieder wird Geld für den "Zweiten Arbeitsmarkt" ausgegeben für ein von der Stadt aufgestocktes ABM-Programm.

6. FOLGEN FÜR SOZIALE GRUPPEN UND TEILGEBIETE HAMBURGS

In Abschnitt 3.4 wurden Ursachen und Ebenen der zunehmenden Polarisierung der städtischen Gesellschaft angeführt. Die einzelnen Polarisierungen verstärken sich in ihrer Auswirkung, weil die sozialen Gruppen über mehrere Faktoren zugleich auseinanderstreben. Zudem nimmt auch die räumliche Polarisierung zu, d.h. die Wohnstandorte, Arbeitsplätze und Freizeiteinrichtungen der Bevölkerung konzentrieren sich – nach sozialem Status und nach Haushaltsform – in besonderen Teilen der Stadt: Sternlieb & Hughes (1980) sprechen von zwei "Städten" in der Stadt (the two cities), Donnison & Soto (1980) benennen den international wettbewerbsfähigen Teil der Stadt als "the good city". Häussermann & Siebel (1984:4; vgl. auch ihren Beitrag in diesem Band) erwarten eine dreigeteilte Stadt unter den Bedingungen einer räumlich disparitären Entwicklung innerhalb der Bundesrepublik. Sie sehen die Gefahr des Auseinanderdriftens von sozialen Gruppen und städtischen Teilgebieten besonders stark für aufstrebende Städte (also beispielsweise München). Unserer Meinung nach gilt diese Gefahr erst recht für eine Stadt wie Hamburg, in der es in Teilen (nach Wirtschaftsbereichen, Teilpopulationen und/oder Teilgebieten der Stadt) deutlich aufwärts, in anderen Teilen relativ und absolut abwärts geht, zumal die veränderte Stadtpolitik diese Polarisierung zusätzlich verstärkt.

These 1: Die strukturelle Krise führt zu einer zunehmenden sozialen
         Differenzierung in Hamburg

Eine soziale Differenzierung verstärkt sich dann, wenn Gewinne einer Gruppe zu Lasten einer anderen gehen. Die "klassischen" Randgruppen dehnen sich mit steigendem Anteil der Arbeitslosen, insbesondere der Dauerarbeitslosen aus. Auf der anderen Seite gewinnen aufstrebende Mittelschichten, vor allem dann, wenn die Angehörigen dieser Schicht in Berufen arbeiten, die hohe Einkommenszuwächse aufweisen. In Wachstumsstädten können sich beide Extrem-Gruppen absolut nach oben bewegen, die Randgruppen verlieren dabei "nur" relativ. In "Verlierer-Städten" werden sich beide Gruppen absolut abwärts entwickeln, wobei die Randgruppen eine

stärkere Abwärtstendenz zeigen. In beiden Fällen ist die Entwicklung
gleichgerichtet. In "gemischten" Städten werden sich die Tendenzen stärker auseinanderentwickeln, insbesondere in einer Stadt wie Hamburg, wo
die "neue" Armut bei einem relativ hohen Einkommensniveau und damit auf
einem durchsetzbar hohem Kostenniveau auftritt.

These 2: Die soziale Differenzierung führt zu einer Teilung Hamburgs
in relativ stark getrennte Teile

Von den möglichen "Teilstädten" gehen wir abschließend auf drei ein:
- die international wettbewerbsfähige Stadt,
- die Wohn-, Freizeit- und Arbeitsstadt der aufstrebenden Mittelschichten und
- die Stadt der sozialen Randgruppen.

International wettbewerbsfähige Stadt. Die Konkurrenz zu nationalen
(Frankfurt, München, Düsseldorf) und europäischen Dienstleistungszentren
(vor allem Rotterdam und Antwerpen) führt dazu, daß die knappen öffentlichen Mittel räumlich disparitär investiert werden und zwar in den Teilen
der Stadt, die international als "wettbewerbsfähig" angesehen werden.
Zusätzlich werden private Investitionen, die auf hohe Zahlungsfähigkeit
setzen, in eben diese Gebiete gelenkt.

Die jüngste Entwicklung Hamburgs zeigt, daß sowohl private Investoren als
auch die Stadt selbst gezielt in der Innenstadt und in innenstadtnahen
Gebieten (Einkaufspassagen, Modernisierung und Erweiterung der Messe,
World Trade Center, Hotels, Reeperbahn- und Hafenrand-Umgestaltung) inve-
stieren. Dabei wird auf "hochwertige" Nutzungen gesetzt. Die oberen
Mittelschichten und die Touristen sind die Zielgruppe.

Wohn-, Freizeit- und Arbeitsstadt der aufstrebenden Mittelschichten.
Gleichzeitig wird durch Planungsmaßnahmen (Verkehrsberuhigung, Blockent-
kernungen, Modernisierungen) der Wohnwert ausgewählter innenstadtnaher
Wohngebiete gesteigert. Dieses führt dazu, daß auch privates Kapital -
sei es als Investion der dort Wohnenden und Gewerbetreibenden, sei es als
Spekulationskapital - zunehmend in diese Gebiete gezogen wird, was die

Auswirkungen der Planungsmaßnahmen verstärkt. Dieses geschieht vor allem in Gebieten rund um die Außenalster und in der westlichen Inneren Stadt, weil hier die Bausubstanz aus der Gründerzeit und dem Jugendstil vorherrscht. Mit diesen Maßnahmen soll eine kaufkräftige Mittelschicht am Rande der Innenstadt konzentriert werden, (auch) um zu verhindern, daß gehobene Mittelschichten ins Umland abwandern. Da sie zusätzlich attraktiv für kinderlose Haushalte sind (deren ohnehin hoher Anteil an allen Haushalten in Hamburg weiter wächst), sind solche Gebiete einem massiven Veränderungsdruck unterworfen, der im Ausmaß der Umwandlung von Miet- in Eigentumswohnungen, der Veränderung der Sozialstruktur der Wohnbevölkerung und der Veränderung der Einkaufs- und Freizeit-Infrastruktur deutlich wird.

Stadt der Randgruppen. In den Gebieten östlich der Alster, die in den 50er Jahren wieder aufgebaut wurden (Hamm, Horn), wird zunehmend weniger investiert. Dies hat zur Folge, daß sie schneller heruntergewirtschaftet und Filterungsprozesse verstärkt werden. Die Bausubstanz verschlechtert sich relativ und absolut. Es ziehen vor allem zwei Gruppen zu: Deutsche, oft arbeitslos, aus den Neubaugebieten der späten 60er und der 70er Jahre und Ausländer, die aus den zunehmend attraktiver werdenden innenstadtnahen Wohngebieten verdrängt werden. Die Abwanderung der Bessergestellten und die Zuwanderung der Kaufkraftschwächeren führt dazu, daß die Investitionen in die privatwirtschaftliche Infrastruktur ebenfalls zurückgenommen werden. Dieser Prozeß ist insofern gefährlich, da er sich selbst verstärkt. Am Ende dieses "filtering-downs" weisen solche Gebiete ein "problem of concentrated deprivation" (vgl. Hall, 1981:112) auf.

Dieser Entwicklung kann die Stadt (deren eigene Wohnungsbaugesellschaft SAGA hier viele Wohnungen besitzt) mangels Finanzkraft und aufgrund ihrer politischen Entscheidung für die "andere" Stadt nicht gegensteuern. Doch gerade in diesen Gebieten zu investieren ist sinnvoll, weil in ihrem gegenwärtigen Stadium noch mit relativ geringem Aufwand die Segmentarisierung der Bevölkerung gestoppt und befriedigende Wohnstrukturen erreicht werden können.

Mit der "neuen Standortpolitik" wird auf Modernisierung der Wirtschaftsstruktur gesetzt. Als Angebotspolitik beeinflußt sie nicht die Gestaltung der Modernisierung. Ein produktives Einbinden der angezogenen Betriebe in vorhandene Potentiale bleibt weitgehend dem Zufall überlassen; es gibt kein Konzept, die Entwicklung zu steuern. Das Ziel ist, die Arbeitslosenquote zu senken. Dieses wird nur dann erreicht werden, wenn es in die Strategie international agierender Konzerne und der Infrastrukturpolitik bzw. Forschungsförderung übergeordneter politischer Instanzen hineinpaßt.

Eine solche Standortpolitik nimmt zudem – bei dramatisch eingeschränkten finanziellen Handlungsspielräumen – billigend die Folgen sich verstärkender Polarisierungen innerhalb der städtischen Gesellschaft und zwischen städtischen Teilgebieten in Kauf, ja verstärkt diese sogar. Eine weitere Folge ist zudem der Bedeutungsverlust räumlicher Planung, wenn Standortentscheidungen dem sich ansiedelnden Betrieb überlassen werden und dazu bewußt Instrumente und Entscheidungen räumlicher Planung ausgesetzt werden. Damit wird das Demokratieverständnis zugunsten einer einseitig nach (fragwürdigen) Wirtschaftszielen ausgerichteten Standortpolitik geopfert.

Thomas Rommelspacher und Dieter Oelschlägel
Armut im Ruhrgebiet
Regionale Entwicklungstrends und kleinräumige Prozesse am Beispiel eines Duisburger Elendsgebietes

1. REGIONALE RAHMENBEDINGUNGEN

Die Strukturprobleme des Ruhrgebiets haben sich seit Mitte der 70er Jahre
derart verschärft, daß eine Abkoppelung vom Bundestrend und besonders von
den süddeutschen Ballungsräumen eintrat. Die Daten über Arbeits- und Lebensbedingungen zeigen, daß das Revier zusammen mit dem Saarland zu den
Schlußlichtern unter den Verdichtungsräumen der BRD gehört. Dies gilt für
die Bevölkerungsentwicklung und -struktur, Qualität und Menge der Arbeitsplätze, die Wirtschaftsentwicklung, die Wohnungsversorgung und auch
die Infrastruktur. Das Revier durchläuft einen Peripherisierungsprozess,
d.h. eine langfristige De-Industrialisierung, einen wirtschaftlichen
Bedeutungsschwund mit sozialen, politischen und raumstrukturellen Folgen.
Merkmale dieser Entwicklung sind:

1. überdurchschnittliche Arbeitsplatzverluste und Massenarbeitslosigkeit
   verbunden mit Innovationsdefiziten und Kapitalverlagerung;
2. Abwanderung jüngerer und qualifizierter Bevölkerung, die der Region
   Potentiale entzieht und ungünstige Altersstrukturen im Ballungskern
   zur Folge hat;
3. wachsende Verarmung und Wohnungsprobleme, vor allem Einkommens-
   schwacher und sozial Benachteiligter, verbunden mit deren langsamer
   Segregation und Konzentration in Elendszonen;
4. Verschlechterung der Kommunalfinanzen bei wachsendem sozialpolitischen Handlungsbedarf;
5. starke Umweltbelastungen bei nach wie vor bestehender Tendenz,
   diese nur als betriebswirtschaftliche Kosten zu behandeln.

Unter den Bedingungen einer ökonomischen, technologischen sowie politischen Kapitaloffensive löst die Peripherisierung eine wachsende materielle, soziale und psychosoziale Verelendung aus, die bis zur Ausgrenzung ganzer Bevölkerungsteile reicht. Feststellbar ist eine Verschärfung alter und die Entstehung neuer sozialer Ungleichheiten. Die Ausstrahlungseffekte des Niedergangs führen zu neuartigen Arbeitsmarktspaltungen, die traditionelle Qualifikations- und Funktionshierarchien überlagern. Vereinfacht sind zu unterscheiden:

1. Die sinkende Zahl der integrierten Kernbeschäftigten in konkurrenzfähigen Branchen und Bereichen, die nicht von Arbeitsplatzvernichtung bedroht sind;

2. die gewerkschaftlich-politisch Abgefederten, die über Mitbestimmung und Sozialpläne "nur" mit schlechteren Arbeitsbedingungen oder der Abschiebung aufs Altenteil rechnen müssen;

3. die unstetig Beschäftigten mit unterprivilegierten Arbeitsbedingungen und hohen Arbeitsplatzrisiken. Ihr Anteil wächst bei fließenden Übergängen zu den marginalisierten Gruppen;

4. die marginalisierten Gruppen sind langfristig vom Arbeitsmarkt ausgeschlossen bzw. hatten nie Zugang zu ihm. Zu ihnen zählen die Dauerarbeitslosen, die nicht registrierte "stille Reserve" von Frauen und Jugendlichen, die meist zwangsweisen Frührentner, verdrängte Ausländer bis hin zur wachsenden Zahl der Penner, Säufer und Kleinkriminellen.

Diese Trends setzen sich mit dem Vordringen neuer Technologien fort. Betroffen sind auch bislang eher verschonte Berufe und Branchen wie Verwaltung und Dienstleistungen.

Die hier skizzierte Entwicklung hat schwerwiegende sozialräumliche Folgen. Als Trends sind absehbar:

Im Ballungskern
- sind Krisensymptome und -folgen stärker ausgeprägt. Armut und soziales Elend konzentrieren sich hier. Zusätzlich zum traditionellen Süd-Nord-Gefälle (Hellweg-Emscherzone) entsteht wegen der Standortvorteile der Rheinschiene ein West-Ost-Gefälle zu Lasten der Region Dortmund.

216

- Als Teilregion mit starkem Handels- und Dienstleistungsbesatz war das mittlere Ruhrgebiet (Mülheim, Essen, Bochum) bislang eher begünstigt. Inzwischen macht sich aber die sinkende Massenkaufkraft bemerkbar. Auch dürften gerade hier die Rationalisierungsfolgen der neuen Technologien wirksam werden.

In den einzelnen Städten
- wächst der Trend zur sozialräumlichen Segregation zwischen "Bessere-Leute"- und "Arme-Leute"-Vierteln.
- Die Arbeitsmarktentwicklung, der Kaufkraftschwund, die Desinvestition auf dem Wohnungsmarkt sowie die Ausdünnung der sozialen Sicherung und die Ausgrenzung gesellschaftlicher Gruppen schaffen die Grundlagen für die Entstehung hochsegregierter Elendsinseln.

Merkmale wie hohe Arbeitslosigkeit, Konzentration ökonomisch und sozial Schwacher, selektive Wanderungsverluste, Verfall von Wohnsubstanz und Infrastrukturen schaukeln sich gegenseitig hoch. Hier zeigen sich Anfänge von sozialer und räumlicher Ausgrenzung benachteiligter Gruppen, von Ghettoisierung und Verslumung sowie der Rückkehr von Sozialpolitik zu Armutsverwaltung und ordnungspolitischer Kontrolle von Elend.

2. "BRUCKHAUSEN IST DAS LETZTE, SCHLECHTER GEHT'S NICHT"

Inselartig von Industrieanlagen und Stadtautobahn umschlossen ist Bruckhausen mit rd. 9.000 Einwohnern der kleinste Stadtteil im Duisburger Norden. 1891 ließ Thyssen hier Stahl- und Walzwerk bauen, die Keimzelle der heutigen August-Thyssen-Hütte (ATH). Nach einer chaotischen Boomperiode entwickelte sich Bruckhausen in den 20er Jahren zu einem blühenden Arbeiterstadtteil von rd. 19.000 Einwohnern mit regem Kultur- und Vereinsleben. Es gab sogar ein eigenes Theater, das alle Sparten spielte.

Der im Zweiten Weltkrieg stark ausgebombte Stadtteil wurde nur zögernd wieder aufgebaut. Viele Hausbesitzer zogen nicht mehr nach Bruckhausen zurück. Wegen der Expansionspläne der August-Thyssen-Hütte Anfang der 70er Jahre wurde Bruckhausen zum Sanierungsgebiet. Eine gegen den Totalabriß gegründete Bürgerinitiative konnte nach mehreren Jahren den Erhalt des Stadtteils durchsetzen. Die Unsicherheit über die Zukunft von Bruckhausen, die miserable Wohnlage (Bausubstanz, Infrastruktur, Umweltbelastung) und die Stahlkrise führten zur Desinvestition bei privaten Hausbesitzern und zur Abwanderung der mobilen Teile des Mittelstands und der deutschen Arbeiterschaft. Im Gegenzug zogen Ausländer, meistens Türken, in den Stadtteil. Ihr Anteil erreichte 1985 fast 50% der Wohnbevölkerung.

2.1 Methode

Diese Vorstudie zur sozialen Situation in einem von Verarmung betroffenen Stadtteil des Duisburger Nordens ist Teil einer vergleichenden Untersuchung zu Aspekten der Verarmung im Süd-Nord-Gefälle der BRD (Breckner et al., i.Vorb.). Die Arbeit stützt sich wesentlich auf Interviews mit Personen, die beruflich mit der lokalen sozialen Realität befaßt sind. Gesprächspartner waren Mitarbeiter(innen) nicht-kommunaler Institutionen, die in Bruckhausen Sozialarbeit und -beratung leisten. (Städtische Bedienstete erhielten keine Gesprächsgenehmigung. Duisburg habe, so der zuständige Dezernent, genügend Probleme und sei nicht daran interessiert, in eine weitere vergleichende Untersuchung über Verarmung "hineingezogen" zu werden.) Die zehn leitfaden-gestützten Gespräche mit insgesamt 15 Teilnehmern dauerten zwischen 1/2 und 1 1/2 Stunden. Die Interviewten arbeiten zwischen 2 1/2 und 13 Jahren in Bruckhausen. Zehn sind nur dort tätig, fünf betreuen auch andere Bezirke. Drei Befragte leb(t)en längere Zeit im Stadtteil.

Erfragt wurde neben Angaben zur eigenen Klientel insbesondere die Wahrnehmung der Armutsentwicklung in Bruckhausen. Vor dem Hintergrund ihrer Tätigkeitsfelder zeichneten die Gesprächspartner ein differenziertes Bild der individuellen und gemeinschaftlichen Verarbeitung der sozialen Lage in einem Stadtteil, der durch Verarmung seiner deutschen Bevölkerung geprägt ist. Weil die Befragten ein recht einheitliches Bild der Situation schildern, war es möglich, ihre Sicht der materiellen und sozialen Lage sowie der sozialen Organisation des Alltags wichtiger Gruppen der deutschen Bevölkerung zusammenzufassen. Auf Komplexe, zu denen widersprüchliche Aussagen gemacht wurden, wird gesondert verwiesen.

2.2 Die Entstehung eines Elendsgebiets

Verläßliche statistische Angaben über den Umfang der von Armut betroffenen Bevölkerung stehen (noch) nicht zur Verfügung. Nach Angaben/Schätzungen der Befragten können fürs erste folgende Werte angenommen werden:

- Registrierte Arbeitslosigkeit: deutlich über 20%. Ein Lehrer schätzt, daß in mehr als 50% der Familien seiner deutschen Schüler Arbeitslosigkeit herrscht.
- Kurzarbeiter: Eine nicht zu beziffernde Zahl ist in der Stahlindustrie zu berücksichtigen.
- Sozialhilfefälle: Etwa 400 (Anfang 1985), was etwa 1.600 Personen entspricht. Der Anteil der von Sozialhilfe abhängigen deutschen Einwohner kann auf über 35% geschätzt werden.
- Die Altersarmut, die die Befragten in Bruckhausen beobachten, ist nicht genau zu beziffern.

Insgesamt kann davon ausgegangen werden, daß mehr als die Hälfte der deutschen Bevölkerung Bruckhausens - d.h. über 2.500 Menschen - von verschiedenen Varianten von Armut betroffen sind.

Bruckhausen ist das einzige großflächige, zusammenhängende Armutsgebiet, das sich im Duisburger Norden entwickelt hat. Daneben nennen die Befragten eine Reihe kleinerer Bereiche, die allerdings "nicht so schlimm" sein sollen, wie Bruckhausen:

- Marxloh, insbes. Juppkolonie, Dichterviertel (Zechensiedlungen),
- Neumühl, insbes. Gleisdreick (ehem. Obdach mit schlechter Wohnumgebung),
- Hamborn (Steigerstr.), ehem. Obdachlosenquartier,
- Obermeiderich, Meiderich-Berg, insbes. Bruchfeldstr., Bredowstr. (Thyssen-Wohnungen),

- Hochfeld (Sanierungsgebiet, Werkssiedlungen),
- Hüttenheim (Mannesmann-Kolonie).

Die Gebiete liegen mit Ausnahme von Hochfeld (Mitte) und Hüttenheim (Süd) sämtlich im Duisburger Norden.

Übereinstimmend registrieren die Befragten starke Zuwanderungen aus den ärmeren Gebieten des Nordens nach Bruckhausen. Im Gegenzug sind seit Anfang der 70er Jahre starke Abwanderungen zu verzeichnen. Deutsche Familien, die es sich leisten können - "selbst bessergestellte Arbeitslose" - ziehen aus Bruckhausen weg, "und sei es nur in den Hagenshof" (eine heruntergekommene Siedlung mit sozialem Wohnungsbau der 70er Jahre). Ein Pfarrer schätzt, daß sich in 2 1/2 Jahren die Hälfte seiner Gemeinde (rd. 1000 Personen) durch Fluktuation verändert hat: "Mit jedem Zuziehenden wird die soziale Zusammensetzung schlechter". Zuzugsgründe sind insbesondere die niedrigen Mieten und die Verfügbarkeit von Wohnraum. Ein Befragter vermutet, daß viele Zuziehende in der alten Umgebung Probleme mit Nachbarn hatten.

Obwohl zum Teil auch öffentlich geförderte, modernisierte Wohnungen in Bruckhausen von der Sozial- und Wohnungsverwaltung vermittelt werden, handelt es sich vermutlich nicht um gesteuerte Wanderungen, vielmehr löst die ökonomisch-soziale Situation in Bruckhausen (niedrige Mieten, leerstehende Wohnungen, besonderes Milieu) zusammen mit der Verarmung relevanter Bevölkerungsteile im Duisburger Norden diese Wanderungen aus. Im Rahmen der Zuwanderungen erhalten bzw. rekonstruieren sich zum Teil vorher bestehende soziale Zusammenhänge: Manchmal ziehen Familien, die sich in anderen Elendsgebieten schon kannten, gruppenweise nach Bruckhausen, gelegentlich finden sich Freunde nach einer gewissen Zeit in Bruckhausen wieder.

Die früher ausgeprägten sozialräumlichen Unterschiede des Stadtteils (Gebiete für Arbeiter, Facharbeiter, Angestellte, Bruckhausener Mittelstand) haben sich im Verlauf der Wanderungen, die bereits Anfang der 70er Jahre einsetzten, stark abgeschliffen. Sogar die Ghettos der türkischen Bevölkerung, die in den 70er Jahren entstanden waren, haben sich weitgehend aufgelöst.

Die ehemaligen Reservate des Mittelstands sind fast völlig verschwunden, heute gibt es nur noch kleinere Teilgebiete (Teile der Kronstr., Edithstr.), in denen noch in nennenswertem Umfang alte Bruckhausener (ehemalige Angestellte, Facharbeiter) wohnen. Es gibt aber Straßenzüge, in denen sich Armut ballt: Teile der Kronstr. (belastet durch eine Bundesautobahn), das Gebiet um den Heinrichsplatz, Eilperhorststr..

2.3 Leben in Bruckhausen

Die Interviewten schildern die materielle Lage der Bruckhausener Bevölkerung und die spezfischen Formen der Verarbeitung von Armut relativ einheitlich. Unterschiede bestehen lediglich in der Bewertung der lokalen sozialen Lage. Wenn im folgenden von "den" Menschen in Bruckhausen die Rede ist, so ist zu beachten, daß hier Beobachtungen zusammengestellt wurden, die überwiegend die offen sichtbaren Formen von Armut betreffen. Die "unauffälligen" deutschen Familien, in denen keine Arbeitslosigkeit herrscht, und die eher versteckte Altersarmut bleiben weitgehend ausgeklammert. Ebenfalls ausgeklammert werden die ausländische Bevölkerung und die Beziehungen zwischen den ethnischen Gruppen im Stadtteil.

Bei der Frage nach möglichen Verzerrungen in der Sicht der Bruckhausener Situation sei auf die Beobachtung eines Gesprächspartners verwiesen, der auch außerhalb von Bruckhausen arbeitet: Er bemerkt, daß die Schärfe der Wahrnehmung der sozialen Lage mit der Dauer der Arbeit im Stadtteil nachläßt, daß eine schleichende Gewöhnung nach dem Motto "es gibt Schlimmeres" einsetzt.

Die materielle Lage

Bruckhausen ist offensichtlich Zielort der Wanderungen von Arbeitslosen und Sozialhilfeempfängern. Verarmung im engen Sinne findet im Stadtteil nach Ansicht der Befragten kaum noch statt; die Menschen, die hier leben,

sind schon "ganz unten". Dementsprechend gibt es auch keine Filter-
prozesse mehr. Dennoch ist die Bewältigung der Armut unterschiedlich
(und wäre bei intensiveren Studien genauer zu ermitteln).

Ein Gesprächspartner unterscheidet grob zwei Bewältigungsformen: "Es gibt
hier Familien, die gucken, daß die das irgendwie noch geregelt kriegen.
Die wollen das (ihre Lebensumstände, A.d.V.) auch nicht so zeigen. Nur
Leuten, die sie kennen oder wo sie wissen, daß es denen genauso schlecht
geht. Andere kommen nicht mehr weiter, kriegen ihren Haushalt nicht mehr
geregelt und kommen mit den Kindern nicht mehr zurecht. Die sehen dann
keinen Grund mehr".

Beide Pfarrer berichten über regelmäßiges Betteln von Gemeindemitgliedern
an den Pfarrhäusern. Einer schätzt den Kreis auf rd. 30 Personen. Sie
bitten um kleine Geldbeträge (5 bis 10 DM), manchmal auch um Nahrung. Es
handelt sich – mit einer gewissen Fluktuation – immer um den gleichen
Personenkreis. Ihnen ist das anfangs peinlich, später gewöhnen sie sich
daran. Zum Teil werden die Kinder geschickt.

Einzelbeobachtungen:

- "Die Leute können gerade so leben, sich aber nichts darüberhinaus
  leisten. Unvorhergesehene Ausgaben, z.B. Stromnachzahlungen, können
  nicht mehr bezahlt werden. Da das Sozialamt die Nachzahlungen nur zum
  Teil übernimmt, sind die Haushalte oft monatelang ohne Strom".
- Manche Familien müssen, besonders kurz bevor sie Geld kriegen, am Essen
  sparen. Die kriegen das Geld vom Sozialamt per Briefträger. Und der
  wird dann immer abgefangen.
- Zweckgebundene Zuweisungen aus der Sozialhilfe – etwa für Kinder-
  schuhe, Winterkleidung oder Möbel – werden beantragt und zuweilen für
  alltägliche Ausgaben verwendet.
- Die Wohnungseinrichtung ist oft unvollständig und abgenutzt, es fehlen
  Möbel wie z.B. ein Kleiderschrank. Die Kleidung wird dann in Koffern
  aufbewahrt. Die Menschen versorgen sich immer häufiger vom Sperrmüll.
  Viele kinderreiche Familien besitzen weder eine Waschmaschine noch
  einen Kühlschrank, obwohl das Sozialamt sie stellen müßte.

- Eine alleinstehende alte Frau hat kein Geld für die Reparatur ihres defekten Wohnungstürschlosses. Sie besitzt zwar eine Waschmaschine (was eine Ausnahme darstellt), hat aber kein Geld, um den elektrischen Anschluß zu bezahlen.
- Zähne werden nicht angemessen erneuert.
- Die wenigsten deutschen Familien haben ein Auto, jedoch die meisten türkischen). Sie gehen zu Fuß zum Einkaufen nach Hamborn oder Beeck, wo das Angebot vielfältiger und billiger ist (Kaufhalle, Woolworth, ALDI, Plus), weil sie die Straßenbahn nicht bezahlen können.
- Der größere Teil der Menschen kleidet sich "nachlässig bis schlampig"; ein kleinerer kompensiert bzw. verbirgt seine Armut durch modische Kleidung.
- Die Menschen kaufen häufig Unterhaltungselektronik, obwohl sie verschuldet sind: "Sie können in jede Wohnung kommen, auch wenn da nichts mehr (an Möbeln) drinsteht, ein Fernseher steht da mit Sicherheit. Und möglichst noch Video." Hierfür wird an der Ernährung gespart.

Nebenerwerb

- Im Stadtteil gibt es einen Boom von Second-Hand-Läden, inzwischen sind es mindestens 10-12. Meistens sind die dort angebotenen Waren nach durchschnittlichen Maßstäben Schrott.
- Man sucht nach Nebenjobs. Ein Kurzarbeiter arbeitet z.B. als Sargträger auf dem Friedhof. Auch einige Deutsche gehen zu den "Subs" (Subunternehmer): "Die sind daran interessiert, ihr Menschenmaterial ständig auszutauschen".
- Eine alte Frau durchsucht regelmäßig die Abfalleimer nach Brauchbarem. Sie pflückt auch Sträuße aus Feldblumen und versucht, sie zu verkaufen.

Es sind auch Arbeitslose und Sozialhilfeempfänger zu beobachten, die mit einem Handkarren durch die Straßen ziehen, den Sperrmüll durchstöbern, die Sachen aufarbeiten und versuchen, sie zu verkaufen.

Kinder und Jugendliche

Gemessen am allgemeinen Standard kann ein Teil der Kinder nicht mehr vernünftig gekleidet werden. Sie tragen zerfetzte, oft zu kleine Schuhe, abgetragene und manchmal durchlöcherte Kleidung, die sie von ihren Geschwistern übernehmen. (Oft fehlt es an angemessener Winterkleidung.) Einzelne Kinder sind mangelhaft ernährt ("die leben oft nur von Pommes und Cola") und anfällig für Krankheiten (Infektionen, Pseudo-Krupp).

Fahren Kinder ins Schullandheim oder zur Kur, so kann es schwierig werden, die erforderliche Kleidung zu bekommen. Es werden vorher Listen mit der Ausrüstung verschickt, die die Kinder benötigen. Steht da z.B. "6 Unterhosen", dann müssen die Mütter überlegen, ob sie die jetzt neu kaufen können, zusammenleihen oder einen Antrag beim Sozialamt stellen.

Probleme können auch entstehen, wenn für Schule oder Kindergarten kleinere Geldbeträge benötigt werden. Für die Schule müssen oft auch geringfügige Summen (z.B. 10 DM) angespart werden. Im Kindergarten fehlen Kinder an den Tagen, an denen dieses Geld eingesammelt wird. Kommentar eines Befragten: "Natürlich sehen die Kinder im Fernsehen und wenn sie in einem anderen Stadtteil in die Schule gehen, wie dort die Kinder gekleidet sind und welche Ansprüche die stellen. Und die fühlen sich benachteiligt. Die merken sehr wohl, daß sie zu einer anderen Sorte gehören."

Eine Reihe von Befragten nimmt an, daß derzeit in Bruckhausen eine zweite Generation von Armen heranwächst: die Kinder, die nichts anderes kennen und die von Anfang an keine Perspektive haben. "Die Eltern geben ihre Hoffnungslosigkeit an die Kinder weiter". Während sie sich noch um Arbeit bemühen und ein "normales Durchhaltevermögen" hatten, gehen die Kinder davon aus, ohnehin keine Chance zu haben, qualifizierte und dauerhafte Arbeit zu bekommen. Sie übernehmen die Demotivation ihrer Eltern.

Altersarmut

In Bruckhausen gibt es noch Reste einer früheren städtischen Mittelschicht (kleine Gewerbetreibende, Hausbesitzer). Diese Gruppe hat einen
starken internen Zusammenhang und schottet sich nach außen ab. Zum Teil
verfügt der alte Mittelstand auch über eigene Organisationen (Vereine,
kirchliche Organisationen). Kontakte in andere Stadtteile sind bei dieser
Gruppe ausgeprägt. Oft kommen Freunde und Verwandte, die früher in
Bruckhausen gelebt haben. Manchmal arbeiten die "Ehemaligen" in lokalen
Vereinen mit. In dieser Gruppe gibt es versteckte Altersarmut, die - wie
überall - meist ein Problem der Witwen ist. Die bestehenden sozialen
Zusammenhänge bieten einen gewissen sozialen Halt bei Verarmungspro-
zessen. So nutzen alte Frauen sehr stark kirchliche Angebote.

Daneben gibt es aber auch die Altersarmut der Witwen von Arbeitern und
kleinen Angestellten: "Viele wollen nicht, daß man von ihrem Elend Kennt-
nis nimmt, sie schämen sich, zum Sozialamt zu gehen. Die bleiben in ihren
Wohnungen und begnügen sich mit dem, wovon ein anderer nicht leben könnte. Die sind aus ihrer Jugend und aus ihrem bisherigen Leben auch gar
nicht gewohnt, die Hilfe anderer in Anspruch zu nehmen". Viele haben
Angst vor dem Altersheim. "Da entwickelt man sich zurück, zum Kind,
weil man da keine Aufgabe und keinen Lebenssinn mehr sieht. Deswegen
versuchen so viele alleinstehende Alte, ihre Lebensgewohnheiten in der
eigenen Wohnung zu verwirklichen, und sträuben sich mit Händen und
Füßen, in ein Altersheim zu gehen. Wahrscheinlich ahnen sie, was ihnen
da bevorsteht. Denen geht es um den gesellschaftlichen Kontakt, der in
einem Haus vorhanden ist, und sei er noch so dünn".

2.4 Die soziale Organisation des Alltags

Psychische und soziale Verarbeitung

Mit anhaltender Arbeitslosigkeit verlieren die Männer an Status. In den
Haushalten, die von Sozialhilfe leben, ist ihre Rolle als Familienober-
haupt nur noch Fassade.

Die meisten Familien erwarten keine Änderung ihrer Zwangslage. "Die Menschen wissen, daß sie hier bleiben müssen. Und wer in die Wohnungen reinkommt, merkt, daß die nicht mehr aufgeräumt werden, daß man die verdrecken läßt. In den Hauseingängen ist kein Briefkasten mehr heil, die Haustür läßt sich nicht mehr verschließen". Nach wiederholten Versuchen, der Arbeitslosigkeit etwa durch Umschulung zu entgehen, entsteht Hoffnungslosigkeit. Sie ist in Bruckhausen stärker ausgeprägt als im übrigen Duisburger Norden. Eine Rolle spielt hier auch die Überschuldung: Auch wenn Menschen eine feste Arbeit bekämen, würde sich die Situation in vielen Familien nicht oder nur sehr langsam verändern. So hemmt auch der Schuldenberg, der vielfach im Laufe der Verarmung angesammelt wurde, die Eigeninitiative. "Die Leute wissen genau, solange sie Sozialhilfe bekommen, haben die Banken keinen Zugriff. Und da sie wissen, daß sie ihre Schulden kaum mehr abtragen können, bleiben sie lieber ohne feste Arbeit".

Abgesehen von Delikten wie Schwarzfahren und Schwarzarbeiten, spielt "echte" Kriminalität eine geringe Rolle. Allerdings häufen sich die kleineren Delikte von Jugendlichen. Hier ist Bruckhausen zusammen mit Neumühl Schwerpunktgebiet.

Hoffnungslosigkeit, materielle Not, miserable Wohnverhältnisse sowie die Statusunsicherheit der Männer führen in den Familien oft wegen Kleinigkeiten zu Alkoholismus und heftigen Spannungen. Es gibt viele unvollständige Familien: Die Väter ziehen weg, die Mütter leben mit wechselnden Partnern, die Kinderzahl wächst. Viele Menschen in Bruckhausen wirken "verwaschen", sind depressiv, gebrochen und vorzeitig gealtert. Eine Bruckhausenerin wirkt mit 30 wie eine 50-Jährige.

Soziale Kontakte kommen in Bruckhausen schnell zustande. Das beginnt schon beim Einzug, den alle mitbekommen und bei dem alle helfen. "Die Leute treffen sich sehr häufig, hocken quasi aufeinander". Es ist gleichgültig, wann man die Familien aufsucht, ob morgens oder nachmittags: Die Wohnungen sind immer voller Menschen. "Diese Nähe ist das einzige, was die Menschen in Bruckhausen noch haben, was sollen sie sonst tun? Damit stützen sie sich gegenseitig".

Eine Befragte sieht hier einen Aktivitätszyklus: "Zunächst dominiert Rückzug, Apathie, Lethargie. Viele tun sich aber dann doch zusammen, suchen sich, trinken zusammen, verharren aber meist in Passivität, was ihre soziale Lage angeht". Insbesondere bei jüngeren Familien sind Rückzug und Isolation nicht zu bemerken.

Bedingt durch den Überschuß an beschäftigungsloser Zeit, den schlechten baulichen Zustand der Häuser und die Überbelegung wissen die Menschen praktisch alles voneinander: "Das Privatleben wird veröffentlicht, weil es keine Möglichkeit gibt, es gegenüber der Umwelt abzugrenzen. Das ist ein Merkmal von Armut. Und auch, daß jeder von jedem alles weiß. Die wissen, wie oft ich (ein Kontaktbereichs-Polizist, A.d.V.) zu denen gehe, die wissen auch, warum ich zu ihnen gehe."

In den Wohnhäusern herrscht eine widersprüchliche Situation, die als nah und gleichzeitig konfliktreich bis zu Handgreiflichkeiten geschildert wird. Es entsteht viel Neid, zum Teil durch Protzen mit Konsumgütern (Videos) ausgelöst: "Pack schlägt sich, Pack verträgt sich". Ein Wohnhaus in Bruckhausen ist eine große, widersprüchliche soziale Einheit, die sich immer wieder - stark fluktuierend - in streitende Parteien aufteilt; trotz des engen Zusammenhalts ist nicht Solidarisierung sondern Spannung charakteristisch.

Im Stadtteil gibt es starke interne Wanderungen. Man zieht häufig um, zum Teil aus Not: Familien ziehen in eine Wohnung ein, können die Miete nicht bezahlen, lassen sich hinausklagen und ziehen dann in die nächste Wohnung, die sie dann wiederum nicht bezahlen können. Es gibt auch Umzüge innerhalb des Hauses.

Solidarität und Konflikt

In diesem widersprüchlichen Rahmen ist die Bereitschaft zur Solidarität und Nachbarschaftshilfe groß, man versucht, sich untereinander zu helfen: "Man gibt, obwohl man selbst nichts hat." Wird z.B. einer Familie der Strom gesperrt, dann kann es geschehen, daß sie über Nachbarschaftshilfe an anderen Stromquellen partizipiert. Entsprechend steigt dann die Stromrechnung des betroffenen Haushalts. Weitere alltägliche Hilfeleistungen sind die gemeinsame Benutzung von Waschmaschinen, das Aufpassen auf Kinder der Nachbarn und das gegenseitige Aushelfen mit Kleidung. Unterstützung gibt es auch beim Gang zum Sozialamt: "Die, die schon mehr Erfahrungen haben und sich nichts gefallen lassen, gehen mit und reißen ihren Mund auf, machen Palaver."

Die Nachbarschafthilfe endet beim Geld: "Da sind sie alle sehr vorsichtig. Vor allem, wenn schon mal was verliehen wurde und man monatelang darauf warten mußte, weil die Leute nicht zurückzahlen konnten oder sich zurückzogen, damit sie denen nicht mehr begegnen."

Die gegenseitige Hilfe schließt Denunziationen nicht aus: So etwa im Fall eines Familienvaters, der eine Arbeit ablehnte, für die er nur 2oo DM mehr erhalten hätte, als er an Sozialhilfe bekam. Der Mann hatte Gelegenheitsarbeit, die er nicht meldete. Gelegentlich ging er nach dieser Arbeit in ein Eßlokal, wo er mit seinen Einkünften prahlte. Das Sozialamt wurde informiert. Auch Diebstähle kommen vor: " Als es so kalt war (Januar/Februar 1986, A.d.V.), da klaute einer dem anderen die Kohlen weg. Da haben die nicht die geringsten Gewissensbisse."

Interpretationen:

Einige Gesprächspartner deuten die soziale Situation der von Armut betroffenen Bevölkerung von Bruckhausen als eine "Kultur der Armut". Die engen sozialen Beziehungen kosten: Die Videokassetten, die man sich gegenseitig ausleiht, müssen gekauft werden; ebenso das Bier, das man mit Freunden trinkt: "Aber das ist den Leuten wichtiger, und sie sparen an Miete, Nebenkosten etc.. Da steht eine andere soziale Logik dahinter und Prioritäten, die nicht ökonomisch, sondern sozial sind. Das sind insgesamt Notwehrmaßnahmen, soziale Verhaltensweisen, die dafür sorgen, daß man in Bruckhausen überleben kann." In gewisser Weise lernen die Men-

schen, mit ihrer sozialen Situation zu leben, und setzen eigene Prioritäten. Sie zahlen z.B. monatelang keine Miete, weil andere Bedürfnisse
lebensnotwendiger sind. Diese Sicht wird von anderen Befragten, wenn auch
mit kritischerer Tendenz, geteilt: Das kann bedeuten, daß ein Famili-
envater zwar Geld für Zigaretten oder ein Bier mit Freunden hat, aber zu
Mittag für fünf Personen nur eine Packung Tiefkühlspinat gekauft werden
kann.

2.5 Stigmatisierung

In Bruckhausen äußert sich die Armut der meisten Betroffenen offen. Im
Stadtteil und innnerhalb der eigenen Gruppe sind die sozialen und ökonomischen Probleme derart offenkundig und verbreitet, daß ein Verbergen
sich nicht lohnt: In Bruckhausen findet Ausgrenzung kaum statt, weil man
sich mit der Verarmung abgefunden hat, "hier wäre es etwas Besonderes,
wenn es einem gut ginge". Selbststigmatisierung, so vermutet ein Gesprächspartner, findet allenfalls bei älteren Arbeitslosen statt. Auf
eine allgemeine Gewöhnung an Verelendungssymptome deutet auch die Beobachtung, daß aus Bruckhausen nur wenige Einweisungen von Alkoholikern
kommen: "Weil das keiner hier anzeigt; das fällt nicht auf, das ist
einfach so hier. Da würde kein Nachbar anrufen und sagen: Holt den mal
raus aus seiner Bude, das wird einfach akzeptiert."

Dementsprechend nimmt die Mehrheit der Befragten an, daß unter den
gegebenen ökonomisch-sozialen Rahmenbedingungen das Leben in einem geschlossenen Armutsgebiet leichter zu ertragen ist: "In Bruckhausen lebt
man als Gleicher unter Gleichen. Wenn man irgendwo isoliert wohnt, würde
man viel schiefer angeguckt. Hier können die Menschen wenigstens normal
über die Straße gehen. Woanders müßte man sich zurückziehen oder Scham-
gefühle haben." "Hier fühlen die Menschen sich wohler als etwa in einem
Facharbeiterwohngebiet im Duisburger Süden. In Bruckhausen fallen die
Leute nicht so auf, sie werden hier nicht so stark ausgegrenzt." "Hier
gehören die Leute alle irgendwie zusammen, man fällt nicht so auf. Woanders ist der Druck stärker, hier wird man nicht so damit konfrontiert,
was andere sich leisten können."

Das Leben als Gleicher unter Gleichen ist, wie im vorherigen Abschnitt erläutert, von starken alltäglichen Spannungen geprägt. In solchen Situationen übernehmen Menschen, die selbst arbeitslos sind, Stigmatisierungen: Die Nachbarn sind faul, suchen nicht nach Arbeit; nur man selbst hat halt Pech gehabt. Ausgrenzung und Ablehnung findet in starkem Maße gegenüber Türken statt.

Eine kleinere Gruppe von Befragten sieht die Konsequenzen stärker, die das Leben in Bruckhausen nach sich zieht: "Die miese Sozialstruktur und das schlechte Umfeld machen es schwerer, in Bruckhausen arm zu sein, als in einer 'normalen' Wohngegend. Vor allem fehlt die Hoffnung, die man noch haben kann, wenn man sieht, wie die anderen Menschen rundherum leben. In Bruckhausen ist es unmöglich, ein 'normales' Leben zu führen. Bruckhausen ist das Letzte, das absolute Ende, schlechter geht es nicht".

"Die Leute haben das Gefühl, daß sie, weil sie in Bruckhausen leben, noch mehr Schwierigkeiten haben, aus ihrer Situation rauszukommen. Wenn die sich irgendwo vorstellen dann heißt es: Ach, Sie wohnen in Bruckhausen, dann doch lieber nicht."

Unabhängig von der Einschätzung der Lage in Bruckhausen selbst machen die Gesprächspartner deutlich, daß Menschen, die hier leben, von außen starken Stigmatisierungen ausgesetzt sind: Eine Befragte sieht sie insbesondere bei den Kontakten mit den städtischen Ämtern, die nur sehr ungern wahrgenommen werden. Auch die alten Bruckhausener achten peinlich auf die Abgrenzung zu den neu Zugezogenen. Ein Kommentar der Bewohner bei einem Besuch in einem "auffällig sauberen" Haus: "Hier wohnt kein Gesocks."

Urteil eines Befragten: "Die Stigmatisierung (von außen, A.d.V.) sitzt tief, die meisten Menschen haben Angst vor neuen Menschen und fremden sozialen Situationen. Sie trauen sich deswegen auch kaum aus Bruckhausen raus". Nach dem Zuzug nach Bruckhausen verlieren die Menschen die Kontakte zu früheren Nachbarn und Freunden: "Ich glaube, da ist irgendwo auch ein Schamgefühl dabei." Ähnlich ein anderer Befragter: "Jeder dieser Leute hat einen Bekanntenkreis, die wohnen zum Teil ganz woanders und leben in anderen Verhältnissen. Die sagen: Mensch, mit dem kann doch nicht viel los sein. Erstmal kommt der nicht aus Bruckhausen raus, und guck mal, wie lange der schon arbeitslos ist. Jeder sagt denen, daß sie untauglich sind, ihre Probleme zu lösen."

Obwohl die meisten Zugezogenen nicht nach Bruckhausen wollten und zunächst häufig den Wunsch haben, den Stadtteil schnell wieder zu verlassen, kommen sie nicht wieder heraus. Die Schwierigkeiten beginnen bei den Finanzen. Der Umzug in einen anderen Stadtteil bedeutet immer auch einen Wechsel des sozialen Milieus und kostet nicht nur den Transport oder eine Mietvorauszahlung: "Mit den Möbeln, die die hier verwenden, kann man nicht in eine bessere Gegend ziehen. Da heißt es doch: Mensch, wer zieht denn da ein, das darf doch nicht wahr sein, guck Dir mal die Möbel an. Tausend bis zweitausend Mark müssen schon aufgebracht werden, nur um Bruckhausen zu verlassen."

Die Vorstellung, außerhalb von Bruckhausen zu leben, macht einigen Menschen Angst: Sie fühlen sich dort fremd und unwohl. Es herrscht eine gewisse "Stadtteilisolation": Viele verlassen Bruckhausen kaum. Eine Befragte berichtet von Bruckhausenern die es geschafft hatten, fortzuziehen (vermutlich ohne ihre soziale Lage entscheidend zu verändern, A.d.V.). Sie bekamen in den neuen Wohngebieten kaum Kontakt und fühlten sich "todunglücklich, weil es ihnen dort zu vornehm" war.

Eine junge Mutter mit Kind kam nach wenigen Tagen aus einem mühsam beschafften Ferienaufenthalt zurück, weil sie sich dort nicht wohl – vermutlich überfordert – fühlte. Eine Frau lehnte eine Seniorenerholung ab, weil sie sich mit den anderen "nicht richtig unterhalten" könne.

2.6 Die Zukunft des Stadtteils

Alle Befragten sind sich über die Wahrscheinlichkeit einer weiteren Negativ-Entwicklung von Bruckhausen einig: Bleibt alles so, wie es ist, dann ist eine Weiterentwicklung zum "sozialen Auffangbecken", zur "Müllkippe" von Duisburg, möglich. Dann werden die Wegzüge der Deutschen anhalten.

Graduelle Unterschiede gibt es hinsichtlich des Ausmaßes der zu erwartenden sozialen Folgeprobleme. Die meisten Befragten vermuten eine quasi
lineare Fortsetzung der derzeitigen Trends: "Das kann nicht viel schlim-
mer werden, es ist schon schlimm genug"; "Die Leute, die nichts haben,
die liegen ja schon am End-Limit". Einzelne sind, ohne genauere Vorstellungen, pessimistisch: "Der Weg nach unten ist noch lange nicht zu Ende,
er kann für Bruckhausen noch sehr viel weiter gehen". Drei Befragte
halten eine positive Entwicklung explizit für illusorisch: "Der Verar-
mungsprozeß ist nicht aufzuhalten, das weiß man ganz genau. Das was jetzt
gemacht wird (Wohnumfeldmaßnahmen, Modernisierungen, A.d.V.), das berührt
nicht den Kern der Sache; das ist Retusche, Kosmetik". Wegen des anhaltenden Zuzugs von sozial Schwachen rechnen sie mit einer weiteren Verschlechterung.

Zwei weitere können sich eine Stabilisierung vorstellen: Über massiv
erhöhte kommunale Ausgaben im Bereich der Wohnumfeldverbesserung, Modernisierung, Gemeinwesen- und Sozialarbeit (Sozialstation) könnte es ihrer
Meinung nach gelingen, die soziale Situation auf dem derzeitigen Niveau
zu stabilisieren. Insbesondere für die Jüngeren, neu Zugezogenen, könnte
dann eine eigene Bruckhausen-Tradition entwickelt werden, eventuell "analog zur früheren Arbeiterkultur".

3. FRAGEN AN THEORIE UND EMPIRIE

1. Die Definition von Armut sowie die theoretischen Konzepte zu ihrer
Erklärung sind so vielfältig, daß es hier weder möglich ist, sie darzustellen, noch eine begründete Entscheidung für eine Definition oder ein
Konzept zu fällen. Entscheidend ist aber, von der Relativität der Armut
zu sprechen: "Die Grenzziehung zwischen 'arm' und 'nicht-arm' ist stets
relativ in Bezug auf den durchschnittlichen Lebensstandard einer bestimmten Gesellschaft" (Hartmann, 1985:170). Dieser Relativitätsbegriff von
Armut besagt: Armut ist in ihrer Erscheinungsform unterschiedlich je nach
gesellschaftlichen Verhältnissen, je nach kulturellen und sozialen Kon-
texten. Von daher gewinnt unsere Absicht ihre Plausibilität: Zu fragen,
was es bedeutet, in unterschiedlichen Regionen und Quartieren arm zu

sein.

2. Duisburg-Bruckhausen ist der vorläufige Endpunkt einer regionalen Krisenentwicklung: Hier hat sich ein hochsegregierter Stadtteil mit konzentrierter Armutsbevölkerung entwickelt, die durch Zuwanderung von Arbeitslosen und Sozialhilfeempfängern aus den umliegenden Stadtteilen laufend anwächst. Die kommunale Politik der "Nichteinmischung" unterstützt diese Tendenz. Zu fragen ist, ob diese Entwicklung Sonderfall oder Modell künftiger kommunaler Sozialpolitik ist: Kommune und freie Träger ziehen sich bis auf die gesetzlichen Pflichtleistungen aus dem Stadtteil zurück und fördern so die Entwicklung eines selbstorganisierten Ghettos. Materielle Mindestleistungen und ordnungspolitische Maßnahmen könnten dieses dann stabil halten.

Zu fragen ist außerdem, ob hier nicht Tendenzen zukünftiger gesellschaftlicher Entwicklungen vorweggenommen werden, die Leibfried & Tennstedt (1985:13) als Spaltung von Sozialstaat und Gesellschaft bezeichnen: "Die Gesellschaft ... wird in einen 'produktiven' Kern gespalten, der aus einer schrumpfenden und am Erhalt ihres Status orientierten Arbeitsbevölkerung besteht, und in eine Bevölkerung, die nur von immer spärlicher fließenden Transfereinkommen bei enger werdenden Bedürftigkeitsprüfungen lebt, also von öffentlichen Mitteln oder von 'informeller Aktion'."

3. Historische Untersuchungen (Tjaden-Steinauer, 1985:136) zeigen die Konstanz armutsbetroffener Gruppen, was sich auch an der sozialen Zusammensetzung der Armen in Bruckhausen zeigt. Dieser Befund macht gegenüber dem Begriff der "neuen Armut" skeptisch: Die "neue" Armut ist eben doch die alte.

4. Eine besonders von Armut betroffene Gruppe sind Kinder und Heranwachsende, die zweite Generation der Armut. Zenke & Ludwig sprechen hier von der sozialen Vererbung der Notlagen an die Kinder: "Die Stationen dieses Prozesses sind bekannt - Schulversagen, Aussonderung in die Schule für Lernbehinderte, fehlender Hauptschulabschluß, ohne qualifizierenden Arbeitsplatz oder Jugendarbeitslosigkeit. Etwa im 16. Lebensjahr erfüllen die Kinder dann zumeist die wesentlichen Bedingungen, um die soziale und

personale Misere für ihre eigene Existenz zu realisieren" (Zenke & Ludwig, 1985:270).

Insgesamt ist in Bezug auf die Familie ein widersprüchlicher Prozeß zu beobachten: Auf der einen Seite sinkt ihre Fähigkeit, soziale Leistungen zu erbringen und Probleme zu lösen; auf der anderen Seite ist in den armutsbetroffenen Familien eine zunehmende Konzentration auf sich selbst zu beobachten. Für die Kinder bedeutet das eine Fülle von benachteiligenden Bedingungen. "Erfahrungen aus innerfamilialen Interaktionen sind durch den geradezu antagonistischen Konflikt zwischen Selbstisolierung einerseits und dem Mangel an Problemlösungskompetenz andererseits belastet" (Zenke & Ludwig, 1985:276).

5. Dieser Sachverhalt läßt nach den Möglichkeiten der Lebensbewältigung Armer im sozialen Umfeld (Nachbarschaft, Quartier) fragen. Armut zu kompensieren, z.B. durch informelle Kreditsysteme und Dienstleistungen, prägt den unmittelbaren Lebenszusammenhang der Armutsbevölkerung. Die unmittelbare Umgebung wird als nutzbares Gemeingut begriffen. Hier fragt sich, inwieweit die Quartiere eine Mobilisierung von Ressourcen ermöglichen.

Zur Lebensbewältigung gehört auch ein Phänomen, das Keim (1979) als Abschirmung beschreibt: Ein quartiertypischer Prozess, der u.a. durch folgende Charakteristika gekennzeichnet werden kann:

- Ungeschriebene Regeln bestimmen den Umgang in den Häusern und Nachbarschaften; Herausbildung von Familien- und Bekanntenmilieus; größere Toleranz gegenüber "abweichendem" Verhalten wie Alkoholismus und Kleinkriminalität;
- Armut und Krankheit werden im alltäglichen Kontext erträglich organisiert.

Es wird oft davon gesprochen, daß Armut noch weitgehend unsichtbar sei (Krummacher 1986). Keim (1979:129): "Abschirmung führt räumlich und sozial dazu, daß einzelne Personen und Gruppen ... sozial füreinander unsichtbar werden. Das kann durchaus innerhalb eines Wohngebietes statt-

finden; physische Nähe garantiert nicht soziale Beziehungen. Es findet
vielmehr eine gezielte soziale Selektion statt. Abschirmung bewirkt ferner örtliche soziale Bindungen und Abhängigkeiten sowie eine unorgani-
sierte Form der Bearbeitung sozialer Probleme. Und sie führt offenbar zu
erhöhter sozialer Kontrolle unter den Betroffenen samt den damit verbundenen Konflikten". Keim konstatiert Abschirmung in Wohnquartieren mit
vielen alten Menschen, jungen und kinderreichen Familien sowie Ausländern.

6. Hier schließt sich die Frage nach einer Kultur der Armut an, d.h. nach
der Herausbildung spezifischer Verhaltens- und Verarbeitungsmuster,
Symbole und Lebensformen in Armutsquartieren. "Die Kultur der Armut hat
ihren Ort in der Klassengesellschaft. Sie ist das schöpferische, abwar-
tende, rebellische, mit sich selbst beschäftigte, auch verzweifelte Sich-
Einrichten in den Strukturen des Kapitalismus" (Kühn & Preis, 1979:55).

Studien zur Kultur der Armut in der BRD sind selten (neben der erwähnten
wohl nur noch Hess & Mechler, 1973) und zu alt, um Aussagen über die
heutige Situation zu ermöglichen. Es ist weiterhin zu fragen, ob die
Massenhaftigkeit von Armut solche Lebenslagen noch als Kultur begreifen
läßt oder ob die damit einhergehende Tendenz zur Ghettoisierung von Armen
kollektive Verarbeitungsformen fördert, die tatsächlich die Perspektive
eines "ganzheitlichen, regelhaften und schöpferischen Lebenszusammen-
hangs" (Kühn & Preis, 1979) eröffnen.

Bruckhausen – diesen Schluß läßt diese Vorstudie zu – entwickelt sich
u.a. wegen der Abstinenz der kommunalen Sozialpolitk zu einem selbstorganisierten Ghetto. In der deutschen Bevölkerung bzw. in ihren Teilgruppen
bilden sich eigenständige, regelhafte Verhaltensmuster heraus. Das Konzept einer Kultur der Armut könnte hier weitere Forschungsarbeiten
strukturieren.

Ingrid Breckner und Klaus M. Schmals

Armut in einer Luxusmetropole: Erscheinungsformen, räumliche Verteilungsmuster, Verursachungszusammenhänge, Betroffenheitsdimensionen und Armutspolitik in München

> "... Herr Oberbürgermeister, arm zu
> sein unter Armen, das kann man ja er-
> tragen, aber arm zu sein unter prot-
> zenhaftem Reichtum, das ist unerträg-
> lich."
> (Aus einem Brief einer armen Münchne-
> rin an OB Kronawitter, zit. nach:
> Stadtratsprotokoll vom 22.1.1986:42)

1. ARMUT IM REICHTUM: DER WACHSTUMSTYPUS MÜNCHENS UND SEINE SOZIALEN FOLGEN

1.1 München als Typus prosperierender Stadtentwicklung

Schon ein grober Einblick in die Wirtschaftsentwicklung Münchens der letzten Jahre läßt prosperierende Tendenzen erkennen: Der Gesamtumsatz der "Münchner Wirtschaft" betrug – nach der Umsatzsteuer – im Jahr 1964 34,3 Mrd. DM, im Jahr 1970 55,9 Mrd. DM und im Jahre 1980 151,2 Mrd. DM (vgl. Statistisches Jahrbuch München, 1983:127). Der wirtschaftliche Umsatz dieser Stadt verdreifachte sich demnach im Laufe von 10 Jahren und verfünffachte sich sogar im Laufe von 16 Jahren. Die Entwicklung Münchens zur größten Industriestadt der Bundesrepublik, zum bedeutendsten Rüstungszentrum Mitteleuropas oder zur entwicklungsstärksten Banken-, Versicherungs- und Technologiemetropole der Republik ist u.a. an Umstrukturierungen des sekundären und tertiären Wirtschaftssektors abzulesen: Reduzierte sich der sekundäre Sektor zwischen 1970 und 1980 von 46% auf unter 40% (von 360.000 auf 313.000 Beschäftigte), so wuchs der tertiäre Sektor in diesem Zeitraum von 54% auf über 60% (von 420.000 auf

473.000 Beschäftigte).

Bereits 12,5% aller Münchner Arbeitsplätze sind im (Mikro-) Elektronik-
sektor angesiedelt. Aber nicht nur Forschung, Entwicklung, Produktion und
Vermarktung elektronischer Hard-, Soft-, Org- und Teachware beschleunigen
den Modernisierungsprozeß der Münchner Betriebs- und Arbeitsmarktstruktur. Die Anwendung elektronischer Produkte im Fahrzeugbau und im militärischen Sektor - bereits im Jahre 1980 rechnete man in der Region München
mit über 130.000 rüstungsabhängigen Arbeitsplätzen - sowie die breite
Unterstützung der wirtschaftlichen Modernisierung Münchens durch Hochschulen, Forschungsinstitute, Industrie-, Handels- und Handwerkskammern
und nicht zuletzt die subventionsfreudige staatliche (Industrie-) Politik
gelten als Triebfedern und Basis der angedeuteten wirtschaftlichen Prosperität (vgl. ausführlicher Breckner, Mohn & Schmals, 1985:124ff).

Die skizzierten Entwicklungslinien erwecken vielerorts den Eindruck, daß
die Region München relativ problemlos in eine strahlende, mikroelektro-
nisch vermittelte Moderne hineinwächst, d.h. sich - mit viel (Zweck-)
Optimismus - einer politisch-ökonomisch geplanten technologischen Evolu-
tion unterwirft. Dieses Zerrbild der Wirklichkeit entlarvend mehren sich
die Stimmen, die vor der praktizierten "Modernisierungseuphorie" warnen.
Es wird befürchtet, daß diese Entwicklung nur einer bestimmten - immer
kleiner werdenden - Schicht von Bürgern zugute kommt: "Gefragt sind"- so
M. Grauel (bis zum Jahr 1985 Direktor des Münchner Arbeitsamtes -
A.d.V.) - "leistungsfähige Fachkräfte, die in den neuen Technologien firm
sein sollen" (vgl. Süddeutsche Zeitung vom 18.10.1983). Und die IHK für
München und Oberbayern warnt: "überhaupt muß (...) gesagt werden: Es gilt
auch Arbeitsplätze zu sichern für den weniger ausgebildeten Teil der
Bevölkerung. (...) München ist auf dem besten Weg zu einer Stadt der
'Elite-Arbeitsplätze', auf dem besten Weg zu einer Stadt mit einem
Höchstanteil von 'White-Collar-Arbeitsplätzen'" (IHK 1982:3ff).

Erste Hinweise auf die Folgen der zunehmenden Konzentration der Arbeits-
kraftnachfrage in München auf hochdotierte, leistungsfähige Fachkräfte
zeigen sich in der Entwicklung der steuerpflichtigen Bruttoeinkommen in
dieser Stadt (vgl. Statistisches Amt der LHST. München, 1985:484): Im

Zeitraum der Jahre von 1971 bis 1980 hat sich die Gesamtzahl der in
München registrierten Steuerpflichtigen mit einem Brutto-Jahreseinkommen
von mehr als 25.000 DM von 243.946 Personen auf 529.039 Personen mehr als
verdoppelt. Dabei verdienten 40,4% dieser Einkommensgruppe im Jahre 1980
sogar mehr als 50.000 DM. Im selben Zeitraum schrumpfte die Gesamtzahl
der Steuerpflichtigen mit einem Brutto-Jahreseinkommen bis zu 12.000 DM
von 202.104 Personen (1971) auf 131.841 Personen (1980).

Von der Gesamtzahl der in München im Jahre 1980 steuerpflichtig Beschäftigten (793.366 Personen) verdienten 16,86% oder 110.004 Personen mit
einem einkommensteuerpflichtigen (Brutto-) Jahreseinkommen von mehr als
50.000 DM insgesamt 10,5 Mrd. DM. Dies entspricht 30,66% des in München
im Jahre 1980 ermittelten steuerpflichtigen Gesamteinkommens in Höhe von
34,1 Mrd. DM. Berücksichtigt man auch den - in der Statistik nicht
ausgewiesenen - Einkommensanteil der Lohnsteuerpflichtigen mit einem
(Brutto-) Jahreseinkommen von mehr als 50.000 DM, so wird plausibel, daß
die Stadt - in ökonomischer Hinsicht - für die 213.858 Personen mit einem
jährlich zu versteuernden Einkommen von jeweils mehr als 50.000 DM mehr
Interesse aufbringt als für die 131.841 Steuerpflichtigen mit einem
(Brutto-) Jahreseinkommen unter 12.000 DM oder gar für die auf sozialstaatliche Zuwendungen angewiesenen Personengruppen. Wie sich ökonomische
und sozialpolitische Imperative in der stadtpolitischen Wirklichkeit
zueinander verhalten, wird unter anderem Gegenstand der folgenden Ausführungen sein.

Im Sinne der Unterstützung einer demokratischen Stadtpolitik sehen wir es
als eine wichtige sozialwissenschaftliche Aufgabe an, in der Analyse von
Stadtentwicklungsprozessen auch danach zu fragen, ob sich hinter dem
landes- und stadtentwicklungspolitisch sorgsam und mit umfangreichen
öffentlichen Finanz- und Propagandamitteln durchgesetzten Image einer
dynamischen, toleranten und weltoffenen Metropole, in der scheinbar jeder
gut, sicher und angenehm leben kann, nicht ein sprunghaft wachsendes,
räumlich verstecktes, ordnungspolitisch und statistisch kaschiertes und
von vielen Bürgern bereitwillig verdrängtes Potential an Armut und Elend
verbirgt.

Anlaß für die genauere Untersuchung der sozialen Ungleichheit in einer prosperierenden Stadt wie München gab nicht nur die immer noch große Gruppe der Bezieher niedrigster Einkommen. Es waren auch steigende Zahlen bei den Arbeitslosen- und Sozialhilfeempfängern sowie Obdachlosen und feststellbare psychosoziale Überbelastungen der in moderne Arbeitsprozesse integrierten, hochqualifizierten und hochbezahlten Beschäftigten, die uns zu den oft mühsamen Recherchen veranlaßten (vgl. ausführlich Breckner, Mohn & Schmals, 1985:180ff und 201ff).

Vor dem Hintergrund der formulierten Fragestellung differenzieren wir in einem ersten Schritt Erscheinungsformen materiell und psychosozial bedingter Verarmungsprozesse in München. Die folgenden Abschnitte konzentrieren sich auf räumliche Verteilungsmuster von Armut in München, auf feststellbare Verursachungszusammenhänge, Betroffenheitsdimensionen sowie auf ausgewählte Aspekte der Münchner Armutspolitik.

1.2 Erscheinungsformen von Armut in München

Die Armutsquote wird in München gegenwärtig auf 10 bis 15% der Stadtbevölkerung geschätzt. Das sind zwischen 130.000 und 200.000 Personen (vgl. auch Kronawitter, 1986:39). Diese Zahl kommt zustande, wenn man Sozialhilfesätze zugrundelegt, eine "Dunkelziffer" von mindestens 50% berücksichtigt und die Personen einbezieht, deren Einkommen im Bereich der "Sozialhilfeschwelle" liegen (vgl. Breckner & Schmals, 1986, und Hartmann, 1983 und 1985:107f).

Eine genauere Betrachtung der Münchner Situation ergibt folgende Hinweise auf manifeste Armut in dieser Stadt:

Von Arbeitslosigkeit waren im Arbeitsamtsbezirk München im Jahre 1983 61.145 Personen oder 6,7% der Erwerbsbevölkerung betroffen. Bis zum Jahre 1986 ist diese Zahl auf 64.635 Personen oder 7,1% der Erwerbsbevölkerung angestiegen.

Während im Jahre 1984 – hier erstmals statistisch ausgewiesen – noch

33.677 Personen Anspruch auf Leistungen nach dem Arbeitsförderungsgesetz hatten, waren es 1986 nur noch 31.644 Personen. Der Anteil der Arbeitslosen ohne Leistungsbezüge ist demnach von 47,2% im Jahre 1984 auf 51,04% im Jahre 1986 angestiegen (vgl. Arbeitsamt München, 1984: Nr.4; 1985: Nr.7; 1986: Nr.6).

Eine steigende Tendenz läßt auch die Statistik der <u>Sozialhilfeempfänger</u> erkennen: Während im Jahre 1980 36.936 Personen Sozialhilfe bezogen haben – davon 28.249 Personen "laufende Hilfe zum Lebensunterhalt" –, waren es im Jahre 1984 41.762 Personen, die ihren Lebensunterhalt u.a. durch Sozialhilfe sichern mußten. Der Anteil der Empfänger "laufender Hilfe zum Lebensunterhalt" erhöhte sich in diesem Zeitraum um 10% und in den Jahren von 1976 bis 1984 um 23% (vgl. Statistisches Jahrbuch Deutscher Gemeinden, 1978 bis 1984, und für die Daten des Jahres 1984 LHST. München, 1986: Tab. 2).

Die Bruttoausgaben der LHST. München für Sozialhilfe stiegen von 97,923 Mio. DM im Jahre 1976 über 110,28 Mio. DM im Jahre 1980 auf 128,081 Mio. DM im Jahre 1983 (vgl. Statistisches Jahrbuch Deutscher Gemeinden, 1978:275; 1982:253; 1984:320). Im angegebenen Zeitraum von sieben Jahren entspricht dies einer Steigerungsrate von 30,7%. Die (Brutto-) Sozialhilfeausgaben der Kommune pro Einwohner stiegen von 75 DM im Jahre 1976 über 85 DM im Jahre 1980 auf 105 DM im Jahre 1982 und fielen im Jahre 1983 auf 100 DM (vgl. ebd.). Die Entwicklung der Nettoausgaben für Sozialhilfe der LHST. München – insgesamt, ohne Kriegsopferfürsorge, TBC-Hilfe und Weihnachtsbeihilfe – charakterisiert OB G. Kronawitter wie folgt: 83 Mio. DM im Jahre 1980, 125 Mio. DM im Jahre 1985 und für das Jahr 1986 ein kalkulierter Betrag von 140 Mio. DM (vgl. Kronawitter, 1986:40). Diese Zahlen entsprechen einer Steigerungsrate von 68% innerhalb des angegebenen Zeitraums von sechs Jahren.

Die Statistik der <u>Wohngeldbearbeitungsfälle</u> für das Jahr 1984 gibt 88.426 Bearbeitungsfälle an, das sind 69,2 Fälle pro 1.000 Einwohner (vgl. Bayerisches Landesamt für Statistik und Datenverarbeitung, 1985:43). Unter den insgesamt 63.818 bewilligten Anträgen waren 9.273 oder 14,7% Erstanträge (vgl. ebd.).

Ergänzt wird das bisher skizzierte Erscheinungsbild von Armut in München durch 7.780 Obdachlose. Von ihnen leben 4.400 in städtischen Obdachlosenunterkünften und 3.387 in Pensionen oder angemieteten Wohnräumen (vgl. Stern, 1986: Nr. 19). Allein für die Pensionsunterbringung gab die LHST. München im Jahre 1985 ca. 27 Mio. DM aus (vgl. ebd.). Nicht mitgerechnet sind bei den Obdachlosen die bereits im Jahre 1982 "registrierten" 400 "Stadtstreicher" und 4.000 "Nichtseßhaften" (vgl. LHST. München, 1982a:142).

2. RÄUMLICHE VERTEILUNGSMUSTER VON ARMUT IN MÜNCHEN

Auch wenn sich in Bayern nach einer Analyse des Süd-Nord-Gefälles der Sozialhilfedichte in der Bundesrepublik von W. Krug (1985) für das Jahr 1979 mit durchschnittlich 23 Sozialhilfeempfängern pro 1.000 Einwohner im Vergleich zu nördlichen Bundesländern mit 41 Sozialhilfeempfängern pro 1.000 Einwohner eine vergleichsweise günstige Entwick'.ung anzudeuten scheint, war und ist die Situation in München durch eine schärfere Problemlage gekennzeichnet. Der Anteil der Sozialhilfeempfänger lag in München zwischen 1978 und 1980 bei 29 Empfängern pro 1.000 Einwohner, und für das Jahr 1984 wurden 32 Empfänger pro 1.000 Einwohner registriert (vgl. LHST. München, 1986:2).

Die Verteilung der Münchner Sozialhilfeempfänger auf Stadtbezirke im Jahre 1984 läßt keine ausgeprägte Konzentration dieser sozialen Problemgruppe erkennen, obwohl dies eine qualitative Einschätzung der bestehenden räumlichen Konzentration negativer Nutzungen vermuten lassen würde. Ein Gefälle ist allenfalls zwischen Innenstadtrandgebieten und den Außenbezirken der Stadt feststellbar: So beträgt der Anteil der Sozialhilfeempfänger außerhalb von Einrichtungen an der Wohnbevölkerung in den Innenstadtrandbezirken (SB) Nr. 9: 8,18%, in SB 11: 3,86%, in SB 12: 4,03%, in SB 18: 3,59% und in SB 19: 4,16%. In den Außenbezirken der Stadt liegen die entsprechenden Werte in SB 29 bei 1,13%, in SB 32 bei 0,98%, in SB 36 bei 1,58% und in SB 37 bei 0,78%.

Umfang und räumliche Unterbringung der Sozialhilfeempfänger / Münchner Stadtbezirke	Nr.	Insgesamt	außerhalb von Einrichtungen	innerhalb von Einrichtungen	außerhalb von Einrichtungen in % der Wohnbevölkerung
Altstadt	1	433	424	9	3.96
	2	-	-	-	-
	3	-	-	-	-
	4	-	-	-	-
Maxvorstadt-Uni.	5	246	239	7	1.90
Maxvorstadt-Königspl.	6	916	882	34	4.61
Maxvorstadt-Josephpl.	7	420	389	31	1.98
	8	-	-	-	-
Ludwigsvorstadt	9	1.114	1.034	80	8.18
Isarvorstadt-Schlacht	10	460	444	16	2.18
Isarvorst.-Glockenb.	11	738	712	26	3.86
Isarvorst.-Deutsch.M.	12	372	367	5	4.03
Lehel	13	403	370	33	2.71
Haidhausen	14	948	803	145	2.34
	15	-	-	-	-
Au	16	545	522	23	2.36
Obergiesing	17	1.387	1.199	188	2.70
Untergies.-Harlach.	18	1.908	1.786	122	3.59
Sendling	19	1.553	1.488	65	4.16
Schwanthalerhöhe	20	960	921	39	3.44
Neuhausen-Oberwies.	21	586	547	39	2.22
Schwabing-Freimann	22	1.381	1.151	230	2.05
Neuhausen-Nymphenb.	23	553	474	79	1.12
Thalkirchen	24	1.338	1.236	102	2.07
Laim	25	1.143	1.079	67	2.07
Schwabing-West	26	756	725	31	2.03
Milbertshofen-Hart	27	3.105	2.871	234	2.94
Neuhausen-Moosach	28	1.659	1.397	262	2.06
Uogenhausen	29	993	801	192	1.13
Ramersdorf-Perlach	30	3.679	3.222	457	3.67
Berg am Laim	31	1.145	1.059	86	3.02
Trudering	32	399	361	38	0.98
Feldmoch.-Hasenbergl.	33	2.301	2.081	220	3.97
Waldfriedhof	34	1.531	1.391	140	2.97
Pasing	35	1.038	866	172	2.07
Solln	36	372	350	22	1.58
Obermenzing	37	183	164	19	0.78
Allach-Untermenzing	38	607	514	93	2.01
Aubing	39	779	712	67	2.32
Lochhausen-Langw.	40	38	33	5	0.61
Hadern	41	1.820	1.677	143	3.88

Münchner Stadtbezirke

Quelle: LHST. München, 1986: Tabellenanhang

Eine Ausnahme unter den Innenstadtrandbezirken stellt der SB 14 (Haidhausen) dar: Hier liegt der Anteil der Sozialhilfeempfänger außerhalb von Einrichtungen an der Wohnbevölkerung - vermutlich aufgrund der bereits "geglückten" Sanierung - mit 2,34% unterhalb des entsprechenden städtischen Durchschnittswertes von 2,7%. Der vergleichsweise hohe Wert für den SB 9 (Ludwigsvorstadt) ist u.a. durch die Pensionsunterbringung von Obdachlosen erklärbar. Etwa ein Drittel der bis einschließlich 1982 durch die LHST. München ganz oder teilweise angemieteten 158 Hotels und Pensionen liegt in diesem Stadtbezirk (vgl. LHST. München, 1982b:6ff).

Betrachtet man die absoluten Zahlen der Sozialhilfeempfänger innerhalb und außerhalb von Einrichtungen in den einzelnen Stadtbezirken, so liegt der SB 30 mit 9% aller Sozialhilfeempfänger (8% außerhalb, 1% innerhalb von Einrichtungen) an der Spitze. Es folgen der SB 27 mit 7,4% aller Sozialhilfeempfänger und der SB 33 mit 5,5% aller Sozialhilfeempfänger. Zu erwähnen bleibt, daß z.B. die relativ willkürlich getrennten Stadtbezirke Unter- und Obergiesing (SB 17 und 18) zusammengenommen 8% aller Sozialhilfeempfänger aufweisen (vgl. LHST. München, 1986:12).

Bezüglich der räumlichen Verteilung der Sozialhilfeempfänger in den Münchner Stadtbezirken bleibt anzumerken, daß sich aus der statistischen Erfassung und Aufbereitung der Daten Einschränkungen für die Interpretation ergeben. So wird in der räumlichen Verteilung nicht zwischen Empfängern der "Hilfe zum Lebensunterhalt" und der "Hilfe in besonderen Lebenslagen" differenziert. Auch sind die einzelnen Stadtbezirke zu groß geschnitten und dadurch in sozialstruktureller und wohnungswirtschaftlicher Hinsicht zu heterogen, um "Klumpungen" von Sozialhilfeempfängern deutlich werden zu lassen. Eine Betrachtung kleinerer Einheiten wäre diesbezüglich wünschenswert, ist aber aufgrund der vorliegenden Daten nicht möglich. Deutlich wird dieser Mangel der vorliegenden Statistik, wenn man in Betracht zieht, daß von den insgesamt 2.301 Sozialhilfeempfängern im SB 33 (Feldmoching-Hasenbergl) im Jahre 1984 allein 15% in der "größten Obdachlosensiedlung Münchens und der Bundesrepublik" lebten, die auf zwei Straßenzüge konzentriert ist (vgl. Gemeinwesenarbeitsteam (GWAT), 1985a und 1985b). Auffällig ist in den Ergebnissen einer GWAT-Umfrage in der Obdachlosenunterkunft (1985a), daß 55,9% der Bewohner ihren Lebensunterhalt durch Arbeitslosenunterstützung, Rente oder Sozialhilfe sichern. Ähnlich kleinräumige Informationen über die Situation in den Stadtbezirken Ludwigsvorstadt (Konzentration von Obdachlosenpensionen und -hotels), Giesing (Tages- und Übernachtungsheim für "Nichtseßhafte") und Neuperlach (Konzentration älterer Sozialwohnungen) sowie für alle anderen Stadtgebiete mit Substandardwohnungen wären notwendig, um die räumliche Verteilung von Sozialhilfeempfängern qualifizieren und daraus Konsequenzen für die Planung ableiten zu können.

Ergänzt werden müßte diese statistische Differenzierung um eine kleinräumige Verteilung der Bezieher von Arbeitslosengeld oder -hilfe und um diejenigen Arbeitslosen, die keinen Anspruch auf Leistungen nach dem Arbeitsförderungsgesetz haben (vgl. beispielhaft eine entsprechende Studie für den Arbeitsamtsbezirk Hannover von Heinelt, 1984).

Ein Vergleich der räumlichen Verteilung der Arbeitslosen ohne Leistungsbezüge mit der räumlichen Verteilung der Sozialhilfeempfänger könnte auch Hinweise auf die "Dunkelziffer" der Sozialhilfeempfänger in den jeweiligen Stadtgebieten geben.

Vollständig fehlen Informationen über die kleinräumige Verteilung der "besonderen sozialen Problemgruppen" wie "Nichtseßhafte" und "Stadtstreicher" im Münchner Stadtgebiet. Als Knotenpunkte interessieren hier sicherlich die bereitgestellten Unterkünfte, Beratungsstellen und Aufenthaltsräume (wie z.B. Teestuben und Wärmestuben). Neben den institutionell angebotenen Treffpunkten müßten auch informelle Treffpunkte im öffentlichen Raum berücksichtigt werden. An ihnen hält sich dieser Personenkreis zur Deckung der unmittelbaren Überlebensbedürfnisse (Essen, Schlafen, Kommunikation) auf, sofern er nicht durch administrative sozialhygienische Maßnahmen oder durch Beschimpfungen durch Passanten und anliegende Ladenbesitzer vertrieben wird (vgl. als Beispiel die Vertreibung der "Stadtstreicher" aus dem Innenstadtgebiet auf Weisung des Kreisverwaltungsreferates).

3. BETROFFENHEIT DURCH ARMUT

3.1 Sozialstrukturelle Charakteristika der beiden Hauptgruppen der
    Münchner Armutsbetroffenen

a) Sozialhilfeempfänger

Altersstruktur

Der größte Teil der Münchner Sozialhilfeempfänger (53,4%) ist zwischen 21
und 65 Jahren alt. Der Anteil dieser Altersgruppe an der Gesamtbevölkerung beträgt 66,4% (vgl. LHST. München, 1986:3). Auffällig ist mit 38,9%
die Gruppe derjenigen Sozialhilfeempfänger, die noch nicht (0-15 Jahre)
oder nicht mehr (65 Jahre und älter) im Erwerbsleben stehen. Der Anteil
dieser Gruppe an der Gesamtbevölkerung beträgt nur 25,9%. Wichtig, aber
nicht verwunderlich, ist auch der überproportional hohe Anteil (69,5%)
dieser Personengruppen innerhalb von Einrichtungen. Die Frage nach der
"Vererbung" von Armut (vgl. Zenke & Ludwig, 1985) wird bei einem Anteil
von 21% Kindern und Jugendlichen (bis 15 Jahren) unter den Münchner
Sozialhilfeempfängern (bei einem Bevölkerungsanteil dieser Gruppe von
10,9%) immer berechtigter.

Nationalität

Mit 22,4% lag im Jahre 1984 der Anteil der Ausländer, Asylanten und
Staatenlosen an den Münchner Sozialhilfeempfängern etwas höher als der
Anteil dieser Personengruppe an der Gesamtbevölkerung der Stadt (ca.
20,5%). Das Sozialreferat der LHST. München (1986:3) erklärt dies mit der
steigenden Anzahl von Asylbewerbern, Asylberechtigten und "geduldeten
Ausländern". Sozialhilfeempfänger ohne deutsche Staatsbürgerschaft bezie-
hen mit ca. 25% häufiger "Hilfe in besonderen Lebenslagen" als der
Durchschnitt der Sozialhilfeempfänger.

Geschlechtszugehörigkeit

53% der Münchner Sozialhilfeempfänger waren – bezogen auf das Jahr 1984 –
weiblichen Geschlechts. Der Frauenanteil an der städtischen Gesamtbevölkerung lag zu diesem Zeitpunkt bei 52%. Diese Verteilung der Sozialhilfeempfänger nach Geschlechtszugehörigkeit weist von Altersstufe zu Altersstufe starke Variationen auf: 78% aller Sozialhilfeempfänger ab 65 Jahren
sind Frauen. Bei den 74-jährigen Sozialhilfeempfängern steigt ihr Anteil
sogar auf 82%. Bei den männlichen Sozialhilfeempfängern liegt der
Schwerpunkt mit 47% in der Altersgruppe der 21- bis 50-jährigen Personen.
Der Frauenanteil in dieser Altersgruppe liegt bei 37,1%.

Von allen Sozialhilfeempfängern sind 14% Frauen über 64. Ihr Anteil an
der Münchner Gesamtbevölkerung liegt nur bei 9,8%. Von allen Frauen in
München, die älter sind als 65 Jahre, beziehen 4,6% Sozialhilfe. Das sind
1,4% mehr als der Anteil der Sozialhilfeempfänger an der Münchner Gesamtbevölkerung (3,2%) (vgl. zu allen Angaben in diesem Abschnitt LHST.
München, 1986:4).

Haushaltsstrukturen der Empfänger der "Hilfe zum Lebensunterhalt"
außerhalb von Einrichtungen

Ca. 75% der hier für das Jahr 1984 betrachteten 24.134 Haushalte sind
Einpersonenhaushalte. Etwa 4% dieser Grundgesamtheit sind Haushalte von
Ehepaaren ohne Kinder, 21% sind Haushalte mit Kindern. Von den Sozialhilfe beziehenden Haushalten mit Kindern leben in 55% der Haushalte ein
Kind, in 29% zwei Kinder und in 12% drei und mehr Kinder. 67% der Sozialhilfe beziehenden Haushalte mit Kindern sind Haushalte von alleinerziehenden Eltern. Dabei sind die Alleinerziehenden in 94% aller Fälle Frau-
en. Das heißt, 63% der Haushalte mit Kindern, die Sozialhilfe beziehen,
sind Haushalte von alleinerziehenden Frauen (in Hamburg liegt die Ver-
gleichszahl bei 56,7%) (vgl. LHST. München, 1986:4f).

Sozialhilfe und andere Einkommensquellen

Sozialhilfe als "Hilfe zum Lebensunterhalt" diente im Jahre 1984 bei 72,9% der Haushalte als "einkommensergänzend". Im einzelnen erhielten 73,8% der Bezieher von Sozialhilfe Wohngeld, 26,9% Kindergeld, 28% Renteneinkommen, 15,9% Arbeitslosengeld oder Arbeitslosenhilfe, und 12,6% dieser Haushalte konnten über private Unterhaltsleistungen verfügen. Da sich die Einkommensquellen zum Teil überlagern, sind Mehrfachnennungen nicht auszuschließen. Der Grad der Anrechenbarkeit von Einkommen auf die Sozialhilfe ist abhängig von den Angaben der Antragsteller und von der Intensität der Kontrolle dieser Angaben durch die Mitarbeiter der Sozialämter (zu den Daten vgl. LHST. München, 1986:7).

b) Arbeitslose

Im Jahre 1984 waren im Arbeitsamtsbezirk München 25% der gemeldeten Arbeitslosen länger als ein Jahr arbeitslos. Das sind etwas weniger als im Bundesdurchschnitt (28,5%). Ein Rückblick läßt jedoch steigende Tendenz erkennen: "Im September 1982 waren es erst 22%, im September 1980 erst 18,5%, im September 1975 gar erst 11% der Arbeitslosen, die (in München, A.d.V.) bereits so lange arbeitslos waren" (Bayer & Schönwälder, 1985:51).

Mehr als der Bundesdurchschnitt von 20% der gemeldeten Arbeitslosen hatte in München im September 1984 amtlich anerkannte Gesundheitsschäden. Ihr Anteil an den gemeldeten Arbeitslosen betrug zu diesem Zeitpunkt 22,5%, im September 1982 26% und im September 1980 33% (vgl. Bayer & Schönwälder, 1985:52). Bezüglich der Altersstruktur der in München registrierten Arbeitslosen ist eine Reduzierung des Anteils der Arbeitslosen feststellbar, die älter als 55 Jahre sind: Im September 1984 waren es gut 13%, im September 1982 knapp 15% und im September 1980 fast 19% (vgl. ebd.).

Im Februar 1986 registrierte das Arbeitsamt München nur noch 5,9% Arbeitslose, die 59 Jahre und älter waren. Weiterhin wurden 3,2% arbeitslose Jugendliche unter 20 Jahren registriert (vgl. Arbeitsamt München,

1986: Nr. 6).

Der Anteil der Frauen an den im Arbeitsamtsbezirk München gemeldeten Arbeitslosen lag im September 1984 bei fast 50%. Dabei betrug der Anteil der Frauen an den sozialversicherungspflichtig Beschäftigten aber nur knapp 43% (vgl. Bayer & Schönwälder, 1985:53). Für den Monat Februar des Jahres 1986 gibt das Arbeitsamt München nur noch 43,2% arbeitslose Frauen an. Sie dürften auch die Mehrzahl der registrierten 11,1% Teilzeitarbeitslosen stellen (vgl. Arbeitsamt München, 1986:6).

Der Ausländeranteil unter den Arbeitslosen im Arbeitsamtsbezirk München lag im September 1984 bei 22% (vgl. Bayer & Schönwälder, 1985:50). Im Februar 1986 ist der Anteil der arbeitslosen Ausländer in München auf 26,4% angestiegen (vgl. Arbeitsamt München, 1986: Nr. 6).

3.2 Verursachungszusammenhänge sozialer, materieller und psychischer Notlagen in München

Als Hauptursachen für die Nachfrage/Gewährung von "Hilfe zum Lebensunterhalt" gelten nach Angaben des Sozialreferates der LHST. München (1986:6f):

- unzureichende Versicherungs- und Versorgungsansprüche: in ca. 19% aller Fälle;
- Verlust des Arbeitsplatzes: in ca. 16% aller Fälle (die Anzahl der Fälle mit dieser Ursache verdoppelte sich zwischen 1980 und 1984);
- Krankheit: in ca. 12% aller Fälle;
- unzureichende Erwerbseinkommen: in ca. 7% aller Fälle;
- Ausfall/Tod des Ernährers: in ca. 5% aller Fälle und
- unwirtschaftliches Verhalten: in ca. 2% aller Fälle.

Für die verbleibenden 39% vermerkt die Statistik - ohne weitere Angaben - "sonstige Gründe". Dieser hohe Prozentsatz ließ sich auch durch Rückfragen bei den einzelnen Sozialämtern nicht näher differenzieren. Anzunehmen ist, daß in diesen "sonstigen" Fällen seitens der Antragsteller keine

Begründungen für die Inanspruchnahme der Sozialhilfe genannt wurden, daß formulierte Gründe aus datenschutzrechtlichen Erwägungen nicht veröffentlicht werden oder daß Bündelungen von Ursachen vorliegen, die durch die Kategorien der vorgelegten Antragsformulare nicht erfaßt werden.

Auffällig ist an der vorliegenden Hierarchie der kategorisierten Ursachen für Sozialhilfenachfrage bzw. -gewährung, daß explizit keine psychosozialen Ursachenkonstellationen angesprochen sind. Die Kategorisierung beschränkt sich auf Indikatoren, die – mit Ausnahme von Krankheit, falls man nicht ein rein medizinisches Krankheitsmodell zugrundelegt – materielle Dimensionen der Not in den Vordergrund stellen. Die Vernetzung der einzelnen Kategorien und die Verursachungszusammenhänge der durch die Kategorien erfaßten Sachverhalte werden nicht thematisiert. Es kann z.B. der Verlust des Arbeitsplatzes durch betriebsstrukturelle Veränderungen – Rationalisierung oder technologisch bedingte Veränderung der Qualifikationsanforderungen –, durch physische und psychische Krankheiten bedingt sein. Der Ausfall des Ernährers etwa könnte in Arbeitslosigkeit, in Partnerschafts- und Verschuldungsproblemen oder in krankheitsbedingter Erwerbsunfähigkeit begründet sein. Insbesondere Fallbeispiele von Arbeitslosen- und "Nichtseßhaften"-Karrieren verdeutlichen die Komplexität der oft über einen längeren Zeitraum sich hinziehenden und oftmals verschärfenden Verursachung sozialer, materieller und psychischer Notlagen (vgl. Fallbeispiele aus dem Arbeitslosenzentrum Recklinghausen, 1986, sowie aus: Die kirchlichen Träger in der Arbeitsgemeinschaft für Nichtseßhaftenhilfe in München, o.J.:19-23).

Deutlich wird das Zusammenwirken materieller und psycho-sozialer Ursachen der Armut auch in der Statistik der Sozialpsychiatrischen Dienste für die Münchner Stadtbezirke Giesing, Haidhausen, Au, Harlaching, Perlach und München West (vgl. Projekte für Jugend und Sozialarbeit e.V., 1985 und 1986): So lag der Anteil potentiell armer Personengruppen (wie Rentner, Sozialhilfeempfänger, Arbeitslose und von Unterhaltsleistungen lebende Personen) an den Klienten der Sozialpsychiatrischen Dienste im Jahre 1984 zwischen 40 und 60%. Deutlich wird aus dieser Statistik eine Zunahme der materiellen Probleme in den Jahren 1983 bis 1985 insbesondere in Verbindung mit negativen Entwicklungen im Arbeits- und Wohnbereich (vgl. Projekte für Jugend und Sozialarbeit e.V., 1985:32; 1986:7).

Im Zusammenhang mit Ursachen von Armut sind auch sozialpolitische Aktivitäten der Kommune zu erwähnen: So wurde uns beispielsweise von Fällen Obdachloser berichtet, deren Notsituation sich durch die Unterbringung in Pensionen "erst richtig" stabilisierte, weil sie von amtlicher Seite dazu verpflichtet wurden, im Falle eintretender Zahlungsfähigkeit sich an den horrenden Unterkunftskosten zu beteiligen. Solche Maßnahmen sind allenfalls dazu geeignet, den ohnehin meist unerträglichen Schuldenberg der Betroffenen – der sie in der Regel zur "Nachfrage der Unterkunft" veranlaßt – zu erhöhen und sie damit langfristig in Armut und Abhängigkeit "zu halten". Als Ausweg scheint für die Betroffenen nur die "Verheimlichung von Einnahmen" offenzustehen, die ihrerseits – bei Bekanntwerden – strafrechtliche Konsequenzen zeitigen kann.

Vergleichbar problematische Wirkungen können Nebenerwerbsregelungen nach dem Arbeitsförderungsgesetz hervorrufen. Betroffen sind hierbei insbesondere Bezieher von Arbeitslosenhilfe, deren Leistungen aufgrund von angerechneten Einkommen aus dem Familienkreis gemindert werden. Der gekürzte Betrag der Arbeitslosenhilfe reicht in der Regel nicht zum Lebensunterhalt. Der nichtanrechnungsfähige Zuverdienst ist zu gering, um den Fehlbestand zu kompensieren. In diesen Fällen wird entweder familiäre Hilfe zum Zwang oder es wird der illegale Weg in die "Schwarzarbeit" beschritten (zur Problematik der "administrativen Filterung des Armutspotentials" vgl. Leibfried, 1977:62).

Nicht zuletzt vor dem Hintergrund "bürokratischer Sackgassen der Bewältigung von Armut" wird in München seitens verschiedener Träger sozialer Hilfen – einschließlich einiger Kommunalpolitiker – immer deutlicher die Unverzichtbarkeit einer "kommunalen Entschuldungsstelle" betont. Damit sollen in Not geratene Bürger in einem ersten Schritt – ohne materielle Belastungen – Veränderungen in Richtung einer "normalen" materiellen, sozialen und psychischen Versorgung wagen, erproben und stabilisieren können.

Selbst der bisher noch sehr grobe und – auf empirischer Ebene – lücken-

Geographisches Institut
der Universität Kiel
Neue Universität

hafte Versuch einer Differenzierung der Ursachen von Verarmung in einer gegenwärtig vergleichsweise reichen Stadt, läßt die These von der "Selbstverschuldung der Armut" als weitgehend ideologisch begründet erscheinen: In der überwiegenden Zahl der Fälle der Sozialhilfegewährung und Arbeitslosigkeit erweisen sich Ereignisse, Prozesse und Strukturbedingungen als verursachend, die dem persönlichen Entscheidungs- und Handlungszusammenhang immer umfangreicher entzogen scheinen. Eine Überprüfung dieses Zusammenhangs bei der Gruppe der Obdachlosen und "Nichtseßhaften" bleibt weiteren empirischen Recherchen vorbehalten.

3.3 Aspekte des Alltagslebens von Obdachlosen in einer Luxusmetropole

Informationen zur Obdachlosigkeit erhielten wir

- in Interviews mit Sozialarbeiterinnen in München-Hasenbergl, in Gesprächen mit Experten, die die Lebensverhältnisse in Münchner Obdachlosenpensionen und -hotels dokumentieren, sowie in einem Interview mit einem Vertreter der "Arbeitsgemeinschaft für Nichtseßhaftenhilfe e.V.";
- durch Ortsbegehungen im Hasenbergl und in der Ludwigsvorstadt;
- in Gesprächen mit Vertretern des Sozialreferats der LHST. München und nicht zuletzt
- im Prozeß der Analyse von Publikationen des Gemeinwesenarbeits-Teams im Hasenbergl (Jahresberichte), der Arbeitsgemeinschaft für "Soziale Fragen Hasenbergl-Nord", der "Arbeitsgemeinschaft für Nichtseßhaftenhilfe in München" (Broschüre für die Öffentlichkeit), von Zeitungs- und Zeitschriftenberichten, Briefverkehr zwischen Pfarreien, Bürgerinitiativen sowie Betroffenen und dem Münchner Oberbürgermeister; und einer teilstandardisierten Befragung in der "größten Obdachlosensiedlung der Bundesrepublik", dem sog. "Frauenholz" im Hasenbergl (vgl. Gemeinwesenarbeits-Team, 1985a).

Die Beschreibung des Alltagslebens von Obdachlosen in der Luxusmetropole München erfolgt - entsprechend der kommunalen Obdachlosenpolitik - auf zwei Ebenen: der "provisorischen Unterbringung von Obdachlosen in sog. Obdachlosenpensionen und -hotels" und der "dauerhaften Einweisung in sog.

Obdachlosenunterkünfte".

Bis in die späten 70er Jahre wurden obdachlos gewordene Bürger in die 14
dezentral gelegenen städtischen Unterkunftsanlagen eingewiesen. Als diese
"voll" waren, mietete die LHST. München Schritt für Schritt "Pensionen,
Bunker, Abbruchhäuser und ähnlich menschenunwürdige Behausungen" an (ÖTV,
11.3.1982). Bereits im Jahr 1979 wohnten 600 Obdachlose in Pensionen und
Hotels. Heute sind es bereits 3.387 Personen. Dies ist fast die Hälfte
aller Obdachlosen in München, deren Zahl auf 7.780 Personen angewachsen
ist (vgl. Stern, 1986: Nr. 19). Die ca. 160 Pensionen und Hotels – deren
Großteil in der Ludwigsvorstadt, zwischen Hauptbahnhof und Oktoberfest-
wiese sowie in Schwabing liegen – sind heute so etwas wie "Wartehallen":
Der mehr oder minder langen Wartezeit folgt entweder die endgültige
Obdachlosigkeit in Unterkünften oder ein "Leben auf der Straße". Nur
wenigen gelingt die mehr oder minder legale Rückkehr in das "normale"
Leben mit einem Existenzminimum. Die provisorischen Obdachlosenunterkünfte erweisen sich als deprimierendes Ergebnis einer nichtvorhandenen bzw.
bewußt vernachlässigten Obdachlosenpolitik der Kommune, einer entsprechenden Ausländerpolitik des Freistaates und der Bezirke.

Die Obdachlosenpensionen

In München stehen beim Amtsgericht pro Jahr über 3.000 Räumungsklagen auf
der Tagesordnung. Die mit der Räumung von Wohnungen beauftragte Firma
Mangold führt im Durchschnitt pro Tag drei Zwangsräumungen durch. Ein
Teil der Räumungsfälle wird durch die Arbeit einer städtischen Vermitt-
lungsstelle beim Wohnungsamt (ZAST) abgewendet. Da gegenwärtig keine
freien Plätze in Obdachlosensiedlungen vorhanden sind, werden obdachlos
gewordene Bürger in Pensionen, Hotels und angemietete (Sozial-) Wohnungen
(im Jahre 1985 waren dies bereits 588) eingewiesen. Dabei bezahlt die
Stadt für "Bettplätze/Monat" bis zu 750 DM. Bei zwei bis drei Bettstellen
in einem Pensionszimmer werden schon bis zu 2000 DM/Monat bezahlt. Ein
Pensionsbesitzer brachte – um eine der vielen Unmenschlichkeiten zu nennen – in einer Doppelgarage mit 45 m² Grundfläche eine achtköpfige Familie unter und verlangte dafür von der Stadt eine Monatsmiete von 4500 DM.

Insgesamt wendet die Stadt zur Zeit jährlich ca. 27 Mio. DM für Mieten in Pensionen und Hotels auf. Die Verweildauer der Obdachlosen in provisorischen Unterkünften beträgt im Durchschnitt ein Jahr (vgl. Stern, 1986: Nr. 19).

Die Lebensverhältnisse in den provisorischen Unterkünften gestalten sich weder für die Träger der Sozialpolitik noch für die Betroffenen zufriedenstellend. Es fehlt nicht nur die häusliche Infrastruktur, sondern auch jeglicher Spielraum zur Entwicklung einer Privatsphäre. In den Pensionen und Hotels wohnen zur Zeit etwa 700 Kinder, die keinen Platz zum Spielen und Lernen haben. Selbst alleinerziehende Mütter (ca. 160 Haushalte) finden kaum Gelegenheit zu kochen, wodurch sich die Ernährung entweder verteuert oder qualitativ verschlechtert. Nicht zuletzt geht – nach Angaben der Zwangseingewiesenen – die Polizei – oder wie es im "Milieu" heißt, die "Sitte" – hier "ein und aus". Durch die Überlagerung von "Bahnhofsmilieu/Vergnügungsviertel" und "unfreiwilliger Armut" entstand hier eine soziale Gemengelage aus "Schwarzarbeit", Drogen- und Dokumentenhandel, aus "Drogenmißbrauch, Prostitution und polizeilicher Observation". Dieses Milieu erleichtert den durch zusätzliche gesellschaftliche Stigmatisierung erschwerten Weg aus der Obdachlosigkeit nicht gerade. Im Gegenteil wird vom "sozialen Abrutschen" vormals sozial gesicherter Ausländerfamilien berichtet (vgl. LHST. München, 1982b: 21, 29f).

Den Weg in soziale und materielle Sicherheit erschwerend kommen die Münchner Verhältnisse auf dem Arbeits- und Wohnungsmarkt hinzu. Die besser ausgebildeten ausländischen Bewohner der Pensionen und Hotels – 60 bis 80% verfügen über qualifizierte bis hin zu akademischen Berufsabschlüssen – finden aufgrund sprachlicher Barrieren nur schwer Arbeit. Die Gruppe mit niedrigeren Qualifikationspotentialen ist auf dem Münchner Arbeitsmarkt kaum gefragt und häufig unmotiviert, überhaupt Arbeit zu suchen. Viele Bewohner der provisorischen Unterkünfte leisten Sozialhilfearbeit, die jedoch bei der niedrigen Entlohnung kaum materielle Sicherheit zu geben vermag. Auf dem Münchner Wohnungsmarkt sind die Mietpreise selbst im sozialen Wohnungsbau – gemessen am Bundesdurchschnitt – in für diese Personengruppen unerreichbare Höhen geklettert. Sie liegen bei Neubezug zur Zeit zwischen 6 und 14 DM/m². Neue Obdachlosenunterkünfte mit billigen Mietpreisen werden derzeit nicht gebaut. Der Mangel an billigem Wohnraum in München verstärkt sich noch dadurch, daß gegenwärtig viele Sozialwohnungen aus der "Sozialbindung" herausfallen und viele preisgünstige Wohnungen durch Maßnahmen der Stadterneuerung und Verkehrsplanung nach wie vor verloren gehen (vgl. Breckner, Mohn und Schmals, 1985:136). Als Ergebnis der Situation auf dem Wohnungsmarkt verzeichnet das Wohnungsamt derzeit 14.000 Interessenten für Sozialwohnungen, davon allein 9.000 mit erhöhter Dringlichkeitsstufe.

Insgesamt schaffen es nur wenige Bewohner der Pensionen und Hotels, ihre "provisorische" Lebenssituation aus eigener Kraft und legal zu verlassen (uns vorliegende Karrieren können hier aus Platzgründen nicht dargestellt werden). In stadtstruktureller Hinsicht erscheint uns auffällig, daß die in Pensionen und Hotels lebende Bevölkerungsgruppe gegenüber der Stadtöffentlichkeit – falls diese überhaupt von dieser Gruppe Notiz nimmt – den Sozialcharakter des Fremden, des "Zaungastes", des Übergangsbürgers übergestülpt bekommt und hinter der intakten Fassade staatlich subventionierter und oftmals korrupter Beherbergungsbetriebe verborgen bleibt.

Die Obdachlosensiedlungen

In den 14 städtischen Obdachlosenunterkünften mit unterschiedlichster baulich-räumlicher Qualität leben heute ca. 4.500 Personen. 1.300 Obdachlose leben davon im "Frauenholz" in München-Hasenbergl. Diese Unterkunftsanlage wird von einem Bewohner der Siedlung wie folgt charakterisiert: "'Nächster Halt, Hasenbergl Endstation', sagt der Schaffner der Linie 13 (...). Dabei meint er (...) die letzte Station der Linie 13, nicht die Häuser im Hasenbergl-Nord, in der Wintersteinstraße gleich neben dem Wald, dem Frauenholz. Da wo die Gratler wohnen und die Asozialen und die Arbeitsscheuen. (...) Vor 20 Jahren standen hier Baracken, aber die Häuser, die man an ihre Stelle baute, vier Stockwerke hoch, sind nicht viel besser, in der billigsten Bauweise gebaut, Hauptsache ein Dach über dem Kopf. Vor ein paar Jahren hat man damit begonnen, diese zu renovieren. Die Verantwortlichen in den Büros der Stadtverwaltung und der GWG, die Stadträte usw. tun sich leicht, von einem Ghetto zu sprechen.

Aber davon, was diese Ghettosituation auslöst und zuwege bringt, davon
redet keiner. 'Manche leben schon über 20 Jahre hier, haben ihre Kinder
großgezogen, die nun ihrerseits ihre Kinder großziehen. Aber die Räum-
lichkeiten sind begrenzt, die 'Zimmer' haben durchschnittlich 16 qm',
stellt man ein paar Möbel hinein, bleibt gerade Platz, sich umzudrehen.
(...) Die Sprache, die hier gesprochen wird, umfaßt ein reichhaltiges
Vokabular an Schimpfwörtern und 'Kosenamen'. Man lernt es schnell, (...),
man kann sich auch schnell den Leuten anpassen, (...), mitmischen. Man
kann sich aber auch isolieren, den Leuten entgegenstellen, streiten,
Depressionen kriegen und daran denken, aus dem Fenster im vierten Stock
zu springen, (...). Man kann eine Wut kriegen, eine eiskalte Wut, die
vordringt bis in die Fingerspitzen. Dann fällt mir das alte Lied von
Elvis Presley ein: 'In the Ghetto' (...)" (Hasenbergl Extra, 1982:3).

Folgen wir den Beobachtungen des zuständigen Pfarrers und mehrerer Bewohnerinnen, so kristallisieren sich folgende "Aspekte des Alltagslebens" in
diesen peripherisierten "Schlicht- und Einfachwohnungen" heraus: "Ich
kann Ihnen eine ganze Reihe von Wohnungen aufzählen, die schlecht isoliert, kalt und sehr feucht sind. Viele Bewohner leiden an chronischen
Entzündungen der Atemwege. Es gibt viele Fälle von schwerem Asthma, von
Nieren- und Blasenleiden. Besonders schlimm ist die Situation für unsere
Kinder und Jugendlichen, sie laufen Gefahr, gesundheitliche Schäden für
ihr ganzes Leben davonzutragen" (Brief an OB E. Kiesl, 30.3.1982). Die
Bewohnerinnen L. Lagemann, S. Heger und M. Koch vervollständigen die
Mängelliste in Briefen an den Oberbürgermeister durch Angaben über hohe
Heizkosten durch schlechte Wärmeisolierung, undichte Türen und Fenster,
über Schimmelbefall durch große Feuchtigkeit, durch fehlende sanitäre
Infrastruktur in den Wohnungen (kein Bad, WC im Treppenhaus). Insgesamt
leidet durch die Wohnraumnot und die mangelnde Wohnraumqualität nicht nur
das Familienleben; die Kinder, die keinen Platz in der Wohnung zum Spielen und Lernen haben, versagen häufig auch in der Schule.

In den Jahren 1984/85 wurde in der "Unterkunftsanlage Hasenbergl" eine
Umfrage zu den Lebensverhältnissen und den Zukunftsplänen der Bewohner in
der Siedlung mit einem teilweise standardisierten Fragebogen durchgeführt
(vgl. Gemeinwesenarbeits-Team, 1985a). Von den 509 in Frage kommenden

Haushalten beteiligten sich 200 an der Aktion. Um die Ergebnisse besser einschätzen zu können, ist darauf hinzuweisen, daß die Wohnungen der Obdachlosensiedlung seit 1983 Schritt für Schritt modernisiert werden (dies nicht nur in "fassadenkosmetischer", sondern auch in funktionaler Hinsicht durch den Einbau von Toiletten, Bädern und Isolationen gegen Kälte und Feuchtigkeit).

Nach den Ergebnissen der Untersuchung leben 28% der befragten Haushalte schon länger als drei Jahre in der Siedlung, davon 66% länger als fünf Jahre und 34% länger als 10 Jahre. In der Siedlung leben 24% Ausländer- haushalte, 20% der Haushalte sind alleinerziehende Mütter. Der Anteil der Kinder und Jugendlichen bis 18 Jahre liegt bei 40%. 38% der Haushalte leben von Einkommen aus "fester Arbeit". 55,9% der Haushalte müssen hingegen – wie bereits erwähnt – auf Mittel der Sozialversicherung (Ar- beitslosen- und Rentenversicherung) oder auf Sozialhilfe zurückgreifen. Der Anteil der Sozialhilfeempfänger in der Siedlung liegt bei 25%. Als häufigster Einweisungsgrund in die Obdachlosenunterkunft wurden Miet- schulden angegeben. 70,3% der Haushalte, deren Wohnung bereits moderni- siert wurde, beabsichtigt keinen Umzug; 13,5% der Befragten bejahen hingegen diese Frage. 68,5% der Haushalte, deren Wohnungen noch nicht modernisiert sind, wünschen einen Umzug "so schnell wie möglich". 30,3% der Befragten in nichtmodernisierten Wohnungen möchten in der Siedlung bleiben. Gründe für fehlende Veränderungswünsche sind die hohen Mieten für "normale" Wohnungen in der Stadt. In der Unterkunft beträgt die Miete/m^2 zur Zeit 1,70 bis 2,30 DM – das entspricht einem Drittel bis einem Sechstel der gegenwärtig üblichen Sozialwohnungsmieten und Mieten für freifinanzierte Wohnungen. 19% der Haushalte, die in modernisierten Wohnungen leben, haben einen – jährlich zu erneuernden – Antrag auf Zuweisung einer Sozialwohnung gestellt. Bei den Bewohnern der noch nicht modernisierten Substandardwohnungen liegt der entsprechende Prozentsatz bei 37%. Soweit einige Ergebnisse dieser Umfrage.

Insgesamt ist zur Unterkunftsanlage Hasenbergl anzumerken, daß sich ihr heutiges äußeres Erscheinungsbild von der "Normalität" des sozialen Woh- nungsbaus infolge der Modernisierung nur noch unwesentlich unterscheidet. Auch das Wohnumfeld wird durch die Einrichtung von Kinderspielplätzen,

Jugendfreizeiteinrichtungen, Erholungsplätzen und Treffpunkten für ältere Menschen, von Mietergärten (derzeit sind 30 vorgesehen) und einen geplanten U-Bahn-Anschluß Schritt für Schritt aufgewertet. Durch die Existenz sozialer Beratungsstellen, gesundheitlicher Beratungs- und Versorgungsangebote sowie die engagierten Aktivitäten der örtlichen Pfarrgemeinde und des Vereins "Urbanes Wohnen" (mit Projekten zur Wohnumfeldverbesserung) vollzieht sich eine soziale und räumliche Verbesserung der Lebensverhältnisse. Probleme werden aber im Bildungssektor deutlich: Die Volkshochschule hat ihre Außenstelle im Stadtbezirk inzwischen geschlossen. Die Schließung der anliegenden Grund- und Hauptschule konnte vorerst gerade noch abgewendet werden.

Kommunikative Vernetzungen zwischen den Bewohnern der Obdachlosenunterkünfte und den Bewohnern der Sozialwohnungen im Hasenbergl sind – mit Ausnahme verwandtschaftlicher Beziehungen – eher spärlich. Oftmals sind sie durch Neid und Konkurrenz belastet. Deutlichere Grenzen liegen – wie schon in der eingangs zitierten Beschreibung eines Bewohners angedeutet – zwischen den Bewohnern des Hasenbergl und Bewohnern anderer Münchner Quartiere. Bei Jugendlichen reicht oftmals die Adresse "Wintersteinstraße", um sich der Ablehnung eines Ausbildungsplatzes in der Innenstadt sicher sein zu können. Die bekannten Vorurteile gegenüber dieser "Bevölkerungsgruppe am Stadtrand" dokumentieren sich auch in der "Siedlungspresse". So stand beispielsweise in der Bewohnerzeitung "frauenholz-Kurier" ein Artikel mit der Überschrift "Schluß mit der Hetzkampagne gegenüber Obdachlosigkeit" (frauenholz-Kurier, 1986: Nr. 9).

Auswege aus der gegenwärtigen Situation der Obdachlosenunterbringung in München versucht zur Zeit die städtische "Projektgruppe Obdachlosenprobleme/Abbau der Pensionsunterbringung" aufzuzeigen: Sie verlangt u.a. nicht nur eine Änderung der städtischen Vergabepraxis bei Sozialwohnungen, sondern auch den verstärkten Bau preis- und familiengerechter Wohnungen mit einem garantierten städtischen Belegungsrecht. Darüberhinaus fordert sie die Fortsetzung der Erneuerung der vorhandenen städtischen Obdachlosenunterkünfte. Weiterhin soll die Stadt mehr Wohnungen anmieten, um obdachlos gewordene Bürger menschengerecht unterzubringen, und nicht zuletzt soll eine kommunale Entschuldungsstelle eingerichtet werden, um die Entstehung von Obdachlosigkeit zu verhindern und ihre Existenz so schnell wie möglich zu revidieren.

4. ASPEKTE DER MÜNCHNER ARMUTSPOLITIK

Im Januar 1986 fand im Münchner Stadtrat eine "Aktuelle Stunde" zu "Neuer Armut in München" statt (vgl. Stadtratsprotokoll vom 22.1.1986). Wie nicht anders zu erwarten, unterschieden sich die parteipolitischen Einschätzungen und Lösungsmuster diametral voneinander. Dieser erste Zugriff wird in einem noch zu leistenden Arbeitsschritt zu einer Analyse verdichtet, die parteipolitische Programmsätze und kommunalpolitische Lösungsstrategien nach Anspruch und Wirklichkeit beleuchtet:

- Für die CSU im Münchner Stadtrat gibt es "keine neue Armut in München, so wie es keine neue Armut in der Bundesrepublik gibt" (S. 10). Sie sieht in der Diskussion um "neue Armut" rein legitimatorisch begründete Wahlkampfmanöver (vgl. S. 29ff).

- Daß nach den Recherchen der Grünen/AL sich die Versorgungsschere in München stark geöffnet hat, zeigen nach ihrer Meinung folgende Zahlen: "37% der in München lebenden Menschen verdienen 50.000 DM und mehr oder 100.000 DM und mehr. Gleichzeitig haben wir einen Anteil von 22%, der unter 7.000 DM und unter 12.000 DM jährlich verdient" (S. 13). Die Grünen/AL sehen in München auf der einen Seite die Lobby der "Wirtschafts-, Beton- und Verkehrspolitiker" ("wo die Mrd. nur so fließen"), auf der anderen Seite die "Soziallobby" (die "Sozialmäuse"), die um "jede müde Mark rangeln" muß. Sie fragt die SPD, "wie sie auf der einen Seite eine Politik machen kann, die die Armen, die unqualifizierten Arbeitnehmer auf der Strecke läßt und mitschuldig an der Arbeitslosigkeit von Frauen in München ist, und auf der anderen Seite eine Aktuelle Stunde zur Dokumentation ihres Sozialbewußtseins beantragen kann. Ich kann mir das nur mit einer leichten Schizophrenie erklären" (S. 15ff). Programmatisch erinnern die Grünen/AL an ihren Antrag auf Erhöhung der Regelsätze für Sozialhilfe um 33%.

- Die FDP meint, daß "die Bevölkerung erkannt hat, daß es bei der Frage
der Armut in unserer Gesellschaft heute darum geht, daß man den Blick
für persönliches Leid nicht verliert, aber nicht versucht, sich in
politische Phrasen zu flüchten. Ich glaube, daß die Bevölkerung erkannt
hat, (...) daß eine Stadt wie München sehr viel Geld für sehr viel
Unnötiges inzwischen ausgeben kann, und dies von Woche zu Woche demon-
striert wird" (S. 16).

- Die SPD - die die Diskussion beantragte - verknüpfte ihre Argumentation
mit statistischen Zahlen über die zunehmende (Dauer-) Arbeitslosigkeit
mit solchen über Leistungsempfänger, die von der Bundesanstalt für
Arbeit weder Arbeitslosengeld noch Arbeitslosenhilfe für den Ausfall
ihrer Bezüge erhalten, sowie exakten Angaben zu Kürzungen sozialer
Leistungen (wie etwa der Arbeitslosenbezüge, BAföG, Leistungen für
Schwerbehinderte, Kindergeld, Mutterschaftsurlaub oder den § 116 AFG
(im Jahr 1984 wurden in München 25.000 Arbeitnehmer über mehrere Wochen
"kalt" ausgesperrt)). Die SPD sieht den Weg in eine "Zweidrittelgesell-
schaft" der Unterprivilegierten vorgezeichnet.
An anderer Stelle der Aussprache trug die SPD Aspekte der Armutsbekämp-
fung vor. Enthalten sind dabei bundes-, kommunal- und versicherungspo-
litische Forderungen und Überlegungen: "1. Beim Deutschen Städtetag mit
anderen großen Kommunen gegen die Veränderung des § 116 AFG entschieden
auftreten; 2. die Eigeninitiative zur Beschäftigungssicherung durch
gezielte Investitionspolitik und Auftragsvergabe und Ausbau des 2.
Arbeitsmarktes erhöhen; 3. die Anstrengungen zur Verbesserung der beruflichen Erstausbildung verstärken (...); 4. die Ansätze einer be-
schäftigungsorientierten Sozialpolitik erweitern, d.h. vermehrt Ar-
beitslosenhilfeempfänger bei der Stadt und im Rahmen des 2. Arbeitsmarktes mit regulären Arbeitsverträgen beschäftigen, um eine dauerhafte
Ausgrenzung von Langzeitarbeitslosen zu bekämpfen; 5. die Initiative
zur Vermeidung der Obdachlosigkeit verstärken und endlich eine Entschuldungsstelle einrichten" (S. 33f).

Neben diesen Einschätzungen und "Bekämpfungsprogrammen" von Armut existieren in München auch praktische Ansätze, Armut zu lindern bzw. zu
verhindern. Das sind Verbesserungen auf der rechtlichen Ebene in den

Formen a) Verbesserung des Arbeitslosengeldes (Verlängerung der Bezugs-
dauer; Einsparung bei der Sozialhilfe ca. 2 Mio. DM); b) Erhöhung des
Kindergeldes um 42 DM je Kind bei unteren Einkommensgruppen (Einsparung
bei der Sozialhilfe ca. 2 Mio. DM); c) Erhöhung des Wohngeldes und d)
Wiedereinführung der Freifahrt von Sozialhilfeempfängern (dabei sind a)
und b) Leistungen der Bundesanstalt für Arbeit mit kommunaler Wirkung).
Darüberhinaus betreibt die Stadt kommunale Beschäftigungspolitik in zumindest zweifacher Form. Erstens ist der zweite Arbeitsmarkt zu nennen,
der dem Planungsreferat zugeordnet ist. Zweitens fördert die LHST. München "Selbsthilfeprojekte" (vgl. ausführlicher Breckner & Schmals,
1986:29). Als letzte wichtige Neuerung bleibt zu erwähnen, daß der 3.
Bürgermeister im Jahr 1984 anordnete, arbeitsfähige Sozialhilfeempfänger
sollten nur noch auf freiwilliger Basis zur "Sozialhilfe-Arbeit" herangezogen werden. Darüberhinaus hat der Stadtrat beschlossen, daß "arbeitslose Sozialhilfeempfänger grundsätzlich nur noch mit einem Arbeitsvertrag
mit tarifgemäßem Entgelt und sozialversichert beschäftigt werden" (vgl.
Mascher, 1985:43).

Die dargestellten Aspekte der Münchner Armutspolitik bedürfen der Analyse
unter verschiedenen Gesichtspunkten:

- Viele Teilaspekte der theoretischen Armutsdiskussion kehren in der
  Auseinandersetzung um eine adäquate kommunale Sozialpolitik fast
  deckungsgleich wieder. Wir denken dabei an die völlig unzureichende
  Diskussion über "Dunkelziffern" der Armut, über "Regelsätze" der Sozialhilfe, über "Schwellenängste" gegenüber der Sozialbürokratie oder an
  die ideologische Verkürzung von Armutsursachen auf individuelle Ver-
  schuldungszusammenhänge. Unverkennbar sind auch die Versuche des Aus-
  blendens gesellschaftlicher bzw. gesellschaftspolitischer Entstehungs-
  zusammenhänge von Armut durch konservative Parteien und Politiker,
  obwohl durch die "Verursachungsstatistik" des Sozialhilfebezugs eine
  gegenteilige Tendenz sichtbar wird. Zu beachten ist darüberhinaus der
  oft unreflektierte Umgang mit der Sozialhilfestatistik: In der Regel
  wird angenommen, die Quote der registrierten Sozialhilfeempfänger decke
  sich mit kommunaler Armut.
- Daß die kommunale (sowie die glied- und zentralstaatliche) Sozialpoli-

tik nicht auf die Bedürfnisse der Betroffenen, sondern eher auf den eigenen (partei-) politischen Legitimationsbedarf reagiert, deutete sich in den parteipolitischen Deutungsmustern der Armut bereits an. Sucht man nach Gemeinsamkeiten der Sozialpolitik auf kommunaler Ebene, so zeigt sich, daß ihre zentrale Funktion in der staatlichen "Bearbeitung des Problems der dauerhaften Transformation von 'Nicht-Lohnarbeitern in Lohnarbeiter'" liegt (Lenhardt & Offe, 1977:101). Die freistaatliche Beschäftigungspolitik ("globale Investitionslenkung und Innovationsförderung sind die beste Arbeitsplatzbeschaffungs- und -erhaltungspolitik") in rechtskeynesianischem Sinn und die kommunale Beschäftigungspolitik (zweiter Arbeitsmarkt und staatlich subventionierte Selbsthilfeprojekte) verweisen als linkskeynesianische Handlungsmodelle auf die drängenden Probleme: Die erstgenannte Strategie läßt in München untere Beschäftigungsgruppen fast vollständig außer Betracht. Die zweite Strategie greift - vermittelt über AB-Maßnahmen und staatliche Zuschüsse - nur bruchstückhaft; sie soll aus diesem Grund - darüber besteht ein intrakommunaler Konsens - demnächst modifiziert werden.

- Die Tatsache, daß (kommunale) Sozialpolitik widersprüchliche Zielvorgaben verfolgt, läßt sich mit U. Rödel und T. Guldemann (1978:11ff) auf vier Funktionsebenen der Sozialpolitik konkretisieren. Es sind dies die sozialpolitischen Funktionen der Konfliktverschärfung, der Kompensation, der Bereitstellung von Infrastruktur und der sozialen Kontrolle. Nachvollziehbar ist diese globale These am Beispiel der Armut in München unter folgenden Gesichtspunkten:
Die Gewährung der beiden Hauptarten der Sozialhilfe erfüllt sowohl den Zweck der Kompensation als auch denjenigen der sozialen Kontrolle und Problemverschärfung. Dasselbe gilt für die "Verwaltung von Obdachlosigkeit" durch die Anmietung von Obdachlosenunterkünften in Pensionen und Hotels sowie - in abgeschwächter Form - für die kommunale Wohnungs- und Beschäftigungspolitik. Beide Politikformen wirken über die genannten Maßnahmen dann problemverschärfend für die Betroffenen, wenn sie statt dauerhafter und sozialer nur situative Problemlösungen gestatten. Sie gerinnen häufig zu einer wahlkampftaktischen Kosmetik der Statistik sozialer Probleme. Die Bewußtwerdung der Funktionen kommunaler Sozialpolitik soll selbstverständlich nicht in die gegenüber Betroffenen

zynische Schlußfolgerung münden, auf sozialpolitische Maßnahmen der Kommune zu verzichten. Denn existentiell von Armut Betroffene sind möglicherweise froh um jede Hilfe, unabhängig davon, wie langfristig sie gewährt wird und welche strukturellen Verfestigungen sie auf gesellschaftlicher und subjektiver Ebene bewirkt. Dieser Sachverhalt verbleibt vor dem Hintergrund genauerer Informationen über die Verarbeitung von Armut zu analysieren.

ANMERKUNG

(1) Der folgende Text beinhaltet Zwischenergebnisse einer noch laufenden Untersuchung sozialer Ungleichheit in München. Die Endergebnisse werden in einem Sammelband zur Armut in Städten der Bundesrepublik unter dem Titel "Armut im Reichtum" im Germinal Verlag Bochum 1987 erscheinen.

Thomas Krämer-Badoni und Ekke-Ulf Ruhstrat

Soziale Folgen des Süd-Nord-Gefälles
Ein Vergleich zwischen Bremen und Stuttgart

Die regionalökonomischen Disparitäten zwischen den Städten und Regionen der Bundesrepublik sind im interregionalen Vergleich mehrfach dargestellt worden (neben den Beiträgen in diesem Band z.B. Adams & Eckey, 1984; Dannemann, 1984; Haller & Schröder, 1983; Haubold, 1985; NIW, 1984; Schaefer, 1986). Im Gegensatz zu diesen Untersuchungen beschäftigen wir uns mit der Frage, welche sozialen Auswirkungen die unter dem Stichwort des "Süd-Nord-Gefälles" zusammengefaßten Entwicklungen haben. Wir konzentrieren uns hierfür auf die städtischen Zentren der jeweiligen prosperierenden und schrumpfenden Regionen, für diesen Beitrag also auf Stuttgart und Bremen. Auch wenn Stuttgart in einigen Punkten eine Bremen vergleichbare Entwicklungstendenz aufweist, werden wir im folgenden in verkürzter Ausdrucksweise von prosperierenden und schrumpfenden Städten reden (vgl. den Beitrag von Häußermann & Siebel in diesem Band). Wir gehen der Frage nach, ob dem ökonomischen Süd-Nord-Gefälle ein soziales Gefälle entspricht.

Üblicherweise werden für eine Differenzierung der sozialen Folgen Daten über die Arbeitslosigkeit und die Sozialhilfe herangezogen. Vor allem die Arbeitslosenquoten verweisen auf eine erheblich schlechtere Situation der schrumpfenden Städte gegenüber den prosperierenden Städten. Betrachtet man dagegen die absoluten Arbeitslosenzahlen, so zeigt sich, daß eine prosperierende Region wie München auch die schrumpfende Bremer Region enthält: So wies der Arbeitsamtsbezirk München im Februar 1986 64.656 Arbeitslose auf, der Arbeitsamtsbezirk Bremen zur gleichen Zeit 38.858. In etwa die gleichen Verhältnisse zeigen sich auch für die Städte selbst: Die Stadt München registrierte am 31. Dezember 1985 41.731 Arbeitslose, die Stadt Bremen zum gleichen Zeitpunkt 32.812. Die absoluten Arbeitslosenzahlen der Stadt und des Arbeitsamtsbezirks München sind also durchaus höher als die vergleichbaren Zahlen Bremens.

Unsere Untersuchung führt uns zu der begründeten Annahme, daß die tat-
sächlichen Lebensbedingungen in den prosperierenden Städten sich keineswegs für alle Schichten der städtischen Bevölkerung so rosig darstellen,
wie es die Prosperitätsannahme glauben machen möchte. Gerade die Folge-
prozesse der ökonomischen Prosperität zwingen einen großen Teil der
städtischen Bevölkerung in Lebensverhältnisse, die zu einer erheblichen
Verschärfung der innerstädtischen sozialen Polarisierung führen. Die
derzeitige ökonomische Restrukturierungsphase führt also zu Mustern sozialer Ungleichheit, die dem Muster des Süd-Nord-Gefälles nicht entsprechen. Die Gruppe der Verlierer der neuen regionalökonomischen Entwicklung
ist nicht nur viel größer als die von den Arbeitslosen- und Sozialhilfe-
daten erfaßte Gruppe, sie verteilt sich vor allem auch interregional
anders, als es die regionalökonomische Differenzierung vermuten läßt. Die
Gleichzeitigkeit von ökonomischem Wachstum und einer Verschärfung sozialer Ungleichheit in den ökonomisch prosperierenden Städten erfordert eine
Neubewertung der auf Wachstum zielenden ökonomischen Strategien schrumpfender Städte. Denn es stellt sich die Frage, ob solche Strategien nicht
maßgeblich von sozialpolitischen Maßnahmen flankiert werden müßten, die -
wie Häußermann (1985) es fordert - auf einen kommunal geordneten und
sozial akzeptablen Schrumpfungsprozeß zielen.

Der von uns im folgenden skizzierte Vergleich zwischen Bremen und Stuttgart beruht auf der Analyse einiger statistischer Daten, die einen Teil
der marktförmig organisierten städtischen Lebensbedingungen abbilden.
Eine solche Analyse müßte natürlich ergänzt werden durch die subjektive
Wahrnehmung der objektiven Bedingungen; wir hoffen diese Ergänzung in
einiger Zeit vorlegen zu können. Im einzelnen behandeln wir in den folgenden Abschnitten: 1. die Entwicklung der sozialversicherungspflichtigen
Beschäftigung und der Arbeitslosigkeit; 2. die generellen Entwicklungstendenzen des Wohnungsmarktes unter unterschiedlichen ökonomischen Bedingungen sowie 3. die Löhne und Gehälter, die dann gemeinsam mit den Miet-
und Verbraucherpreisen in eine vergleichende Modellrechnung einfließen.

1. SOZIALVERSICHERUNGSPFLICHTIG BESCHÄFTIGTE UND ARBEITSLOSIGKEIT

Die demographische Entwicklung der Städte Bremen und Stuttgart im Zeitraum von 1975 - 1984 ist nahezu gleichlaufend: In Bremen fällt die Bevölkerungszahl von ca. 573.000 auf 530.000, in Stuttgart von 597.000 auf 554.000. Beide Städte verlieren also ca. 43.000 Einwohner, was einem prozentualen Verlust von 7% entspricht.

Tabelle 1: Sozialversicherungspflichtig beschäftigte Arbeitnehmer in Bremen und Stuttgart 1976-1984 (30.6.d.J.)

Jahr	B r e m e n		S t u t t g a r t	
	abs.	Index	abs.	Index
1976	252298	100,0	357208	100,0
1977	246145	97,6	353338	98,9
1978	245967	97,5	355992	99,6
1979	248256	98,3	357512	100,0
1980	251471	99,7	363050	101,6
1981	249054	98,7	362901	101,5
1982	242106	96,0	356666	99,8
1983	233965	92,7	350117	98,0
1984	231144	91,6	332200	92,9

Index 1976 = 100

Quellen: Statistische Blätter des Amtes für Statistik Stuttgart; Statistisches Taschenbuch des Statistischen Landesamtes Baden-Württemberg; Sozialversicherungspflichtig beschäftigte Arbeitnehmer (Bundesamt für Statistik); eigene Berechnungen

Die gleiche Tendenz zeigt sich bei einem Vergleich der sozialversicherungspflichtig beschäftigten Arbeitnehmer: In Bremen nimmt ihre Zahl von 252.298 im Jahre 1976 auf 231.144 im Jahre 1984 ab, also um 8,4%. In Stuttgart fällt die Zahl der sozialversicherungspflichtig beschäftigten Arbeitnehmer von 357.208 im Jahre 1976 auf 332.200 im Jahre 1984, also um

7,1%. Vergleicht man die in Tabelle 1 aufgeführten Zahlenwerte, so zeigt sich, daß auch die Verlaufskurve der Beschäftigung eine ähnliche Gestalt annimmt, wenn sich auch der konjunkturelle Aufschwung der späten 70er Jahre in Bremen kürzer abbildet als in Stuttgart.

Tabelle 2: Indexwerte sozialversicherungspflichtig beschäftigter Arbeitnehmer in Stuttgart und in den Landkreisen (ohne die Kreisstädte) im Zeitraum 1976-1984 (30.6.d.J.) mit den Veränderungen gegenüber dem Vorjahr

Jahr	Stuttgart	Böblingen	Esslingen	Göppingen	Ludwigs- burg	Rems/ Murr-Kr.
1976	100	100	100	100	100	100
1978	98,9	103,6	104,1	99,4	103,9	104,2
1980	101,6	115,6	110,1	104,6	111,2	106,5
1982	99,8	117,5	107,5	101,8	109,3	107,6
1984	92,9	97,1	104,2	98,8	107,2	107,3

Index 1976 = 100

Quellen: Statistisches Taschenbuch, Amt für Statistik Stuttgart; eigene Berechnungen

Von 1981 bis 1984 ist allerdings sowohl die absolute als auch die relative Abnahme von sozialversicherungspflichtig Beschäftigten in Stuttgart höher als in Bremen. Die in Stuttgart zum Teil ebenso ungünstige Entwicklung wie in Bremen wird allerdings zum Teil durch die Entwicklung der Beschäftigung in den Landkreisen des Großraums Stuttgart aufgefangen. An den Indexwerten der sozialversicherungspflichtig beschäftigten Arbeitnehmer in den Landkreisen (ohne Kreisstädte) wird deutlich, daß im Zeitraum 1976/80, in dem die Beschäftigung in Stuttgart nach einer Abnahme eine geringe Steigerung erfährt, die Landkreise einen überproportionalen Zuwachs aufweisen: von 4,6% zu 15,6%. Ab 1980 ist aber auch in fast allen Landkreisen die sozialversicherungspflichtige Beschäftigung rückläufig

(vgl. Tab. 2)

Im Gegensatz zu den gleichlaufenden Tendenzen der demographischen Entwicklung und der Beschäftigung weisen die Daten zur Arbeitslosigkeit
erheblich größere Unterschiede auf. Der Arbeitsmarkt in Bremen registriert im Zeitraum 1975/80 eine Zunahme der Arbeitslosigkeit um 2.179
Personen. Die Arbeitslosenquote steigt von 4,5% auf 5,3%. 1981 setzt eine
Verschärfung der Situation ein. Die Arbeitslosenquote steigt bis 1984 auf
13,8% an; damit sind 1984 im Arbeitsamtsbezirk Bremen 38.917 Personen

Tabelle 3: Arbeitslosigkeit in Bremen und Stuttgart im Zeitraum
1975-1984 (Jahresdurchschnitt)

Jahr	Bremen			Stuttgart		
	abs.	Index	Quote	abs.	Index	Quote
1975	11259	100	4,2	7053	100	2,4
1976	13441	119,4	5,2	6370	90,3	2,2
1977	13782	122,4	5,4	5160	73,1	1,8
1978	13654	121,3	5,4	4956	70,2	1,8
1979	12345	109,6	4,9	4559	64,6	1,7
1980	12912	114,7	5,1	5388	76,3	2,0
1981	17406	154,6	6,9	6736	95,5	2,5
1982	25413	225,7	10,1	10684	151,4	3,9
1983	32567	289,3	13,0	15170	215,0	5,6
1984	34543	306,8	13,9	14458	204,9	5,4

Index 1975 = 100

Quellen: Amtliche Nachrichten der Bundesanstalt für Arbeit, Arbeitsstati-
stik 1984; Statistische Blätter des Statistischen Amts Stuttgart; eigene Berechungen

arbeitslos gemeldet. In Stuttgart dagegen fällt im Zeitraum 1975/80 die Zahl der arbeitslos gemeldeten Personen von 7.053 auf 5.388. Entsprechend sinkt die Arbeitslosenquote von 2,4% auf 2%. Von 1980 bis 1984 steigt auch in Stuttgart die Zahl der Arbeitslosen an, aber mit 14.458 Arbeitslosen im Jahre 1984 erreicht sie doch nur einen wesentlich niedrigeren Wert als in Bremen. Dem entspricht auch die sehr viel geringere Zunahme der Arbeitslosenquote von 2,0% auf 5,4% (vgl. Tab. 3).

Die gleiche Unterschiedlichkeit der Entwicklung wie bei der Arbeitslosigkeit finden wir bei einem Vergleich der Relation von offenen Stellen zu arbeitslosen Personen. Statistisch gesehen standen 1975 in Bremen jeder offenen Stelle 3,4, in Stuttgart 1,5 Arbeitslose gegenüber; 1984 waren es in Bremen 32,0, in Stuttgart dagegen nur 5,4 Arbeitslose.

Zusammenfassend können wir sagen: Trotz einer gleich negativen demographischen und Beschäftigungsentwicklung in Bremen und Stuttgart verläuft die Entwicklung der Arbeitslosigkeit in Stuttgart wesentlich günstiger als in Bremen. Dies entspricht den auch in den anderen Beiträgen dieses Bandes dargestellten Strukturmerkmalen des Süd-Nord-Gefälles. Auf die dort gegebenen Erklärungen dieser unterschiedlichen ökonomischen Entwicklung können wir an dieser Stelle nur verweisen. Interpretiert man unsere Daten im Sinne eines Süd-Nord-Vergleichs, so sprechen die höheren Arbeitslosenquoten im Norden und Nordwesten der Bundesrepublik (sowie im Saarland) für eine Verschärfung der sozialen Situation, während die niedrigeren Arbeitslosenquoten im Süden für eine sozial unproblematische Situation stehen. So vermuten auch Krummacher et al. (1985) in ihrer Ruhrgebietsanalyse eine Zunahme von Armut und sozialem Elend. In der wissenschaftlichen Diskussion wie im öffentlichen Bewußtsein scheint sich die Gleichung durchgesetzt zu haben: ökonomisch prosperierende Region = hoher Lebensstandard (Süden), ökonomisch schrumpfende Region = sinkender Lebensstandard (Norden). Darüberhinaus wird zu Recht davon ausgegangen, daß weder die ökonomischen Disparitäten (Kunz, 1984; Heuer, 1985) noch die Arbeitslosenquoten in der näheren Zukunft zu einem Ausgleich kommen können. So scheint das regionalökonomische Süd-Nord-Gefälle auch als soziales Süd-Nord-Gefälle festgeschrieben zu sein.

Diese Festschreibung läßt aber außer acht, daß das Süd-Nord-Gefälle nicht nur unterschiedliche Produktions-, sondern auch unterschiedliche Reproduktionsbedingungen beinhaltet. Während die Arbeitslosigkeit lediglich die unterschiedlichen Produktionsstrukturen im Süd-Nord-Gefälle reflektiert und damit die sozialen Folgen dieser Strukturen unberücksichtigt läßt, bilden z.B. Wohnungsmarkt und Verbraucherpreise im Verhältnis zum Einkommen spezifische Bereiche der Reproduktionsbedingungen ab. Erst die Einbeziehung dieser Faktoren läßt Rückschlüsse auf die soziale Dimension städtischer Lebensbedingungen zu.

2. ÜBERLEGUNGEN ZUR ENTWICKLUNG DER WOHNUNGSMÄRKTE IM SÜD-NORD-GEFÄLLE

Der städtische Mietwohnungsmarkt ist kein einheitlicher Markt. Wissenschaftlich hat sich inzwischen das Konzept der Wohnungsteilmärkte durchgesetzt (Ipsen, 1981). Für die Formulierung unserer Annahmen greifen auch wir auf die Konzeption der Wohnungsteilmärkte zurück. Aus der Perspektive der am Markt partizipierenden Mieter ist eine Differenzierung der Teilmärkte nach niedrigem, mittlerem und hohem Einkommen der nachfragenden Haushalte hinreichend, da das Einkommen die spezifische Mietzahlungsfähigkeit bestimmt. Dieser Differenzierung entspricht auf der Angebotsseite eine Differenzierung der Wohnungen nach Größe und Ausstattung. Die Implikationen des Wohnungsteilmarktkonzeptes wollen wir aber nicht im einzelnen hier ausbreiten, da für unsere Zwecke die grobe Differenzierung nach den Mietpreisen ausreichend ist.

Die ökonomische Umstrukturierung in der Bundesrepublik führt - vermittelt über die Einkommensvolumina, die schichtspezifische Mietzahlungsfähigkeit und die Arbeitslosigkeit - sowohl in prosperierenden als auch in schrumpfenden Städten zu einer sich verstärkenden Nachfrage nach billigem Wohnraum. Zu den bislang schon immer auf preiswerten Wohnraum angewiesenen Nachfragern treten neue Haushalte hinzu, die im Zuge der krisenhaften Entwicklung aus den Wohnungsteilmärkten für mittlere Einkommen herausfallen. Auf dem Teilmarkt für billige und schlecht ausgestattete Wohnungen entsteht dadurch eine erhöhte Nachfrage, die die Preise anziehen läßt. Dies gilt im Prinzip sowohl für die prosperierenden als auch für die schrumpfenden Städte. Allerdings führt diese Gesetzmäßigkeit zu unterschiedlichen quantitativen und qualitativen Ausprägungen.

In den schrumpfenden Städten wird durch die verstärkte Nachfrage nach billigem Wohnraum der Wohnungsteilmarkt für Bezieher mittlerer und gehobener Einkommen entlastet, so daß im Zuge der nachlassenden Nachfrage die Preise auf diesem Teilmarkt stagnieren bzw. fallen. Ergänzt wird dieser Prozeß durch die Abwanderung gut verdienender Haushalte in prosperierende Regionen. Dadurch und durch das ökonomische Wachstum nimmt in den prosperierenden Städten der Teil der Bevölkerung zu, der über eine relativ hohe Mietkaufkraft verfügt. Dort wird also der Wohnungsmarkt für die Bezieher mittlerer Einkommen keineswegs entlastet. Im Gegenteil, die Lücken, die die dauerhaft Arbeitslosen durch ihren sozialen Abstieg auf diesem Wohnungsteilmarkt hinterlassen, werden durch nachrückende einkommensstärkere Haushalte schnell geschlossen. Da aber gleichzeitig die Mietpreise auf Höhen steigen, die auch für den unteren Teil der mittleren Einkommensbezieher nicht mehr bezahlbar sind, drängt diese Gruppe verstärkt in die Randbereiche der unteren Wohnungsteilmärkte und verschärft damit die Situation der auf billigen Wohnraum angewiesenen Haushalte.

Ein sich selbst überlassener Wohnungsmarkt führt also in ökonomisch prosperierenden Städten zu steigenden Mietpreisen auf allen Wohnungsteilmärkten. Hinzu kommt, daß die Durchschnittsmiete der verschiedenen Wohnungsteilmärkte dort ohnehin schon auf einem höheren Niveau ist als in den ökonomisch schrumpfenden Städten. In letzteren ergibt sich dagegen ein ganz anderes Bild. Die Entlastung des Wohnungsmarktes für die Bezieher mittlerer Einkommen drückt in der Tendenz die Mietpreisentwicklung dieses Wohnungsteilmarktes herunter. Zugleich ist die Anzahl der Haushalte, die auf dem Wohnungsteilmarkt für Billigwohnungen nachfragen müssen, durch die Folgen der ökonomischen Schrumpfung gestiegen. Zwar können diese Nachfrager nun nicht unmittelbar die im Mietpreis gefallenen Wohnungen des mittleren Wohnungsteilmarktes nachfragen, aber in den Randbereichen verschwimmen die Grenzen. Die Desinvestition greift auf diese Randbereiche über und führt dort im Laufe einer mittleren Frist zu einer Ausweitung des Angebotes an billigen Wohnungen. Langfristig führt diese Entwicklung - wie Krummacher et al. (1985) vermuten - zum "Kippen" des

Wohnungsteilmarktes für Billigwohnungen, also zur Verslumung. In der auch unter kommunalpolitischen Aspekten interessierenden mittelfristigen Perspektive entsteht aber zunächst keine Verknappung des Wohnraums auf dem unteren Wohnungsteilmarkt.

Die Gesetze des Wohnungsmarktes führen also unter unterschiedlichen ökonomischen Bedingungen auch zu unterschiedlichen Ausprägungen. In den prosperierenden Städten konkurrieren sowohl auf dem unteren als auch auf dem mittleren Wohnungsteilmarkt erheblich mehr Haushalte um den knappen Wohnraum bei hohem Mietniveau, während in den schrumpfenden Städten zwar der Wohnungsmarkt ingesamt entlastet wird, die eigentlichen Nutznießer dieses Prozesses aber die verbliebenen Mittelschichten sind.

3. MIETEN, VERBRAUCHERPREISE, EINKOMMEN: ANSÄTZE ZU EINER MODELLRECHNUNG

Die unterschiedlichen ökonomischen Entwicklungen bestimmen nicht nur den Wohnungsmarkt, sondern auch - wie wir zumindest in Ansätzen zeigen können - eine differenzierte Entwicklung der Verbraucherpreise. Während in den ökonomisch prosperierenden Städten die Preise steigen, verzeichnen die ökonomisch schrumpfenden Städte eine tendenzielle Abnahme der Preissteigerungsraten - bis zur realen Preissenkung. Der derzeitige nationale Stillstand der Preisentwicklung braucht in unserem Zusammenhang nicht berücksichtigt zu werden, weil er zum einen an den unterschiedlichen Preisniveaus nichts ändert, zum anderen aber vor allem auf die momentane Entwicklung des Rohölpreises und des Dollarkurses zurückzuführen ist. Die Annahme sich regional unterscheidender Verbrauchermärkte muß allerdings höchst vorsichtig formuliert werden, da zu ihrer Bestätigung umfangreiche Detailerhebungen notwendig wären, die wir in diesem Kontext nicht leisten konnten.

Bevor wir unsere bisherigen Überlegungen in eine Modellrechnung zum Süd-Nord-Gefälle einfließen lassen, wollen wir kurz die Entwicklung der Löhne und Gehälter, der Verbraucherpreise und der durchschnittlichen Mietentwicklung im Süd-Nord-Vergleich referieren.

Bei den durchschnittlichen Löhnen der Industriearbeiter einschließlich des Hoch- und Tiefbaus und des Handwerks sowie den Einkommen der Angestellten im Zeitraum 1975/85 nach Stunden- und Wochenlohn bzw. Monatsgehältern handelt es sich um Durchschnittswerte der jeweiligen Arbeitnehmer im Land Bremen bzw. Baden-Württemberg. Die Daten des Stadtstaates Bremen dürften vermutlich nur geringfügige Abweichungen zu denen der Stadt Bremen aufweisen, während die durchschnittlichen Stuttgarter Löhne und Gehälter vermutlich von denen des Landes Baden-Württemberg abweichen. Das auf diese Weise entstehende Bild des Vergleichs zwischen Bremen und Stuttgart ist zwar etwas schief, dürfte aber die Tendenzen dennoch richtig wiedergeben.

Tabelle 4: Einkommen der Industriearbeiter einschl. Hoch- u. Tiefbau u. Handwerk im Zeitraum 1975-1985 nach Stunden- und Wochenlohn in Bremen und Baden-Württemberg (Jan.d.Jahres)

Jahr	Bremen		Baden-Württemberg		Diff. HB/BW			
	Stunde	Woche	Stunde	Woche	Stunde		Woche	
	DM	DM	DM	DM	DM	%	DM	%
1975	9,72	410	9,35	367	+0,37	3,9	+43	11,7
1976	10,26	413	10,03	404	+0,23	2,2	+ 9	2,2
1977	11,02	448	10,85	449	+0,17	1,5	- 1	0,2
1978	11,59	463	11,46	472	+0,13	1,1	- 9	1,9
1979	12,45	513	12,22	508	+0,23	1,8	+ 5	1,0
1980	13,08	545	12,74	530	+0,34	2,6	+15	2,8
1981	14,08	590	13,70	556	+0,38	2,7	+34	6,1
1982	14,95	628	14,51	587	+0,44	3,0	+41	6,9
1983	15,60	596	15,10	594	+0,50	3,3	+ 2	0,3
1984	16,27	616	15,54	628	+0,73	4,6	-12	1,9
1985	17,00	656	16,02	654	+0,98	6,1	+ 2	0,3

Quellen: Statistisches Bundesamt; eigene Berechnungen

Der durchschnittliche Stundenlohn der Industriearbeiter liegt in Bremen im Zeitraum 1975/85 immer über dem Baden-Württembergs. Von 1978 bis 1985 steigt der durchschnittliche Mehrverdienst pro Stunde von 1,1% auf 6,1 %. 1985 beträgt der durchschnittliche Stundenlohn der Industriearbeiter in Bremen 17,00 DM und in Baden-Württemberg 16,02 DM. Der Median des prozentualen Mehrverdienstes je Stunde in Bremen gegenüber Baden-Württemberg liegt im Zeitraum 1975/85 bei 2,7% (vgl. Tab. 4).

Ein etwas anderes Bild ergibt die Berechnung der Differenzen des Wochenlohnes. In den 70er Jahren verdienen abwechselnd mal die Bremer und mal die Baden-Württemberger Industriearbeiter mehr in der Woche. In den 80er Jahren sind nur noch 1984 die durchschnittlichen Wochenlöhne der Industriearbeiter in Baden-Württemberg höher als die ihrer Bremer Kollegen. In den letzten Jahren ist eine Annäherung der Wochenlöhne zwischen Bremen und Baden-Württemberg zu erkennen. Der Median des prozentualen Mehrver-

Tabelle 5: **Monatliches Einkommen von Angestellten in Bremen und Baden-Württemberg im Zeitraum 1975-1985 (Jan.d.Jahres)**

Jahr	Bremen	Baden-Württ.	Diff. HB/BW	
	DM	DM	DM	%
1975	2040*	2216*	– 176	8,6
1976	2175*	2386*	– 211	9,7
1977	2225	2420	– 195	8,7
1978	2382	2587	– 205	8,6
1979	2528	2783	– 255	10,0
1980	2718	2944	– 226	8,3
1981	2953	3150	– 197	6,6
1982	3134	3306	– 172	5,4
1983	3404	3341	+ 63	1,8
1984	3367	3488	– 121	3,5

* Oktober d. Jahres

Quellen: Statistisches Bundesamt; eigene Berechnungen

dienstes je Woche liegt in Bremen gegenüber Baden-Württemberg für den Zeitraum 1975/85 bei 1%. Die Differenz zwischen den 1985 hohen Stunden-lohnvorteilen (0,98 DM) und den geringen Wochenlohnvorteilen (2,00 DM) der Bremer Industriearbeiter gegenüber ihren Baden-Württemberger Kollegen erklärt sich aus einer kürzeren Wochenarbeitszeit in Bremen und/oder aus einem höheren Anteil an Überstunden in Baden-Württemberg.

Die durchschnittlichen monatlichen Einkommen der Angestellten im Zeitraum 1975/84 liegen in Baden-Württemberg deutlich höher als in Bremen. Hier liegt der Median des jährlichen prozentualen Mehreinkommens in Baden-Württemberg gegenüber Bremen bei 8,3%.

Wir kommen nun zur Entwicklung der Verbraucherpreise im Zeitraum 1976/84 in Bremen und Baden-Württemberg. Auf der Basis von 133 Konsumartikeln wird jeweils der Median der Preise je Artikel in den Bundesländern im Juni der Jahre 1976, 1980 und 1984 verglichen. Ein unmittelbarer Ver-gleich der Verbraucherpreise zwischen den Städten Bremen und Stuttgart ist leider nicht möglich. Bei den Preisen des Landes Bremen ist zu ver-muten – wie schon bei den Löhnen und Gehältern –, daß sie, wenn über-haupt, nur unwesentlich von denen der Stadt Bremen abweichen. Für Stuttgart lassen sich im Vergleich zu Baden-Württemberg in der Tendenz höhere Preise vermuten. Das legt zumindest ein Vergleich von ca. 25 sowohl in Baden-Württemberg als auch in Stuttgart ausgewiesenen Ver-brauchsgütern nahe.

Für den Vergleich der Verbraucherpreise zwischen Bremen und Baden-Würt-temberg ist zunächst festzuhalten, daß die Preise in Baden-Württemberg 1976 um durchschnittlich 4,5% über denen in Bremen lagen. 1980 betrug die Differenz 9,9%. Diese Differenz sinkt 1984 gegenüber 1980 um 1% auf 8,9%.

Die Entwicklung der Verbraucherpreise in Bremen zwischen 1976 und 1980 ergibt eine durchschnittliche Zunahme von 12,4%. In Baden-Württemberg steigen die Verbraucherpreise im gleichen Zeitraum um durchschnittlich 18,1%. Zwischen 1980 und 1984 steigen in Bremen die Verbraucherpreise um durchschnittlich 16,5%, im gleichen Zeitraum in Baden-Württemberg um durchschnittlich 15,5%. Vergleicht man die Verbraucherpreise von 1976 mit

denen von 1984, so ergibt sich für Bremen eine Verteuerung von 31%, für
Baden-Württemberg eine solche von 36,5%. Es zeigt sich, daß im Zeitraum
1980/84 die jährliche Preissteigerungsrate in Bremen über der des Zeitraums 1976/80 liegt. In Baden-Württemberg verhält es sich genau umgekehrt. Dort ist die durchschnittliche jährliche Preissteigerungsrate im
Zeitraum 1976/80 größer als 1980/84. Im Zeitraum 1976/80 ist die Preissteigerungsrate in Baden-Württemberg um fast ein Drittel höher als in
Bremen. Im Zeitraum 1980/84 ist die durchschnittliche Preissteigerung in
Bremen um 1 % höher, was aber insgesamt an der Differenz der Verbraucherpreise nichts ändert (vgl. Abb. 1).

Abbildung 1: <u>Vergleich der Verbraucherpreise Bremen/Baden-Württemberg:
133 Verbraucherpreise (Median) im Zeitraum 1976-1984 (im
Juni d. jeweiligen Jahres)</u>

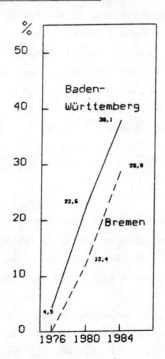

<u>Quellen</u>: Statistisches Bundesamt, eigene Berechnungen (Der Übersicht
halber ist die 4,5% höhere Ausgangsbasis in Baden-Württemberg
zu den Steigerungswerten hinzugezählt.)

Auf der Grundlage dieser Daten wollen wir nun eine Modellrechnung auf-
stellen, an der wir die Auswirkungen dieser Prozesse auf die schon unter
schiedlichen Einkommen eines Stuttgarter und eines Bremer Industriearbeiters überprüfen wollen.

Abbildung 2: <u>Miete je qm in Bremen und Stuttgart im Zeitraum 1975-1985</u>
<u>nach Ring Deutscher Makler (Zusammenfassung aller Qualitäts-</u>
<u>und Baualtersgruppen)</u>

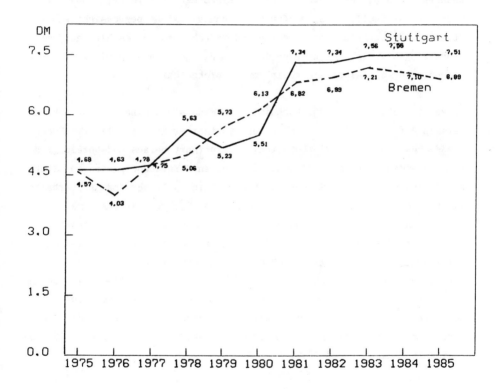

<u>Quellen</u>: Ring Deutscher Makler, eigene Berechnungen

In Bremen verdiente 1985 ein Industriearbeiter im Durchschnitt wöchent-
lich 656,- DM, in Baden-Württemberg 654,- DM. Das ergibt einen
durchschnittlichen Monatsverdienst (multipliziert mit 4,3) von 2820,- DM

in Bremen und 2812,- DM in Baden-Württemberg. Die Mietpreise sind 1985 nach den Mietpreistabellen des Rings Deutscher Makler (andere Vergleichsdaten stehen nicht zur Verfügung, da in Bremen kein kommunaler Mietpreisspiegel erstellt wird) in Stuttgart um ca. 6% höher als in Bremen (vgl. Abb. 2)

Wie bereits angeführt, liegen die Verbraucherpreise 1984 in Baden-Württemberg um durchschnittlich 8% über den Bremer Preisen. Geht man davon aus, daß die Modellhaushalte in Bremen und Stuttgart gleich große Wohnungen haben, die jeweils 20% des Einkommens erfordern, dann ergibt sich die in Tabelle 6 durchgeführte Rechnung. Nicht berücksichtigt sind Steuern, Kindergeld, Wohngeld und andere Faktoren, da es hier nur um die Tendenz geht. In der unteren Tabellenhälfte ist die gleiche Rechnung nochmals für ein Arbeitsloseneinkommen durchgeführt.

Es zeigt sich, daß der durchschnittliche Monatslohn eines Industriearbeiters in Bremen um 3% über dem seines Stuttgarter Kollegen liegt. Rechnet man die ca. 6% höhere Mietbelastung in Stuttgart heraus und bereinigt den verbleibenden Betrag um die ca. 8% höheren Verbraucherpreise in Stuttgart, dann ergibt das für den durchschnittlichen Bremer Industriearbeiter einen rechnerischen Vorteil in Höhe von 9,6%. Überträgt man diese Rechnung auf die Situation eines arbeitslos gewordenen Industriearbeiters und nimmt dessen Einkommen mit 60% seines Lohnes an (vgl. Friedmann & Lundgreen, 1984), so ergibt sich nach Abzug der Miete und der bereinigten Verbraucherpreisdifferenzen für den Bremer arbeitslosen Industriearbeiter ein durchschnittlicher Vorteil von ca. 11% gegenüber seinem Stuttgarter Kollegen. Bei den Angestellten liegt der rechnerische Vorteil der Bremer gegenüber ihren Stuttgarter Kollegen bei 6%, im Falle einer Arbeitslosigkeit steigt er auf 7,5%.

4. SCHLUSSBEMERKUNG

Während die Bezugnahme auf die Arbeitslosenquoten in den meisten Untersuchungen zu dem Ergebnis führt, daß die hauptsächlichen Opfer des Süd-Nord-Gefälles in den schrumpfenden Städten und Regionen des Nordens und

Tabelle 6: <u>Modellrechnung der Einkommenssituation beschäftigter und arbeitsloser Industriearbeiter in Bremen und Stuttgart</u>

	Bremen	Stuttgart
Einkommen	2820	2812
Miete 20% vom Haushaltseinkommen (in Stuttgart + 6% von 20%)	564	596
Einkommen ohne Miete zu Verbraucherpreisen (in Stuttgart -8%)	2256	2039
Arbeitsloseneinkommen ca. 60% v. Eink.	1692	1687
Miete	564	596
Einkommen aus Arbeitslosengeld ohne Miete zu Verbraucherpreisen	1128	1004

<u>Quellen</u>: Statistisches Bundesamt, Ring Deutscher Makler, eigene Berechnungen

Nordwestens zu finden sind, haben wir mit unserer Untersuchung zu zeigen versucht, daß die sachliche und räumliche Restrukturierung des Kapitalismus auch in den prosperierenden Städten und Regionen eine große Anzahl spezifischer Opfer produziert. Die Gruppe der Verlierer der neuen regionalökonomischen Süd-Nord-Differenzierung ist also erheblich größer, als normalerweise vermutet wird.

Unsere Befunde werfen zwei Fragen auf: Erstens die Frage nach der Wünschbarkeit des Wachstumstypus, wie er sich in den prosperierenden Städten und Regionen des Südens ausbildet. Denn immerhin hat unsere Untersuchung gezeigt, daß dieser Typus technologisch induzierter Prosperität keineswegs für alle Schichten eine soziale Privilegierung gegenüber den schrumpfenden Regionen des Nordens schafft. Damit stellt sich aber auch die zweite Frage, nämlich die nach kommunalpolitischen Alternativen zur traditionellen Wirtschaftsförderungspolitik in den schrumpfenden Städten des Nordens und Nordwestens. Die Neigung dieser Städte, auf ihre ökonomische Schrumpfung mit einer Technologieförderungspolitik zu antworten, birgt die Gefahr in sich, die sozialen Probleme dieses neuen Typus der Industrialisierung zu übersehen.

Literaturverzeichnis

ADAMS, K.H. & ECKEY, H.F., 1984: Regionale Beschäftigungskrisen
in der Bundesrepublik Deutschland. WSI Mitteilungen 8, 474-481.

ADDA, S. & DUCREUX, M.,1979: L'usine disparait. L'industrialisation
remise en question. Saint- Denis, Aubervilliers. Les Annales de la
Recherche Urbaine (ARU) Nr.5, 27-66.

AENGEVELT, L., 1985: Probleme des Flächenrecyclings und Anforderungen
neuer Firmen an alte Flächen. DIFU- Materialien, Heft 6, 12-26.

AFHELDT, H., SIEBEL, W.& SIEVERTS, T. (Hg.), 1986: Gewerbepolitik.
Gerlingen. Robert Bosch Stiftung, Beiträge zur Stadtforschung Bd. 4.

AGLIETTA, M., 1979: A Theory of Capitalist Regulation. The U.S.
Experience. London.

ALTVATER, E., 1983: Bruch und Formwandel eines Entwicklungsmodells.
In: J. HOFFMANN (Hg.): Überproduktion, Unterkonsumtion, Depression.
Analysen und Kontroversen zur Krisentheorie. Hamburg.

ARBEITSAMT MÜNCHEN, Pressemitteilungen 4/1984, 7/1985, 6/1986.

ARBEITSLOSENZENTRUM RECKLINGHAUSEN, 1985: Auswirkungen von Arbeitslosigkeit und neuer Armut und Arbeitslosigkeit auf die Betroffenen. Fallbeispiele. o.O. (unveröffentlichtes Manuskript).

AUZIAG, J.-M. et al., 1983 : Rhone - Alpes. La Naissance d'une région.
Lyon.

AYDALOT, P., 1984: Questions for Regional Economy. Tijdschrift voor
economische en sociale Geografie 75, 4-13.

AYDALOT, P., 1976: Dynamique spatiale et développement inégal. Paris.

----, 1978: L'aménagement du territoire en France. Une tentative de
bilan. L'Espace Géograhique 4, 245-253.

----, 1983: Ville en crise , marchés du travail et régulations
locales. Révue d'Economie Régionale et Urbaine 1, 43-48.

---- (ed.), 1984a: Crise et éspace. Paris.

----, 1984b: A la recherche de nouveaux dynamismes spatiaux. In:
AYDALOT 1984a.

BADE, F.-J. (unter Mitarbeit von ALEXANDER EICKELPASCH), 1985:
Die Beschäftigungsentwicklung in den Regionen der Bundesrepublik
Deutschland 1976-1983, 2. Zwischenbericht. Berlin: DIW.

----, 1984: Die funktionale Struktur der Wirtschaft und ihre räumliche
Arbeitsteilung. Berlin: DIW.

BAYER, P. & SCHÖNWÄLDER, T., 1985: München in der Wirtschaftskrise

Herausforderung für die Kommunalpolitik. Sozialdemokratische Kommunalpolitik. Neue Aufgaben - neue Antworten, Heft 1, 34-49.

BAYERISCHES LANDESAMT FÜR STATISTIK UND DATENVERARBEITUNG, 1985: Wohngeld in Bayern im Jahre 1984. Statistische Berichte K I 5 - j84. München.

BÄHR, J. & GANS, P., 1985: Bevölkerungsveränderungen und Migrationsmuster in den Großstädten der Bundesrepublik Deutschland seit 1970. In: FRIEDRICHS 1985a.

BECK, M., 1983: Jenseits von Stand und Klasse. Soziale Welt, Sonderband 2. Göttingen.

BELL, D., 1973: The Coming of Post-Industrial Society. New York.

BERG, v.d. L. et al., 1982: Urban Europe: A Study of Growth and Decline. Oxford-New York.

BERMANN, M., 1982: All that is Solid Melts into Air. New York.

BFLR 1983: Aktuelle Daten und Prognosen zur räumlichen Entwicklung. Information zur Raumentwicklung, Heft 12.

BILDERBREEK, R.H. & KALFF, P.J., 1985: Automatisierung van de fabricage. Denver. Studiencentrum voor Technologie en Beleid TNO.

BOEKEMA, F.W.M. & VERHOEF, L.H.J., 1983: Locale Initiatives. Economisch Statistische Berichte, Nr. 3395.

BONKOWSKY, S., LEGLER, H., 1984: Süd-Nord-Gefälle bei industrieller Forschung und Entwicklung? In: NiW 1984.

BORCHARDT, K., 1966: Regionale Wachstumsdifferenzen in Deutschland im 19.Jh. unter besonderer Berücksichtigung des West-Ost-Gefälles. In: Wirtschaft, Geschichte und Wirtschaftsgeschichte. Stuttgart.

BORNER, S. (Hg.), 1980: Produktionsverlagerung und industrieller Strukturwandel. Bonn.

BÖHM, E. & KRUMBHOLZ-MAI, S., 1986: Regionalvergleich 1970/83 mit Aggregaten der Volkswirtschaftlichen Gesamtrechnungen. Hamburg in Zahlen, Heft 3, 74-86.

BOUCHET,J., 1984: Dynamique spatiale de la population et des activités. Questions pour l'aménagement du territoire. In: AYDALOT 1984a.

BOURDIEUX, P., 1985: Die feinen Unterschiede. Frankfurt/M.

BRANDT, G., 1966: Studien zur politischen und gesellschaftlichen Situation der Bundeswehr. Witten-Berlin.

BRAVERMAN, H., 1977: Die Arbeit im modernen Produktionsprozess. Frankfurt-New York.

BUESTONE, B. & HARRISON, B., 1982: The Deindustrialization of America. New York.

BRECKNER ,I., MOHN, E. & SCHMALS, K.M., 1985: Stadtentwicklung, neue Technologien und Wandel der Arbeit in München - Formen der Betroffenheit und Versuche ihrer Bewältigung. In: I. BRECKNER, M. KUMMACHER, E. MOHN, T. ROMMELSPACHER, K.M. SCHMALS & M. WIENE-MANN (Hg.): Regionalentwicklung zwischen Technologieboom und Resteverwertung. Bochum.

----, 1986: Armut im Nord-Süd-Gefälle und das Beispiel München. Beitrag für die Sitzung der Sektion "Stadt-und Regionalsoziologie" in Bad Zwischenahn, 10.-12.4.1986.

BRECKNER, J., OELSCHLÄGEL, D., ROMMELSPACHER, T. & SCHMALS, K., o. J.: Armut im Reichtum. Bochum (erscheint voraussichtlich 1987).

BREUER, H.W., 1986: "Sunbelt-Frostbelt" - und was man unter industriellen Standortkriterien davon halten soll. Vechtaer Arbeiten z. Geogr. u. Regionalwiss., Bd. 2.

BREHENY, M.J.& MCQUAID, R.W., 1985 : The M4 Corridor, Patterns and Causes of Growth in High Technology Industries. Reading.

BROWAEYS, X. & CHATELAIN, P., 1974/75: Marché du travail et éspace ouvrier en région parisienne. L'évolution des rapports résidence-formation-emploi de l'agglomération. Espaces et Sociétés, Nr.13/4, 33-73.

----, 1984: Les France du travail. Paris.

BRUNE, R. & KÖPPEL, M., 1980: Das Nord-Süd-Gefälle verstärkt sich. Zur großräumigen Wirtschaftsentwicklung in der BRD. Mitteilungen des Rheinisch-Westfälischen Instituts für Wirtschaftsforschung 31, 225-247.

CASTELLS, M. 1983: The new urban crisis. (Paper). Verkürzte deutsche Fassung: Die neue urbane Krise: Raum, Technologie und sozialer Wandel am Beispiel der Vereinigten Staaten. Ästhetik und Kommunikation 61/62, Berlin 1986.

CLERC, D., LIPIETZ, A. & SATREBUISSON, J., 1984: La crise. Paris.

COING, H., 1982: La ville, marché de l'emploi. Grenoble.

CONVERT, B. 6 PINNET, M., 1978: Conversation industrielle et mobilisation quotidienne de la main-d'oeuvre. Le cas du bassin minier Nord-Pas-de-Calais. ARU, Nr. 1, 90-116.

COURLET, C.& JUDET, P., 1985: Nouveaux éspaces de production en France et en Italie. ARU, Nr. 29, 95-103.

CRINIUS, W., RICHTER, R., TESCH, R. & THIEL, E., 1984: Analyse und Bewertung raumbedeutender Faktoren in Norddeutschland, Teil II: Demographische und ökonomische Entwicklungen. In: AKADEMIE FÜR RAUM-

FORSCHUNG UND LANDESPLANUNG (Hg.): Arbeitsmaterial Nr. 73. Hannover.

DANNEMANN, G., 1984: Länderfinanzausgleich in der Diskussion I. Bremer Zeitschrift für Wirtschaftspolitik 7, 6-33.

DAYNAC, M. & MILLEIN, A., 1984: Réconversion des zones de tradition industrielle - nouvelles mésures et nouveaux objectifs? RERU, Nr.4, 601.

DELATTRE, M. & EYMARD-DUVERNAY, F., 1984: Le progrés des PME dans la crise: signe d'un relachement du tissu industriel. CEP N.S., Nr. 25-27, 119-132.

DEUTSCHER BUNDESTAG, 1984: Die Antwort der Bundesregierung auf die große Anfrage "Wirtschaftliche Bedeutung und Entwicklung strukturschwacher Regionen". Bonn: Drucksache 10/2629.

DEUTSCHES INSTITUT FÜR WIRTSCHAFTSFORSCHUNG, 1984: Perspektiven der regionalen Bautätigkeit. Wochenbericht Nr. 34. Berlin.

DIE KIRCHLICHEN TRÄGER IN DER ARBEITSGEMEINSCHAFT FÜR NICHTSESSHAFTEN-HILFE IN MÜNCHEN (Hg.), o.J.: Hinsehen, Hingehen, Hinhören - Vorurteile fallen lassen. Eine Handreichung für Pfarr- und Kirchengemeinden zur Information ihrer Mitarbeiter und Gemeindemitglieder.

DIECKMANN, J., MÜNSTERMANN, E, 1985: Ist die Großstadt noch zu retten? Der Städtetag 38.

DROTH, W. & DANGSCHAT, J., 1985: Räumliche Konsequenzen der Entstehung "neuer Haushaltstypen". In: FRIEDRICHS 1985a.

DUNN, E.S., 1980: The Development of the U.S. Urban System. Baltimore.

ECKART, W., v. EIMEN, E. & STAHL, K., 1985: Dynamik der Beschäftigungsentwicklung - Stand der empirischen Forschung. In: Arbeitspapiere in Wirtschaftstheorie und Stadtökonomie, Nr. 8501.

ESTEBAN-MARQUILLAS, J.M., 1972: A Reinterproduktion of Shift-Share Analysis. Regional and Urban Economics 2, 249- 261.

FLOCKTON, C., 1983: French Regional Inequalities and Regional Economic Policy. In: P. MORRIS (ed.): Equality and Inequalities in France. (Proceedings of the Study of Modern and Contemporery France. Leeds, Sept. 1983). Leeds.

FRAUENHOLZ-KURIER 1986: Informationsblatt von Bewohnern für Bewohner, Nr. 9.

FREEMANN, C. (ed.), 1984: Long Waves in the World Economy. London-Dover.

FRIEDMANN, O. & LUNDGREEN, E., 1984: Zum Leben zu wenig - zum Sterben zuviel. Bremen.

FRIEDRICHS, J. (Hg.), 1985a: Die Städte in den 80er Jahren. Opladen.

----, 1985b: Die Zukunft der Städte in der Bundesrepublik.

In: FRIEDRICHS 1985a.

----, 1985: ökonomischer Strukturwandel und Disparitäten von Qualifikationen der Arbeitskräfte. In: FRIEDRICHS 1985a.

----, 1985c: Kriminalität und sozio-ökonomische Struktur von Gross-
städten. Zeitschrift für Soziologie 14, 50-63.

FRÖBEL, F., HEINRICHS, J. & KREYE, O., 1986: Umbruch in der Weltwirtschaft. Reinbek.

FRÖBEL, F., HEINRICHS, J. & KREYE, O., 1977: Die neue internationale
Arbeitsteilung. Strukturelle Arbeitslosigkeit in den Industrieländern
und Industrialisierung der Entwicklungsländer. Reinbek.

FUNKE, M. o. J. : Die Industrialisierung in Großbritannien - Fakten und
Erklärungsmuster. (Veröffentlichung in Vorbereitung.)

FERRAND, A., 1982: Parents Habitans Citoyens. Paris.

GATZWEILER, H.-P., 1984: Laufende Raumbeobachtung. Informationen zur
Raumentwicklung, Heft 3/4, 285-310.

GEIPEL, R.: Münchens Image und seine Probleme. München (unveröffentlichtes Manuskript).

GEMEINDEARBEITS-TEAM, 1985a: Ergebnis der Umfrage in der Unterkunftsanlage Hasenbergl 84/85. München (unveröffentlichtes Manuskript).

----,1985b: Jahresbericht 1985 der Gemeinwesenarbeit am Hasenbergl.
München (unveröffentlichtes Manuskript).

GESCHWIND, F. & HENCKEL, D., 1984: Innovationszyklen der Industrie -
Lebenszyklen der Städte. Stadtbauwelt 82.

GODDARD, J.B. & CHAMPION, A.G., 1983: The Urban and Regional Transformation of Britain. New York.

GRABOW, B. & HENCKEL, D., 1986: Produktionstechnologien und Raumentwicklung. Berlin.

GRÄBER, H., SPEHL, H. et al., 1986: Regionale Wirtschaftsstrukturen im
Verarbeitenden Gewerbe unter besonderer Berücksichtigung der Kontrollstruktur. Endbericht (Kurzfassung).

HACK, L. & HACK, E., 1985: Die Wirklichkeit, die Wissen schafft.
Frankfurt/M.-New York.

HABERMAS, J., 1985: Die neue Unübersichtlichkeit. Frankfurt/M.

HÄUSSERMANN, H., 1985: Stadtentwicklung in der Wirtschaftskrise.
Referat für die Wissenschaftliche Einheit Stadt- und Sozialforschung an der Universität Bremen. Bremen (Manuskript).

----, & SIEBEL, W., 1984: Städte in der Krise? Vortrag auf dem

284

22. Deutschen Soziologentag in Dortmund.

HAHN, H.W., 1984: Die Zerstörung der Zeit. Frankfurt/M.

HALABA (Hamburgische Landesbank) (Hg.), 1983: Entwicklung und Struktur des Hamburger Arbeitsplatzangebots. Wirtschaftsanalysen, 4/1983.

----, 1984a: Zur Struktur und Entwicklung der Hamburger Wirtschaft. Wirtschaftsanalysen, 2/1984.

----, 1984b: Hat Hamburgs industrielle Produktionspalette Zukunft? Wirtschaftsanalysen, 4/1984.

----, 1985a: Der Hamburger Hafen. Wirtschaftsanalysen, 2/1985.

----, 1985 b: Dienstleistungen schaffen neue Arbeitsplätze. Wirtschaftsanalysen, 4/1985.

HALL, P., 1981: Retrospect and Prospect. In: Ders. (ed.): The Inner City in Context. London.

HALL, P., 1985: The Geography of the Fifth Kondratieff. In: HALL & MARKUSEN 1985.

---- & MARKUSEN, A., 1985: Silicon Landscapes. Boston.

HALLER, F., 1985: Ist "Brügge" vermeidbar? Strategien zur Vermeidung der ökonomischen Bedeutungslosigkeit Bremens. Bremer Zeitschrift für Wirtschaftspolitik 8, 5-19.

---- & SCHRÖDER, R., 1983: Arbeitsmarkt und Wirtschaftsstruktur in Norddeutschland 1975-1983. Bremer Zeitschrift für Wirtschaftspolitik 6, 6-84.

HALMES, G., 1985: Kommunalreformpolitik in Frankreich. Archiv für Kommunalwissenschaften 24, 38-56.

HAMNETT, S. & RANDOLPH, B., 1986: Socio-Tenurial Polarisation in London: A Longitudinal Analysis. Paper presented at the International Conference on Housing Policy in Gävle/Schweden, Juni 1986.

HANDELSKAMMER (Handelskammer Hamburg) (Hg.), 1984: Herausforderung für den Norden. Zur Diskussion um das wirtschaftliche Süd-Nord-Gefälle. Hamburg.

HARTMANN, H., 1981: Sozialhilfebedürftigkeit und "Dunkelziffer der Armut". Köln: ISG Forschungsbericht.

---, 1983: Armutsforschung in der Bundesrepublik. Blätter der Wohlfahrtspflege, Heft 11/1983, 263-280.

----, 1985a: Armut trotz Sozialhilfe. Zur Nichtinanspruchnahme von Sozialhilfe in der Bundesrepublik. In: S. LEIBFRIED & F. TENNSTEDT (Hg.): Politik der Armut. Frankfurt/M.

----, 1985b: Armut in der BRD: Definitionen, Indikatoren und aktuelle Erscheinungsformen. Sozialwissenschaftliche Informationen für Unterricht und Studium 14, 169-176.

HASENBERGL EXTRA, 1982: Information für Hasenbergl Nord. München.

HAUBOLD, D. 1985: Kennziffern zum Süd-Nord-Gefälle. Bremer Zeitschrift für Wirtschaftspolitik 8, 21-42.

HEINELT, H., 1984: Forschungsprojekt "Arbeitslosigkeit in Hannover": Die räumliche Verteilung der Arbeitslosigkeit im Arbeitsamtbezirk Hannover. Ergebnisse einer Stichprobenuntersuchung II. Diskussionspapiere aus dem Forschungsschwerpunkt Sozialpolitik, Nr. 12. Hannover.

HENCKEL, D. & NOPPER, E., 1985: Brache und Regionalstruktur. Gewerbebrache - Wiedernutzung - Umnutzung. Eine Bestandsaufnahme. Berlin.

HEUER, H., 1985: Die veränderte ökonomische Basis der Städte. In: FRIEDRICHS 1985a.

HOPPEN, H.D. & POHLE, H. 1979: Regionale Umschichtung im Sekundärbereich. Jahrbuch für Nationalökonomie und Statistik 194, Nr. 3.

HIRSCH, J., 1985 : Auf dem Wege zum Postfordismus ? Die aktuelle Neuformierung des Kapitalismus und ihre politischen Folgen. Das Argument, Nr. 151.

HIRSCHMANN, A.O., 1967: Die Strategie der wirtschaftlichen Entwicklung. Stuttgart.

HOFFMANN-NOWOTNY, H.J., 1973: Soziologie des Fremdarbeiterproblems. Stuttgart.

HRUSCHKA, E., 1986: Bevölkerungsbewegung in Hamburg und seinem Umland 1967/75 bis 1984: im Trend der Entwicklung der Großstädte? Hamburg in Zahlen, Heft 2, 36-40.

INDUSTRIE- UND HANDELSKAMMER FÜR MÜNCHEN UND OBERBAYERN (Hg.), 1982: Stellungnahme zum Entwurf des Stadtentwicklungsplans 1982 der Landeshauptstadt München. München.

IPSEN, D., 1985: Segregation, Mobilität und Chancen auf dem Wohnungsmarkt. Zeitschrift für Soziologie 3, 256-272.

ISARD, W., 1942: Transport Development and Building Cycles. Quarterly Journal of Economics 1 (November).

JACKSON, G.M., MASNICK, G., BOLTON, R., BARTLETT, S.& PITKIN, J., 1981: Regional Diversity. Boston.

JACOBS, J., 1972: The Economy of Cities. Harmondsworth.

JÄNICKE, M., 1985: Langfristige Wachstumsperspektiven der westlichen Industrieländer. In: ders. (Hg.): Vor uns die goldenen Neunziger

Jahre? München.

JUNG, H.-U., 1984: Berufs- und Qualifikationsstrukturen im Süd-Nord-Vergleich. In: NIW 1984.

KAMPMANN, R.W. & KÖPPEL, M., 1984: Das wirtschaftliche Süd-Nord-Gefälle – Ein gesamtwirtschaftlicher Erklärungsansatz. Wirtschaftsdienst XI, 568– 572.

KASARDA, J.D. & FRIEDRICHS, J., 1985: Comparative Demographic-Employment Mismatches in the U.S. and West German Cities. In: I.H. SIMPSON & R.L. SIMPSON (eds.): Research in the Sociology of Work. Vol.3: Unemployment. Greenwich, CT-London.

KEIM, K.D., 1979: Milieu in der Stadt. Ein Konzept zur Analyse älterer Wohnquartiere. Stuttgart.

KERN, H. & SCHUMANN, M., 1984: Das Ende der Arbeitsteilung? Rationalisierung in der industriellen Produktion. München.

KLEINKNECHT, A., 1984: Innovation Patterns in Crisis and Prosperity: Schumpeter's Long Cycles Reconsidered. Enschede: Freie Universität von Amsterdam.

KLEMMER, P. 1973: Die Shift-Analyse als Instrument der Regionalforschung. In: AKADEMIE FÜR RAUMFORSCHUNG UND RAUMORDNUNG (Hg.): Methoden der empirischen Regionalforschung. Bd. 1. Hannover.

KLOTEN, N., 1962: Wandlungen der industriellen Raumstruktur. In: H. KÖNIG (Hg.): Wandlungen der Wirtschaftsstruktur in der BRD. Berlin: Schriften des VfS, NF 26.

KOLLER, N., 1984: Zur Aussagekraft regionaler Arbeitslosenquoten. MittAB 17, 282-290.

KRONAWITTER, W., 1986: Beitrag zur "Aktuellen Stunde `Neue Armut in München'. `Entlastung des Bundes auf Kosten der deutschen Gemeinden'". Stadtratsprotokoll vom 22.1.1986, 37-42.

KRUG, W., 1985: Gefälle der Sozialhilfedichte und seine Einflußfaktoren. Teilergebnisse eines Forschungsauftrages. Nachrichtendienst des Deutschen Vereins für öffentliche und private Fürsorge, Heft 7, 211-215.

KRUMMACHER, M., ROMMELSPACHER, T., WIENEMANN, M. (Arbeitsgruppe Ruhrgebiet), MOHN, E., SCHMALS, K. & BRECKNER, I. (Arbeitsgruppe München), 1985: Regionalentwicklung zwischen Technologieboom und Resteverwertung. Bochum.

KRUMMACHER, M., ROMMELSPACHER, T. & WIENEMANN, N., 1985: Niedergang einer alten Industrieregion. Analysen zur Perspektive des Ruhrgebietes. In: dies. et al. 1985.

KUNZ,D., 1984: Das Süd-Nord-Gefälle. In: NIW 1984.

KUZNETS, S., 1953: Economic Change. New York.

LÄPPLE, D., 1979: Internationalization of Capital and the Regional
Problem. In: J. WALTON (ed.): Capital and Labor in the Urbanized
World. London-Beverly Hills.

----, 1978: Gesellschaftlicher Reproduktionsprozess und Stadtstrukturen.
In: M. MAYER (Hg.): Stadtkrise und soziale Bewegungen. Texte zur
internationalen Entwicklung. Köln-Frankfurt/M.

----, & LAURIER, J., 1986: Ruimtelijke gevolgen van economische ontwik-
keling. Universität Leiden: Forschungs-Memorandum.

LAFONT, J., LEBORGNE, D. & LIPIETZ, A., 1982: Redéploiment industriel
et éspace économique: une étude intersectorielle comparative. Paris:
La documentation francaise (Travaux et recherches de prospective)

LANDESHAUPTSTADT MÜNCHEN, 1982a: Materialien zum Stadtentwicklungsplan
1982. München: Referat für Stadtplanung und Bauordnung.

----, 1982b: Sozialdatenerhebung über Familien und Einzelpersonen, die
in Pensionen und Hotels untergebracht sind. Stand 5/1982. 4. Entwurf
München: Sozialreferat (unveröffentlichtes Manuskript).

----, 1986: Sozialhilfeempfänger in München. Struktur und räumliche Verteilung 1984. München: Sozialreferat (unveröffentlichtes Manuskript).

LEIBFRIED, S., 1977: Vorwort. In: F.F. PIVEN & R.A. CLOWARD (Hg.): Regu-
lierung der Armut. Frankfurt/M.

---- & TENNSTEDT, F., 1985: Politik der Armut oder Spaltung des Sozial-
staats. Frankfurt/M.

LENHARDT, G. & OFFE, C., 1977: Staatstheorie und Sozialpolitik. Kölner
Zeitschrift für Soziologie und Sozialpsychologie, Sonderheft 19,
98-127.

LÜBBERT, J., 1984: Bevölkerung und Beschäftigung in Norddeutschland.
Jahrbuch für Sozialwissenschaft 35.

LÉVI, M., 1985: Les politiques d'emploi de la gauche: Bilan et enseigne-
ments de trois années d'expérience. CEP N.S., Nr. 28, 7-34.

LIPIETZ, A., 1980: Polarisation interrégionale et tertiarisation de la
société. EG, Nr. 1, 33-42.

----, 1983: Le capital et son espace. Paris (2. Aufl.).

----, 1985: Akkumulation, Krise und Auswege aus der Krise. Einige
methodische Überlegungen zum Begriff "Regulation". Probleme des Klas-
senkampfes 58, 109-139.

LORRAIN, D., 1982: Textes et contextes. ARU, Nr. 28, 13-21.

MAASS, P., 1985: Arbeitsmarktentwicklung in den Regionen "Mittlerer
Neckar" und "Hamburg". Universität Hamburg, Geographisches Institut

(unveröff. Diplomarbeit).

MACDONALD, M.C.D., 1984: American Cities. A Report on the Myth of Urban Renaissanse. New York.

MACLOUF, P., 1982: Une ville á la dérive? In: A. LION & P. MACLOUF (eds.): L'insécurité sociale. Paupérisation et solidarité. Paris.

MALEZIEUX, J., 1980: Crise et réstructuration de la sidérurgie francaise. Le groupe Usinor. EG, Nr.3, 183-196.

MASCHER. U., 1985: Arbeitslos, obdachlos, arm. Sozialdemokratische Kommunalpolitik. Neue Aufgaben - neue Antworten, Heft 2, 42-26.

MASSEY, D., 1979: In What Sense a Regional Problem? Regional Studies, 13.

----, o.J.: Regionalism: Some Current Issues. Capital and Class, Nr. 6, 106-125.

MENSCH, G., 1977: Das technologische Patt. Frankfurt/M.

MICHEAU, M., 1982: La reconversion des sites industriels. ARU, Nr. 15.

MENYESCH, D. & UTERWEDDE, H., 1983: Frankreich. Grundwissen Länderkunde Wirtschaft-Gesellschaft-Politik. Opladen (2. erg. Aufl.).

MEYER-KRAHMER, F. et al., 1984: Erfassung regionaler Innovationsdefizite. Bonn-Bad Godesberg: Schriftenreihe des BMBau 06.054.

MILLER, R. (ed.), 1983: Future Factories, Future Workers. Beverly Hills-London.

MÖLLER, I., 1985: Hamburg. Stuttgart.

MOLIS, P.& RODIN, J., 1985: Les interventions économiques des collectivités locales. Sociologie du Travail 3, 344-353.

ÖTV (Gewerkschaft öffentlicher Dienst, Transport und Verkehr), 1982: Arbeitslos durch Wohnungsnot. München.

MÜLLER, J., 1883: Sektorale Struktur und Entwicklung der industriellen Beschäftigung in den Regionen der BRD. Berlin.

MÜLLER, J.H. & SCHAEFFER, B., 1981: Wider die unspezifizierte These von der räumlichen Konzentration. Raumforschung und Raumordnung 39.

NELSON, R.R. & WINTER, G., 1977: In Search of Useful Theory of Innovation. Research Policy 6, 36-76.

NIW (Niedersächsisches Institut für Wirtschaftsforschung) (Hg.), 1984: Süd-Nord-Gefälle in der Bundesrepublik? NIW-Workshop. Hannover.

OLLE, W., 1986: Neue Dimensionen der Produktionslogistik. WSI-Mitteilungen 4.

OTTO, W., 1977: Wird der Norden zum Armenhaus? VORWÄRTS vom 17.2.1977

PASCALLON, P., 1981: Redéploiment industriel et développement régional. EG, Nr. 1, 74-76.

PERRY, D.C. & WATKINS, A.J. (eds.), 1978: The Rise of the Sunbelt Cities. Beverly Hills-London.

PIORE, M. & SABEL, C.F., 1984: The Second Industrial Divide. Possibility for Prosperity. New York.

----, 1985: Das Ende der Massenproduktion. Berlin.

PORSCHEN, D., 1980: Die Bedeutung der Luft- und Raumfahrtindustrie für die Wirtschaft des Landes Bremen. Bremer Zeitschrift für Wirtschaftspolitik 3.

POTTIER, C., 1984: Facteurs de rééquilibrage spatial de l'emploi industrieles régions francaises face á la crise. In: AYDALOT 1984a.

PRETECEILLE, E., 1985a: The Industrial Challenge and the French Left: Central and Local Issues. Int. J. Urban and Reg. Res. 9, 273-289.

PROJEKTE FÜR JUGEND UND SOZIALARBEIT e.V., MÜNCHEN, 1985: Tätigkeitsberichte 1984 der Sozialpsychatrischen Dienste München-Perlach, München West, München-Giesing. München.

----, 1986: Tätigkeitsbericht 1985 des Sozialpsychatrischen Dienstes München Giesing. München (unveröffentlichtes Manuskript).

REIDENBACH, M., 1986: Die kommunalen Baumaßnahmen in der ersten Hälfte der achtziger Jahre. In: Deutsches Institut für Urbanistik, Aktuelle Informationen. Berlin.

ROTHWELL, R. & ZEGVELD, W., 1985: Reindustrialization and Technology. Essex.

RÖDEL, U. & GULDIMANN, T. 1978: Sozialpolitik als soziale Kontrolle. In: Starnberger Studien 2. Sozialpolitik als soziale Kontrolle. Frankfurt/M.

RÜGEMER, W., 1985: Neue Technik - Alte Gesellschaft. SILICON VALLEY: Zentrum der neuen Technologien in den USA. Köln.

RUST, E., 1975: No Growth. Impacts on Metropolitan Areas. Toronto.

SABEL, C.F., 1982: Work and Politics. The Division of Labor in Industry. New York.

SALIN, E., 1929: Standortverschiebung der deutschen Wirtschaft. In: Strukturwandlungen der deutschen Wirtschaft. Berlin.

SAXENIAN, A. 1985: The Genesis of Silicon Valley. In: HALL & MARKUSEN 1984.

SCHONBERGER, R., 1982: Japanese Manufacturing Techniques. New York-

London.

SCHAEFER, H., 1986: Die wirtschaftliche Entwicklung Bremens im Vergleich zu Stuttgart. Bremen.

SCHIVELBUSCH, W., 1977: Geschichte der Eisenbahnreise. Frankfurt/M.

SCHLIEBE, K. & HILLESHEIM, D., 1980: Das Standortwahlverhalten neuerrichteter und verlagerter Industriebetriebe im Zeitraum von 1970-1979. Informationen zur Raumentwicklung 11.

SCHMITZ, A. 1983: Goldene Zeiten für Garnisonsstädte? arch+ 71.

SCHRÖDER, W., 1986: Umsetzungsprobleme der Regionalentwicklungspolitik im Hamburger Umland. Unveröff. Universität Hamburg, Institut für Soziologie (unveröff. Diplomarbeit).

SCHÜTTE, G. & SINZ, M.: Ausländerbeschäftigung und regionale Wirtschaftsstruktur. Informationen zur Raumentwicklung 6, 527-543

SCHUMANN, M. & WITTEMANN, K.P., 1985: Entwicklungstendenzen der Arbeit im Produktionsbereich. In: ARBEIT 2000. Hamburg.

SCHUMPETER, J., 1961 (1939): Konjunkturzyklen. Eine theoretische, historische und statistische Analyse des kapitalistischen Prozesses. Göttingen.

SHANIN, T., 1971: Peasants and Peasant Societies. Auckland.

SIEBERTZ, P., 1952: Ferdinand von Steinbeis. Ein Wegbereiter der Wirtschaft. Stuttgart.

SINZ, M. & STRUBELT, W., 1986: Anmerkungen zur Diskussion über das Süd-Nord-Gefälle unter besonderer Berücksichtigung entwicklungsgeschichtlicher Aspekte. Beitrag für die Sitzung der Sektion "Stadt- und Regionalsozikogie", in Bad Zwischenahn, 10.-12.4.1986.

SPUR, G., 1983: Aufschwung, Krise und Zukunft der Fabrik. In: Die Zukunft der Fabrik. PTK 83. München.

SOJA, E. et al., 1983: Urban Restructuring. Economic Geography 59.

ST. JULIEN, T. & PUMAIN, D., 1985: A ville plus grande, travail plus qualifié. ARU, Nr. 29, 105-118.

STALA (Statistisches Landesamt Hambug) (Hg.), 1984: Statistisches Taschenbuch 1984. Hamburg.

----, 1986: Hamburger Zahlenspiegel. Hamburg in Zahlen, Heft 5, 138-143.

STADTRATSPROTOKOLL vom 22.1.1986 (StR 22.1.86/W): Aktuelle Stunde "Neue Armut in München". "Entlastung des Bundes auf Kosten der deutschen Gemeinden". München (unveröffentlichtes Manuskript).

STATISTISCHES AMT DER LANDESHAUPTSTADT MÜNCHEN (Hg.), 1985:

Statistisches Handbuch '85. München.

STATISTISCHES JAHRBUCH DEUTSCHER GEMEINDEN, 1978, 1982, 1984. Köln.

STEINACKER, M. & WESTPHAL, A., 1985: Sozialistische Wirtschaftspolitik in Frankreich. Projet socialiste und sozialdemokratische Modernisierung der Volkswirtschaft. Berlin.

STERN, 1986: Reibach mit der Armut. Stern, Heft 19.

STOLERU, L., 1982: La France a deux vitesses. Paris.

STORPER, M.& WALKER, R., 1983: The Theory of Labour and the Theory of Location. Intern. J. Urban and Regional Research 7.

SZ (SÜDDEUTSCHE ZEITUNG), 1983: Quantität geboten - Qualität gesucht.. SZ vom 18.10 1983.

STERNLIEB, G. & HUGHES, J. W., 1980: The 'Two Cities' Phenomenon. In: Dies. (eds.): America's Housing. Prospects and Problems. New Brunswich, N.J.

StJB (DEUTSCHER STÄDTETAG (Hg.): Statistisches Jahrbuch deutscher Gemeinden. Köln.

TIXIER, D., MATHE, H. & COLIN, J., 1983: La logistique au servixe de l'entreprise. Paris.

THOENING, J.-C., 1982: Les politiques de réforme des collectivités locale en France. In: J. LAGROYE & V. WRIGHT (eds.): Les structures locales en Grande-Bretagne et en France. Paris.

THOMPSON, M., 1981: Die Theorie des Abfalls. Stuttgart.

THOMPSON, W.R., 1965: A Preface to Urban Economics. Baltimore.

----, 1977: Interne und externe Faktoren in der Entwicklung der Stadtwirtschaft. In: D. FÜRST (Hg.): Stadtökonomie. Stuttgart-New York

TJADEN-STEINHAUER, M., 1985: Die verwaltete Armut. Pauperismus in der BRD. Hamburg.

TUHH (Technische Universität Hamburg-Harburg), 1985: Freie und Hansestadt Hamburg - Stadtentwicklung. Unveröff. Ergebnisbericht eines Studienprojektes. Hamburg.

VERNON,R., 1977: International Investment and International Trade in the Product Cycle. Quarterly Journal of Economics 80.

WALLERSTEIN, I., 1982: Crisis as Transition, In: AMIR, ARRIGHI, FRANK & WALLERSTEIN (eds.): Dynamics of Global Crisis. New York-London.

WETTMANN, R.W., 1984: Niedersachsen im Süd-Nord-Gefälle. Basel: Prognos Diskussionspapier Nr. dp 84/15.

ZENKE, K.G. & LUDWIG, S., 1985: Kinder arbeitsloser Eltern.Erfahrungen, Einsichten und Zwischenergebnisse aus einem laufendem Projekt. MittAB 18, 265-278.

Jürgen Friedrichs
Methoden empirischer Sozialforschung
13. Auflage 1985. 430 S. 12,5 X 19 cm. (WV studium, Bd. 28.) Pb.

Dieses Buch ist eine Einführung in Methodologie, Methoden und Praxis der empirischen Sozialforschung. Die Methoden werden ausführlich dargestellt und an zahlreichen Beispielen aus der Forschung erläutert. Damit leitet das Buch nicht nur zur kritischen Lektüre vorhandener Untersuchungen, sondern ebenso zu eigener Forschung an.

Jürgen Friedrichs
Stadtanalyse
Soziale und räumliche Organisation der Gesellschaft

3. Auflage 1983. 386 S. 12,5 X 19 cm. (WV studium, Bd. 104.) Pb.

Dieses Buch enthält eine eingehende Analyse der Ansätze und Ergebnisse soziologischer Stadtforschung. Den sozialökologischen Ansatz fortführend, wird eine Theorie der sozialen und räumlichen Organisation der Gesellschaft entwickelt. Die zentrale Annahme ist, daß die soziale Ungleichheit zu einer räumlichen Ungleichheit führt. Die Folgen dieser doppelten Ungleichheit für das Verhalten der Stadtbewohner werden u.a. hinsichtlich der Segregation der Wohnstandorte, der unterschiedlichen Aktionsräume und der sozialen Kontakte untersucht. Darüber hinaus werden Vorschläge für weitere Untersuchungen dargelegt.

Jürgen Friedrichs (Hrsg.)
Die Städte in den 80er Jahren
Demographische, ökonomische und technologische Entwicklungen

1985. VI, 264 S. 15,5 X 22,6 cm. Kart.

Die gegenwärtigen Veränderungen der Beschäftigtenstruktur, der demographischen Struktur, sowie die technologischen Veränderungen haben die Großstädte stark und in unterschiedlichem Maße getroffen. Arbeitslosigkeit, Umweltschutz, neue Haushaltsformen, hohe Ausländeranteile, sinkende Finanzkraft und Konkurrenz um die Ansiedlung von ,,neuen'' Industrien sind Beispiele dafür.
In diesem Band werden Veränderungen der Großstädte in den letzten 15—20 Jahren dokumentiert und analysiert. Es werden außerdem Hinweise auf die abschätzbaren Entwicklungen bis zum Ende der Dekade gegeben. Schließlich gehen einige Beiträge auf das Süd-Nord-Gefälle und die Frage ein, wie sich die beschriebenen Entwicklungen auf die funktionale Arbeitsteilung zwischen den größten Städten auswirken werden.

Jens Dangschat / Wolfram Droth / Jürgen Friedrichs / Klaus Kiehl
Aktionsräume von Stadtbewohnern
Eine empirische Untersuchung in der Region Hamburg

1982. XII, 337 S. 15,5 X 22,6 cm. (Beiträge zur sozialwissenschaftlichen Forschung, Bd. 36.) Kart.

Die Studie informiert darüber, wie 3.000 Bewohner der Region Hamburg ihre Stadt benutzen und die Infrastruktur beurteilen. Es werden die Zeitbudgets, die Aktivitäten der Befragten und die dazu aufgesuchten Einrichtungen dargestellt, sowie verhaltenshomogene Gruppen ermittelt. An diesem Beispiel wird eine komplexe Theorie aktionsräumlichen Verhaltens entwickelt und getestet.

Westdeutscher Verlag

Bernhard Blanke, Adalbert Evers und Hellmut Wollmann (Hrsg.)

Die Zweite Stadt

Neue Formen lokaler Arbeits- und Sozialpolitik

1986. 407 S. 15,5 X 22,6 cm. (Leviathan-Sonderheft 7/1986.) Kart.

Die Krise herkömmlicher wohlfahrtsstaatlicher Entwicklung auf der lokalen und kommunalen Ebene hat in den vergangenen Jahren zu Versuchen geführt, auf unkonventionelle Weise (Selbsthilfe, Zweiter Arbeitsmarkt) soziale Reformen und Beschäftigungspolitik zu entwickeln, zu fördern und zu unterstützen. Hieraus hat sich in verschiedenen Städten ein oft brisantes Gemisch aus zusammenwirkenden Trägern, Akteuren und ‚alten' Institutionen gebildet, deren Kooperationsstrukturen sowohl intersektoral verlaufen als auch die tradierte Trennung von „Lokaler Arbeitsmarkt- und Beschäftigungspolitik" und „Sozialpolitik" durchkreuzen. In dem Band wird anhand von resümierenden Artikeln, Fallstudien und vergleichenden Arbeiten der Frage nachgegangen, ob sich hier nur eine „Zweite Stadt" der Verwaltung von Randständigkeit oder vielmehr Keimformen zukünftiger städtischer Politik herausbilden.

Hochschule für Wirtschaft und Politik Hamburg (Hrsg.)

Hamburg-Studien

1983. 317 S. 15,5 X 22,6 cm. (Jahrbuch für Sozialökonomie und Gesellschaftstheorie.) Kart.

Dieser Band des Jahrbuchs der Hochschule für Wirtschaft und Politik enthält Regionalanalysen zu historischen und aktuellen Problemen Hamburgs. Neben den geschichtlich orientierten Beiträgen zu Fragen der Genossenschaften, des Hamburger Aufstands und des Verhältnisses von Wirtschaftswissenschaft und Nationalsozialismus liegt der Schwerpunkt des Werkes auf der Diskussion sozialökonomischer Struktur- und Entwicklungsfragen im wirtschaftlichen und sozialen Bereich. Die einzelnen Beiträge verwerten dazu jeweils umfangreiches empirisches Material und problematisieren Lösungsvorschläge für die angesprochenen Fragenkomplexe.

Thomas Ellwein / Wolfgang Bruder

Innovationsorientierte Regionalpolitik

1982. XII, 370 S. 15,5 X 22,6 cm. (Beiträge zur sozialwissenschaftlichen Forschung, Bd. 31.) Kart.

Ausgehend von einer detaillierten Analyse von Zielen, Programmen, Instrumenten sowie Implementations- und Wirkungsmustern der staatlichen Forschungs- und Technologiepolitik (FuTP) verdeutlicht die Studie die grundsätzliche Bedeutung dieses Politikfeldes für die Entwicklungsstruktur schwacher und peripherer Räume. Auf der Basis einer umfangreichen empirischen Untersuchung werden konkrete Vorschläge für eine „innovationsorientierte Regionalpolitik" erarbeitet.

Manfred Konukiewitz

Die Implementation räumlicher Politik

Eine empirische Untersuchung zur Koordination des Vollzugs raumwirksamer Maßnahmeprogramme

1985. 259 S. 15,5 X 23,5 cm. (Schriften des Zentralinstituts für sozialwissenschaftliche Forschung der FU Berlin, Bd. 46.) Kart.

Am Beispiel eines Verdichtungsraumes wird die Umsetzung räumlicher Zielvorstellungen in den Handlungsfeldern der Bauleitplanung und Wohnungs-/Städtebauförderung empirisch untersucht.

Westdeutscher Verlag